对外汉语教学创新研究

马莹 著

哈爾濱工業大學出版社
HARBIN INSTITUTE OF TECHNOLOGY PRESS

内容简介

本书共分9章，主要内容包括对外汉语教学概述、跨文化交际与第二语言习得研究、对外汉语教学的基本理论研究、对外汉语词汇教学研究、对外汉语语法教学研究、对外汉语听力教学研究、对外汉语口语教学研究、运用类推法进行对外汉语教学的理论研究、对外汉语教学的人才培养与教师发展等。内容宏观与微观并重，系统深入地介绍了对外汉语教学领域的相关知识与实践方法。

本书可供高等院校对外汉语专业的教师和学生使用，也可供其他对外汉语教学工作者、研究者参考。

图书在版编目（CIP）数据

对外汉语教学创新研究 / 马莹著 . —哈尔滨：哈尔滨工业大学出版社，2019. 4

ISBN 978 - 7 - 5603 - 8117 - 6

Ⅰ. ①对… Ⅱ. ①马… Ⅲ. ①汉语 -对外汉语教学-教学研究 Ⅳ. ①H195. 3

中国版本图书馆 CIP 数据核字（2019）第 069032 号

策划编辑 闻 竹
责任编辑 那兰兰
封面设计 盛世博睿文化
出版发行 哈尔滨工业大学出版社
社　　址 哈尔滨市南岗区复华四道街 10 号 邮编 150006
传　　真 0451－86414749
网　　址 http：//hitpress. hit. edu. cn
印　　刷 哈尔滨圣铂印刷有限公司
开　　本 710mm×1000mm 1/16 印张 15 字数 329 千字
版　　次 2020 年 6 月第 1 版 2020 年 6 月第 1 次印刷
书　　号 ISBN 978 - 7 - 5603 - 8117 - 6
定　　价 66. 00 元

前　言

中国自改革开放以来,特别是进入新世纪之后，发生了翻天覆地的变化。经济迅猛发展，综合国力不断增强，国际地位显著提高。在这样的背景之下，从世界各地来华访问和旅游的人越来越多，同时也有越来越多的中国人出国留学、旅游、从事商务活动等，我国跨文化交际的舞台绽放出了前所未有的光彩，汉语的国际地位也由此得到了极大提升，学习汉语的外国人数持续增长。为此，我国不少高等院校专门开设了对外汉语专业，以满足海外对高层次汉语人才的需求。从 1978 年专业确立至今，对外汉语教学取得了突出的成就，不仅培养了大批复合型、外向型的汉语教师，也培养了大批具有较高汉语交际能力的留学生，使之成为中外交流的桥梁和使者。

但是，对外汉语教学作为一门学科并得到学术界的认可，发展较晚，学科基础也比较薄弱。为适应时代发展的要求，几代从事对外汉语教学的专家学者和教师孜孜以求，不懈努力，从对外汉语教学的各个领域、不同层面、多种角度不断探索、完善、丰富学科的内涵，为学科发展贡献着自己的力量。作为一名对外汉语教师，我也深感肩上责任重大，将自己十多年的教学和科研工作中的一些体会想法撰写成《对外汉语教学创新研究》一书，以求为对外汉语教学的学科建设及对外汉语教学事业发展奉献一份力量。

全书共分 9 章，主要内容包括对外汉语教学概述、跨文化交际与第二语言习得研究、对外汉语教学的基本理论研究、对外汉语词汇教学研究，对外汉语语法教学研究、对外汉语听力教学研究，对外汉语口语教学研究，运用类推法进行对外汉语教学的理论研究、对外汉语教学的人才培养与教师发展等。内容宏观与微观并重，系统深入地介绍了对外汉语教学领域的相关知识与实践方法。

本书在撰写过程中，吸收了很多业内前辈的学术观点，受到很多同行朋友的启发，在此一并表示由衷的感谢！由于本人的学识和水平有限，书中难免有不足之处，恳请广大读者和各位专家给予批评指正。

马　莹

2019 年 2 月 15 日

目　录

第一章　对外汉语教学概述

近些年来，对外汉语教学作为一门独立学科正逐步走向成熟。同时，随着中国国际地位的日益提升，中国与世界各国的沟通和交往更加紧密，而向全世界推广汉语的需要也更加迫切了。由此，对外汉语教学也将面临更多的挑战。在这种形势下，我们有必要在了解对外汉语教学学科属性的基础上，探究我国对外汉语教学和教学法的发展状况，以更好地制定改革、促进对外汉语教学工作的有效策略。本章就以上几方面内容进行阐述，并在最后对对外汉语教学目标的设计与编写进行适当的分析。

第一节　对外汉语教学的学科地位和学科属性

对外汉语教学是一门科学，也是一个学科。当我们衡量一个学科是否具有独立的资格时，首先要看它有无独特的研究对象，其次要看它有无独特的研究方法，再次要看它有无独特的科学体系，最后要看它有无独特的研究成果。综观对外汉语教学的全过程及其历史沿革，人们会发现，对外汉语教学是一门独立的学科的论断绝非主观臆造，是有充足的科学根据的，它确实有其多方面的独特之处。

自 1978 年提出“对外汉语教学”学科名称以来，对外汉语教学的学科地位与学科属性，一直是学界讨论的热门话题。学界对对外汉语教学从各个角度、各个层面对学科的基本属性及学科地位进行了深入的探讨。我们一直认为，对外汉语教学作为学科的基本属性，显而易见地应属于语言学范畴，更确切地说是属于应用语言学范畴。

按照 1993 年 7 月国家教育委员会高等教育司颁布的《普通高等学校本科专业目录和专业简介》的学科门类划分标准，对外汉语教学属于同汉语言并列的、二级类中国语言文学类之下的独立专业。后来经调整中国语言文学为一级学科，下设语言学及应用语言学，其中的应用语言学就是为对外汉语教学找到一个生长点。对外汉语教学隶属于语言学及应用语言学门下，学科归属不言自明。

再看研究对象，顾名思义，对外汉语教学的研究对象就是对外国人的汉语教学，也就是对外汉语教学的全过程以及与此相关的各种内部联系和外部关系。因此应该说，对外汉语教学的学科性质是一种第二语言教学，又是一种外语教学，它与对少数民族的汉语教学一样，都归属于应用语言学。对外汉语教学既是第二语言教学，又是外语教学，这两个概念虽然有差别，但“出于汉语的习惯，我国学者把汉语作为第二语言教学定名为‘对外汉语教学’”。

我们认为，只有延续多年来对对外汉语教学的学科定位，对外汉语教学才能沿着正确的轨道向前发展，对外汉语教学研究也才能显示独立的研究成果。这一学科定位本来是十分清楚的。

然而，对外汉语教学是不是一个独立的学科，以及它的归属问题，即它的上位学科究竟是什么，学界还存在着不同的认识。我们认为，对外汉语教学是否被看作一个独立的学科并不重要，重要的是找准自己的位置，把握住自己的学术方向，以便寻求准确的研究切入点，切实地进行基础研究与应用研究，使对外汉语教学的学科水平真正得以提高。如果我们长久地盘桓于“对外汉语教学学科地位上进一步论证”，一味在对外汉语教学的“名”与“实”之间辩诘，甚至在对外汉语教学隶属于哪一门学科上纠缠，加强对外汉语教学的学科建设，岂不是流于一句空话？对外汉语教学是语言教学的一种，是应用语言学的一个分支学科，这已成为对外汉语教学界大多数人的共识。

目前我国已有人建议，把“语言学”列为一级学科，而语言教学是其下属学科应用语言学的重要分支学科。回顾历史，19 世纪初，语言理论方面的研究与语言应用方面的研究开始分化。那时，作为应用语言学一个分支的语言教学同当时着重探讨历史问题的语言学分了手。可以说，语言教学，它是应用语言学中最古老的一个分支，但语言教学成为一个独立学科还是近几十年的事，也有人说有了上百年的历史。戴维·克里斯特尔所编《现代语言学词典》认为，应用语言学“主要关心的是如何应用语言学理论、方法和成果来阐释其他经验领域遇到的语言问题。应用语言学发展最充分的分支是外语教学，有时这个名称似乎只指这个领域。但是近年来，出现了好几个其他应用领域，包括语言故障的语言学分析（临床语言学）、母语教育中的语言使用（教育语言学）、词典学的发展、翻译和风格学等”。

这就是说，狭义的应用语言学是以语言教学为对象的应用学科。这里的语言教学，特指外语教学。我们还特别注意到，只有母语教育中的语言使用，才是“教育语言学”范围内的事。

于是，我们可以为应用语言学（语言教学）绘出中国的应用语言学谱系图：

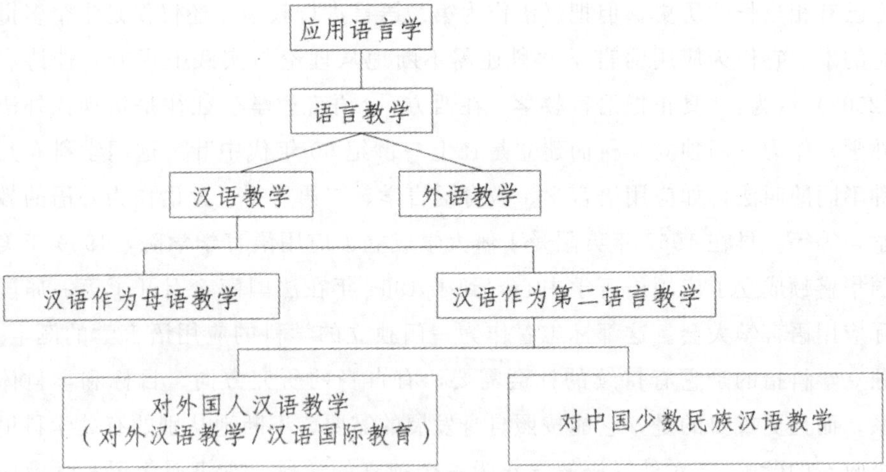

图 1—1　中国的应用语言学谱系图

这样，我们就找准了对外汉语教学所处的位置，为对外汉语研究的学术定位打下扎实、稳妥的基础。

从事对外汉语教学，自然要对教学中的各种现象进行研究，严格讲来，这并非学科建设。作为学科的对外汉语研究，是要探讨对外汉语教学中“有可能严格体系化的那个部分”。也就是说，对外汉语教学研究，尤其应该探讨对外汉语教学中的一般原则、方法和规律，以建立自身的科学研究体系。

在我国汉语作为语言教育大致可分为三种，对汉民族本族人的汉语教育称作“语文教育”，对中国少数民族的汉语教育称作“双语教育”，对母语非汉语的外国人及海外华人、华侨的汉语教育称为“汉语国际教育”。语文教育、双语教育和汉语国际教育，统称汉语教育。三种汉语教学的目的语均为汉语，是为共同之处。所异者，教学对象不同。如果再加上外语教学，共四种语言教学，其共同之处则均为语言教学。四种语言教学所不同者何？教学内容不同，教学对象不同，教学性质、特点不同，教学目的不同，教学环境不同，教学策略不同，如此而已。由此引发出在研究层面上就会既有共同点，更有各自的特异之处。目前，学术界普遍认为，我国对外汉语教学研究还有待于继续深入，研究水平也需要不断提升。但是，无论怎么说，“对外汉语教学从 80 年代，特别是从 1992 年以来，逐渐进入蓬勃发展时期，‘对外汉语教学’已逐渐作为应用语言学的一个分支成为一个独立的学科”，这也是不争的事实，我们认可这种观点。

把语言教学作为一个学科还有待于发展与研究。尽管第二语言教学在西方已有相当长的历史，但把汉语作为第二语言进行教学，还仅仅是半个多世纪的事。它作为应用语言学学科还需不断地从理论与实践上提升。桂诗春（2002）认为：“真正把语言教学（在西方，‘语言教学’往往是指现代外语教学）作为一门独立学科而建立是在上一世纪 60 年代中叶。这门学科有几种不同的叫法，如应用语言学、教育语言学、二语习得、X 语作为外语的教学，等等。早在 1957 年英国爱丁堡大学成立了应用语言学学院，1959 年美国华盛顿成立了应用语言学中心，到了 1964 年在法国南希召开了第一届国际应用语言学大会。这都标志着作为一门独立的学科的应用语言学的诞生。独立学科指的是它有持续的社会需要，有自身的研究方向、目标和学科体系，而且更重要的是，它能按照自身发展的需要，不断地从别的有关学科里吸收新的营养。”对外汉语教学作为一个独立的学科，它隶属于语言学及应用语言学，学科地位是明确的，学科的本质就是汉语作为第二语言教学。

第二节　对外汉语教学的发展概况

一、新中国成立前的对外汉语教学

关于对外汉语教学的历史，早在两千多年前的《周礼》《礼记》中提到的通译就可以看到端倪。其中，《礼记·王制》就曾记载：“五方之民，言语不通，嗜欲不同。达其志，通其欲；东方曰‘寄’，南方曰‘象’，西方曰‘狄鞮’，北方曰‘泽’。”当中所说的寄、象、狄鞮、译，是指精通两种语言的人才。当然，这种双语学习还不能算是对外汉语教学，只能说是中原人与边陲民族的言语沟通。

从汉代开始，大批的外国人或外族人真正到中国学习汉语，到唐代时形成了外国人学习汉语热潮，西有安息、天竺，东有高丽、日本，都有来学汉语的。他们学习汉语主要为了经商，或者是传教，注重口语学习，也有以研究汉学为目的，侧重于书面语。明代、清代也有不少外国人来华学习汉语，出现了不少的汉语教材，影响较大的有明末金尼阁的《西儒耳目资》和清末威妥玛的《语言自迩集》。鸦片战争之后，中国沦为半殖民地半封建社会。帝国主义为侵略政策服务，一些国家开始在中国办学校，学习汉语。辛亥革命到 1949 年前，我国的对外汉语教学也十分微弱，当时中国政府与外国政府交换的留学生数量相当有限。有一些留学生在中国学习汉语，但汉语学习地位不高。20 世纪 40 年代，我国老舍、萧乾、曹靖华等从事过对外汉语教学。其中，老舍曾在英国伦敦大学东方学院任汉语讲师。

关于外国的汉语教学，朝鲜早在公元 372 年就正式设立了太学讲授汉语；约从公元 2 世纪开始，佛教经中国传人越南，为了研究佛经，越南人也开始学习汉语，学写汉字；17 世纪后，一些欧洲国家如德国、法同、意大利等出现了西方传教士教授汉语的活动，这些汉语教学又通常和汉学研究相结合。

总的来说，新中国成立前，我国的对外汉语教学始终没有成为一项专门的事业和一种专门的学问。

二、新中国成立后的对外汉语教学

新中国成立后，对外汉语教学才开始被当作一项事业、一门学科来发展。我国对外汉语教学，从 1950 年 7 月在清华大学成立第一个对外汉语教学机构“东欧交换生中国语文专修班”算起，我国对外汉语教学发展至今已有 60 多年。新中国成立后的对外汉语教学发展史，以1978 年为界分为两个时期。新中国成立到 1978 年是对外汉语教学的形成时期，也就是我国对外汉语教学摸索、试验并不断积累经验的经验型时期。1978 年以后为对外汉语教学的确立时期，也是自觉进行学科建设的时期，从理论和实践上探讨学科的规律并大力发展这一学科。之所以提出以 1978 年为分界线，首先是因为这一年中国共产党十一届三中全会提出了改革开放的路线，为我国经济、政治、文化教育等各项事业的发展掀开了新的一页，也为对外汉语教学事业的大发展创造了条件。其次是因为 1978 年是对外汉语教育学科发展的起点，这一年中国社会科学院召开的北京地区语言学科规划座谈会上，第一次提出把对外汉语教学“作为一个专门学科来研究”。这样才掀开了对外汉语教学的新篇章。

（一）对外汉语教学的形成时期

从1950年到1978年是我国对外汉语教学的形成时期，这个时期又可以分为三个阶段，分别是初创阶段、巩固阶段和恢复阶段。

1. 初创阶段（1950—1961）

1950年，新中国迎来了第一批留学生，主要来自罗马尼亚、保加利亚、波兰、捷克斯洛伐克、匈牙利等东欧国家 对此，在周恩来总理亲自过问下，教育部清华大学成立了“东欧交换生中国语文专修班”，1951年初正式开课。留学生在专修班进行1～2年的汉语训练，然后转入其他大学学习其他专业。这样新中国外国留学生汉语预备教育拉开了帷幕。由于全国高等学校进行院系调整，“东欧交换生中国语文专修班”于1952年暑期转到北京大学，更名为“北京大学外国留学生中国语文专修班”。留学生的国别进一步扩大，增加了民主德国、苏联、蒙古、朝鲜、越南、阿尔巴尼亚、南斯拉夫等，后又有荷兰、意大利、加拿大、古巴等。20世纪50年代到60年代初我国还迎来了大批来自欧洲和阿拉伯国家的学生，为对他们进行汉语教学，北京外国语学院于1960年9月成立了“非洲留学生办公室”。1961年，分别设在北京大学和北京外国语学院的两个外国留学生教学机构合并为“北京外国语学院外国留学生办公室”。

另外，为特别迎接越南学生来华留学，1953—1957年间，我国还在南宁开办了南宁育才学校附属中文学校，在广西桂林开办了专门培养越南汉语人才的“中国语文专修学校”。

到1961年，我国在校的外围留学生总数将近500人，从1951年到1961年共接收60多个国家的留学生3 315人，都是进行汉语预备教育。除了正规的学校教育外，其他形式的对外汉语教学，如对驻华外交人员的教学，函授或刊授教学，向国外派遣汉语教师以及国内培养对外汉语师资等工作都已先后开始。

在初创阶段，我国对外汉语教学的教学机构、师资队伍、预备教育体系等方面的建设都取得了一定的成绩，为我国对外汉语教学开了个好头。这一阶段的对外汉语教学特点主要体现为以下几点。

第一，我国对外汉语教学从一开始就注意区分对外国人进行的汉语教学与对本国人进行的母语文教学。对外汉语教学特别重视学习者对汉语语法、词汇基本知识的掌握，同时更强调汉语的实际应用，加大了听说读写基本技能的训练力度。

第二，在这一阶段，由于有很多知名的语言学家如吕叔湘、周祖谟、朱德熙等对对外汉语教学工作的积极支持和参与，使得我国对外汉语教学从一开始就具备了强大的研究汉语语言学的实力。多位著名语言学家在对外汉语教学事业和理论建设巾发挥了巨大作用。

第三，第二次世界大战期间，我国著名语言学家赵元任先生在美国哈佛大学主持“军队特别训练课程中文部”的汉语教学，邓懿任助教。邓懿也亲自参与我国初期的对外汉语教学工作。1948 年，邓懿回国后，在燕京大学国文系从事“华侨汉语”。20 世纪 40 年代末，在英同剑桥大学从事汉语教学的王还先生，也是我国初期对外汉语教学工作的得力组织者和骨干教师。这为我国对外汉语教学从一开始就有了借鉴、汲取同外第二语言教学经验提供了可能，有了浓厚的国际背景。

应该看到，本阶段毕竟是初创阶段，人们对汉语作为第二语言教学规律的认识还有很大不足，在教学过程中明显存在过于注重语言知识特别是语法知识教学的倾向，忽视了对语言运用能力的培养。

2. 巩固阶段（1962—1966）

1962 年 6 月，经国务院批准，北京外围语学院正式成立“外国留学生高等预备学校”，负责各国留学生的汉语预备教育，以更好地促进对外汉语教学事业的发展。“外国留学生高等预备学校”的成立，结束了我国对外汉语教学依附于其他高等学校的情况，对外汉语教学有了本学科自已的、独立的、稳定的基地，我国对外汉语教学也由此开始进入巩同阶段。其他有留学生的一些高等院校，如北京大学，仍继续进行留学生的汉语教学工作。

1965 年，我国迎来了大批留学生，多达 2 000 名，为开展对他们的汉语预备教育的任务，从事对外汉语教学的单位由北京语言学院一所一下子扩展到 20 多所大学，包括北京大学、中国人民大学、北京师范大学、南开大学、复旦大学等。汉语作为外语教学达到空前规模。为更好地开展对外汉语教学工作，积累良好经验的北京语言学院还于 1965 年暑期为新从事对外汉语教学的 20 多所高等院校举办了培训班，极大地推动了后来对外汉语教学事业的发展。

为了加强各院校之间的交流，加速对外汉语教学信息的传播，北京语言学院于 1965 年下半年创办了《外国留学生基础汉语教学通讯》。这是我国第一份对外汉语教学的专业刊物。早在 1962 年，中国国际广播电台就创办了汉语教学节目。

巩固阶段持续的时间并不长，只有四年，但我国对外汉语教学还是呈现了迅速发展的良好势头，主要表现在以下两个方面。

第一，教学规模进一步扩大。1965 年底我国在校的外国留学生总数为 3 312 人，是 1961 年在校人数的七倍多。1962—1966 年间共接收外国留学生将近 4 000 名，超过了前 11 年的总和。

第二，在教学体系的建设方面，本阶段在巩固、发展汉语预备教育的同时，已着手试办汉语翻译专业。对外汉语教师的培养工作，也由于划归北京语言学院承担而得到进一步落实。更为重要的是，在教学法的研究方面开始对 15 年来所积累的经验以及长期以来争论的问题进行了总结。在这一阶段，特别是从 1965 年开始，受国外新教学法的影响，北京语言学院教学法改革的试验以及新教材的编写出现了蓬勃发展的新局面。

1966 年开始爆发的“文化大革命”使我国陷入一场空前的浩劫，对外汉语教学事业也遭到了严重的摧残，到 1972 年前，全国的对外汉语教学几乎处于停滞状态。

3. 恢复阶段（1972—1978）

20 世纪 70 年代初，我国在联合国的合法席位得到了恢复，中日、中美邦交也开始正常化，我国国际地位由此上了一个新的台阶，很多国家要求向中国派遣留学生。这个阶段，虽然高考还未恢复，但国内一些高校已经开始陆陆续续恢复招生，对外汉语教学的恢复工作也开始提上日程。1972 年 6 月北方交通大学首先接收了 200 名来自坦桑尼亚、赞比亚的留学生。1972 年 10 月，经周恩来总理的批示，北京语言学院开始恢复对外汉语教学工作。1973 年秋，北京语言学院开始接收外国留学生，共接收了将近 400 名来自 2 个国家的学生。随后，北京大学、复旦大学等院校也陆续恢复招生。同时，外交人员的汉语教学及广播汉语教学也都逐渐恢复。

由于“文化大革命”还没有结束，这个阶段对外汉语教学在硬件设施建设方面仍然面临着诸多的困难。即便如此，在广大教职员工的艰苦奋斗下，我国对外汉语教学事业仍取得了不小的成绩。1977 年，我国在校留学生总数为 1 217 人，从 1972 年到 1977 年间共接收留学生 2 266 名。在教学理论的研究方面，这一阶段提出了“实践第一”的观点，强调课堂实践必须为社会实践服务，并把实践性原则定为对外汉语教学的基本原则。与此同时，在新教材的编写中进行了句型教学的试验，在语言技能训练方面进行听说和读写两类课型分开教学的试验等。

总的来说，这一阶段的对外汉语教学事业发展道路曲折，但还是由小到大发展起来。应该看到，在主要从事语言预备教育的情况下，人们还缺乏学科意识，当时的对外汉语教学事业上还不可能致力于科学的、系统的学科建设。但是，这一时期对外汉语教学事业发展积累的经验还是十分宝贵的，这为以后的学科确立和学科建设奠定了基础。

(二) 对外汉语教学的确立、建设时期

1978 年，党的十一届三中全会召开以后，国家政治气氛宽松起来，这也给对外汉语教学事业的发展提供了良好的外部条件。同时，对外汉语教学作为一门专门的学科也正式被提出并得到确认，这又成为学科发展的内部动力。这一时期，我国对外汉语教学属于确立、建设时期，具体又可分为 20 世纪 80 年代的初步发展阶段和 20 世纪 90 年代至今的加速发展阶段。

1. 初步发展阶段（20 世纪 80 年代）

20 世纪 80 年代初期，对外汉语教学的学科地位问题被正式提出。1984 年 12 月，时任教育部长何东昌在留学生工作会议报告中明确表示："多年的事实证明，对外汉语教学已发展成为一门新的学科。"当时，国家教委颁布了学科专业目录，将"对外汉语"作为一门新的学科列入其中。这说明对外汉语教学作为一门学科的地位已经得到官方的确认。

这个阶段，对外汉语教学界也逐渐形成了科学研究之风，研究课题的涉及面和参加者的广泛性方面都是空前的。从 20 世纪 80 年代初开始，由于学科建设的开展，对外汉语教学界同仁的学科意识不断增强，激发了从事科研的极大积极性，对指导教学实践所急需的教学方法、教材和测试评估等方面的研究全面展开，还开始了后来一直延伸到 20 世纪 90 年代的文化与语言教学关系的大讨论，并加强了对国外的教学理论、习得理论和教学法流派的介绍与研究。

同时，这一阶段，学界开始从学科建设的高度对对外汉语教学进行宏观的、系统的研究，逐步建构了对外汉语教学的学科理论框架。这方面的研究最早是由北京语言大学教授吕必松先生开始的。在教学理论方面，他提出由四大部件组成、受三类变因影响的教学结构，提出总体设计理论与教学活动四大环节理论，从而首次构建了本学科的理论体系和教学理论体系。其中很多观点已为本学科的广大同仁认同，并进行充实、完善。

另外，在这一阶段，北京语言学院的语言教学研究所和语言信息处理研究所开展了对外汉语教学这一学科首批重大课题的研究，取得了很多成果，在对外汉语教学界、语言学界、语言教育界，以及国内外都产生了一定影响。

在教学法的研究方面，这一阶段还提出了“结构与功能相结合”的原则以及“交际性原则”，并紧密结合教学的需要进行了全面的改革试验。

在这一阶段，对外汉语教学界本身为建设和发展对外汉语教学这一新的学科，从建立学术机构和学术阵地等方面积极创造条件。首先是成立了专门的学术团体和研究机构。1983 年 6 月，“中国教育学会对外汉语教学研究会”成立，1988 年从中国教育学会独立出来，名为“中国对外汉语教学学会”，首任会长为吕必松，秘书处设在北京语言学院。1987 年，第二届国际汉语教学讨论会在北京举行，会议期间各国共同协商，成立了“世界汉语教学学会”，秘书处也设在北京语言学院，首任会长为朱德熙。1984 年 6 月，北京语言学院成立了“语言教学研究所”，成为我国第一个对外汉语教学的专门研究机构。1987 年，北京语言学院又成立了“语言信息处理研究所”。其次，为推动学科的理论建设和教材建设，对外汉语教学界先后创办了专业性刊物。例如，1979 年 9 月，北京语言学院将内部刊物《语言教学与研究》改为正式出版的季刊。1987 年 9 月，世界汉语教学学会的会刊《世界汉语教学》正式创刊，由北京语言学院主办。这两个刊物的学术质量都很高，在当时国内外产生了广泛的影响。同年，北京语言学院还创办了普及性刊物《学汉语》，主要受众为外国留学生。

在对外汉语教师的培养方面，北京语言学院曾于 1984 年暑期举办恢复对外汉语教学以来的首次对外汉语教师培训班，1986 年暑期又和美国俄亥俄州立大学联合举办了中美汉语教师培训班。1987 年春，对外汉语教学研究会和北京大学联合举办了教学法培训班。为了使教师培训工作得以长期进行，北京语言学院从 1987 年起，每年举办数期教师培训班。1989 年，北京语言学院成立了世界汉语教学交流中心教师研修部，后经国家教委批准，改为对外汉语教师培训机构。这些机构都为对外汉语教师的培养做出了很大的贡献。

2. 加速发展阶段（20 世纪 90 年代至今）

20 世纪 90 年代至今是对外汉语教学的加速发展阶段，无论是在理论研究方面，还是实践教学方面都取得了不小的成绩。

20 世纪 90 年代，对外汉语教学学科的科学研究空前活跃，科研成果大量涌现，无论是学术论文、学术专著、教材还是研究课题，在量和质的方面都是空前的。特别是学科理论研究已突破早期主要集中于个别院校的状况，全国各对外汉语教学单位遍地开花。学术界如此活跃，很多国际性、全国性和地区性的学术研讨会、座谈会得以召开，其中，推动学科理论建设具有重大意义的包括 1992 年的“语言学习理论研究座谈会”、1994 年的“对外汉语教学定性、定位、定量问题座谈会”和 1997 年的“语言教育问题座谈会”。

在 20 世纪 80 年代学科建设全面展开的基础上，20 世纪 90 年代出现了理论研究深化的趋势。这主要体现在以下两个方面。第一，学界高度重视语言习得的研究，积极探讨汉语学习规律，使教学理论的研究建立在更为坚实的基础之上。特别是“语言学习理论研究座谈会”，其对推动语言习得的研究产生了深远的影响。第二，教学理论的研究逐渐改变了纯语言学研究的路子，更自觉地汲取心理学、教育学、语言习得理论、社会学、文化学和跨文化交际学的理论成果，借鉴认知心理学、社会语言学、心理测量学、教育统计学等学科的研究方法，探讨体现学科特色的研究方向。

在深化理论研究的基础上，教学层面的应用研究也有了新的发展。在这一阶段，学界对教学原则的研究和总结，成为教学法研究的重点 特别是其巾的“结构、功能、文化相结合”的原则，已成为带有中国特色的汉语作为第二语言教学的一项重要原则。此外，20 世纪 90 年代学科应用研究的另一个重点就是对教学活动进行科学化、规范化的研究。

从国家的重视程度上看，自 1988 年明确提出了“对外汉语教学是国家和民族的事业”后，国家有关部门加大了对对外汉语教学工作的支持力度，出台了一系列举措。1990 年 6 月，国家教委主任签署了 12 号令，颁布了《对外汉语教师资格审定办法》。1992 年 9 月，国家教委主任签署了 21 号令，颁布了《中国汉语水平考试（HSK）》，把 HSK 确立为国家级考试，后又成立了“国家汉语水平考试委员会”。1993 年，中共中央、国务院颁布《中国教育改革和发展纲要》，明确提出要“大力加强对外汉语教学工作”。此后，“对外汉语”正式出现于我国学科、专业目录上。

20 世纪 90 年代，对外汉语教学的学生规模和结构都有很大变化，来华学生数量猛增，层次提高。据教育部国际交流与合作司的统计，1996—1998 年间，每年来华留学生人数都超过 4 万，其中 85％的留学生的专业是学习汉语和中国文化。1998 年的长期生中，学习本科以上课程的留学生占总数的 67.66％。此外，很多非留学生的驻华外交使团及在华外资企业的人也积极进行汉语的学习。进入 21 世纪，每年来华留学生数量都屡创新高 j 根据教育部国际合作与交流司编的《2004 来华留学生简明统计》《2005 来华留学生简明统计》《2006 来华留学生简明统计》《2007 来华留学生简明统计》《2008 来华留学生简明统计》，2004 年、2005 年、2006 年、2007 年、2008 年、2009 年来华留学生人数都在 10 万以上，特别是 2009 年突破了 22 万。根据《2014 年度来华留学调查报告》的统计，截至 2014 年，来华留学人数达到了 37.7 万，创下了历史纪录。

留学生来源国、地区也进一步扩大，增加到 180 多个国家和地区。2014 年，来华留学生源排名前十的国家为韩国、美国、泰国、俄罗斯、日本、印度尼西亚、印度、巴基斯坦、哈萨克斯坦、法国（图 1—2)。这个排名里，7 个生源围来自亚洲，1 个生源国来自美洲，2 个生源国来自欧洲。前十生源国家来华留学生数量占总来华学习人数的 54.05％。

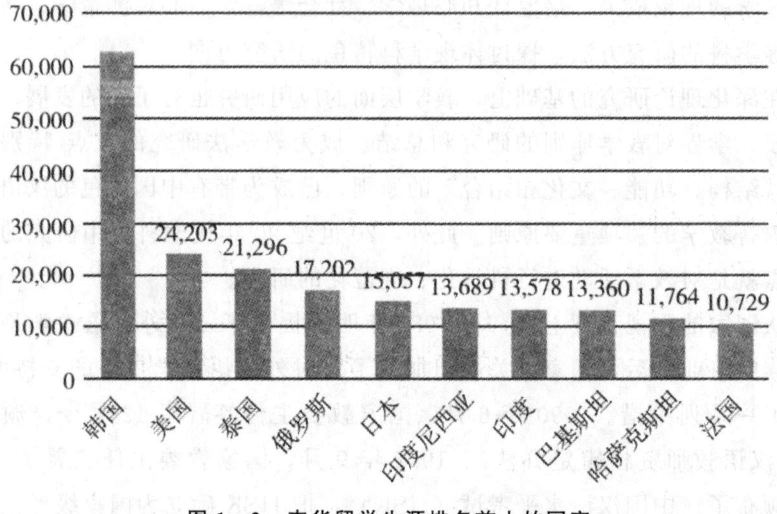

图 1—2　来华留学生源排名前十的国家

留学生的层次由语言预备教育延伸到本科、硕士和博士各个层次的学历教育。从 2005 年到 2014 年，来华留学学历生人数占比总人数从 31.79％提升至 43.60％。10 年间，来华学习的学历生人数从 44 851 人增长至 164 394 人，增量接近 12 万，这说明中国高校学历教育正在逐步得到全球各国学生的认同。截至 2014 年，来华留学生学历生中，本专科学生占比为 71％，高端学历（硕士和博士）占比总和为 29％。2005 年至 2014 年，来华留学的本科生人数由 37 740 增长至 116 404 人。2005—2014 年间，来华攻读博士学位的学生数量增速稳定，始终保持在 17%之上。截至 2014 年，来华攻读博士学位总人数达 59 798 人，占所有来华学历生人数的 7%。

留学生所学专业、学科分布由语言类、中医类、农学类等少数学科扩展到文、史、哲、政、经、法、理、工、农、医等各个门类。不过，发达国家和发展中国家学生来华学习的需求有所不同，发达国家留学生更倾向于攻读非学历课程，而发展中国家留学生则倾向于攻读学位课程。根据《2014 年来华留学调查报告》，非日韩亚洲国家来华留学生更青睐医学、工程、经济类专业，占比达 71.01%。非洲来华学生的求学目标主要是攻读学位，占比高达 84%。

从对外汉语教学的渠道上看，为了应对对外汉语教学发展的新形势，统一协调领导全国的对外汉语教学工作，国家成立了由多个部委共同参与的对外汉语教学领导小组。如今对外汉语教学领导小组（国家汉办）已经享誉海外。2007 年，国家汉办成立了孔子学院总部，此后，孔子学院在海外遍地开花，知名度、美誉度都很高。孔子学院的教学因地制宜，没有统一的教学模式，接收不同年龄层次、不同职业的人群，教学方式灵活多样，不拘一格，真正做到了有教无类。孔子学院经常走进社区，组织有关中国文化周活动，将语言教学与文化推介相结合。

从对外汉语教学的国际影响来看，很多国家如美国、加拿大、日本、韩国、泰国、澳大利亚等都先后将汉语列为大学入学考试的外语科目之一。有的国家还增设了专职的汉语教学督导，加强推广、管理对外汉语教学。

随着来华留学生人数的增加，汉语教学在许多国家的外语教学中的排位逐步提高，如在日本，汉语早已是仅次于英语的第二大外语。汉语在韩国也成了第二大外语。在美国大学，汉语是所有外语学生人数中增长幅度最大的语种。此外，有理论认为，汉字学习有利于发展儿童智力，这使得一些国家将汉语选作儿童的启蒙语言，汉语也因此进入幼儿、小学生的语言教学。

国内外汉语教学与研究的交流合作不断增强。如今，我国教育部每年都公派汉语教师到国外任教，而通过其他各种途径尤其是民间渠道在国外从事汉语教学的人则数不胜数。世界汉语教学学会拥有来自多个国家和地区的千名会员，并举办了多届国际汉语教学讨论会。此外，中国对外汉语教学学会与多个国家如美、德、法、英、俄、日、韩等相应的中文或中国语学会建立了双边或多边的学术交流关系，并就教材编写方面展开合作。我国每年还邀请国外的汉教专家或汉学家访华作短期学术交流，常年举办各类培训班，对海内外汉语教师进行业务培训等。所有这些对外交流与合作活动，都极大地促进了我国对外汉语教学的发展，扩大了中国语言文化的影响。

第三节　对外汉语教学法的发展概况

一、20 世纪五六十年代的对外汉语教学方法

传统的对外汉语教学对学生的语言习得过程并不重视，更关注的是“教”和“学”的结果。如今，教育领域的一个重大突破就是从“教”转到了“学”，因此，对外汉语教学也开始从知识性的教授转变为对汉语技能和交际能力的培养，从强调汉语学习的结果转移到了促进学生汉语学习的过程上。其实，这当中也就涉及对外汉语教学法的问题。对外汉语教学内容、目标确定后，人们最迫切的就是需要省时、省力的教学法。教学法需要一定的理论支撑，更需要教学实践经验的总结。因此，对外汉语教学法的发展与教学实践、教学理论密切相关。

20 世纪 50 年代，我国教育受苏联影响特别深，对外汉语教学也采用翻译讲授汉语言知识的方法。20 世纪 60 年代，我国对外汉语教学采用直接法的一些做法，并提出了实践性原则。有的学者认为，我国对外汉语教学在 20 世纪 50 年代用的是翻译法，20 世纪 60 年代用的是相对直接法。对此，学者李培元提出了不同的意见，他认为，从教学法的狭义概念来说，20 世纪 50 年代的对外汉语教学在一段时间内的讲授课使用的是翻译方法，但这只是笼统的说法。广义的教学法是为完成一定的教学目的所采取的一系列教学原则和方法的体系。因此，如果说 20 世纪 50 年代的对外汉语教学方法是翻译法，就很容易混淆广义的教学法体系和狭义的具体教学方式的概念，这是不符合当时的教学实际的一有的文章里也曾经把 20 世纪 60 年代的教学法称为“相对直接法”。李培元认为，这是与 50 年代的教学法相对而言的。正如前面说的，把 20 世纪 50 年代的教学法概括为翻泽法本身就是不恰当的，同理，把 20 世纪 60 年代的教学法称为相对直接法也不太准确，所谓相对直接法，指的是基础阶段前 7 周的课堂教学方法。从教学的全过程和广义教学法的概念来看，用相对直接法概括 20 世纪 60 年代的整个教学体系显然是不恰当的。李培元进一步提出，20 世纪 60 年代，我国对外汉语教学用的是以

综合法为基础、以实践性原则为中心的教学法，这是在20世纪50年代所创造的良好经验基础上发展起来的。也就是说，20世纪50年代和60年代对外汉语教学的基本思路是一样的。有所不同的是，在20世纪60年代提出了实践性的原则。

李培元把对外汉语教学法概括为“综合法”，他还总结了20世纪60年代及此前所用的“综合法”的特点，这主要有以下几方面。

（1）在教学指导思想上明确了要博采各派教学法的长处。

（2）课程设置上，基础阶段只开一门融语音、语法、词汇为一体的综合课。

（3）基础阶段实行听说读写综合训练，不分技能训练。

二、20世纪七八十年代的对外汉语教学方法

20世纪70年代，我国对外汉语教学引进了句型教学法，但还保留了一些传统的做法。整体上而言，上面李培元所说的三个特点也并没有消失。

20世纪80年代以后，提出了“结构与功能相结合”的原则以及“交际性原则”，其中，功能法的一些教学原则被广泛使用，综合训练的统一局面也被打破。一些学者主张分技能训练，并在教学中付诸实施。此时，仍然保留传统的教学方法和句型教学法，还体现着浓厚的博采众长特点，教学法呈多元化局面。因而，有不少学者认为，纵观20世纪50年来的对外汉语教学，博采众长、不独法一家已然成为传统，是对外汉语教学法的显著特点。对此，也有不同意见。一种意见认为，博采众长是对外汉语教学的优良传统。实践证明，这在教学巾是有效的，也是符合教学实际的，并且万能的教学法是不存在的。另一些学者则认为，所谓“综合法”，就是没有法；博采众长，就是没有自已的独特主张。有人主张应该独法一家，把认为科学有效的教学法在教学中贯彻到底。

从近几十年的情况来看，西方语言教学法的主流是以功能为纲的交际法，后又有重视结构、回归语法的趋势，逐渐走向综合。注重语言结构教学也得到广泛的认可。在世界第二语言教学潮流中，对外汉语教学法总体上是以结构为中心的综合法，并一直处于主流地位，且在不断完善之中。

三、现行的对外汉语教学方法

对外汉语的教学目前究竟用的是什么教学法，在学界也没有取得共识。

从目前的实际情况来看，比较明智的态度就是博采众长、不独法一家。现有的所有教学法都只是部分地反映语言学习和语言教学规律，也只是部分地适合于某种教学，显然不存在一种完美无缺的教学法，也没有一种教学法是一无是处的，不应该被完全否定。使用教学法是为了达到教学目的，目的应该明确，而手段可以选择。凡是有利于达到教学目的的方法和手段都可以用，也应该用。不能为教学法而采用教学法，更不能只为了教学法体系的完整性而拒绝别的教学法的长处。由于教学规律的复杂性和教学类型的多样性，教学法也应该具有多样性。我国的对外汉语教学从一开始就主张博采众长，教学实践证明这样做是符合对外汉语教学实际的。学界都希望能创建符合对外汉语教学规律的教学法体系。经过长期的努力，这一工作已经取得了一定的成果。但要建立起一个独立的、科学的对外汉语教学法体系还要进一步努力。这可从以下几方面入手。

（一）进一步了解和介绍国外外语教学法

20 世纪五六十年代，我国处于封闭状态，对外交流很少，因此对西方的教学法也知道得很少。虽然后来逐渐引进了直接教学法（实际上是听说法），但所掌握的介绍材料也不详实，因此一般教师也无从了解其详细内容。20 世纪 70 年代，我国引进了句型教学法、功能法等，但对西方的语言教学方法理论体系也是不甚了了。20 世纪 80 年代以后，我国翻译了不少的外语教学法专著，国内学者也撰写了一些介绍外语教学法的专著，但是所参考的资料仍然不足、不系统、不全面，因此也就无法全面了解国外外语教学法。对此，我国首先要加强对国外外语教学法的了解和介绍，组织力量搜集资料，然后有计划地翻译过来。

（二）加强对国外外语教学法的研究和消化

在了解国外外语教学法的情况之后还要进行深入的研究。研究其理论基础、教学思想、教学原则、教学手段和方法，分析其优点和不足，然后才能取其长、补其短。要真正做到取其长、补其短，还要结合实际进行消化，把国外理论体系中的合理成分真正理解之后变成自己的东西，再结合实际运用到教学实践中去。所以说，对国外外语教学法的运用，要有一个研究、消化的过程。但在我国的教学历史上，学者和教师们对待国外外语教学的态度常常表现得很浮躁、武断，一旦获知某种新的教学法（也许实际上还不是什么新的教学法）就急于全盘肯定或否定，在没有全面了解的情况下就急于应用。在编写教材时，浮躁情绪也比较严重。对一种教材没有深入研究，就轻易否定；在教学思想、教学对象和教学目的还没有搞清楚之前，就匆匆忙忙开始编写新的教材，还冠以某某法。这就导致教材的编写一直处在“编写—否定—再编写—再否定”的循环过程，而且是在同一水平上的重复。因此，对国外外语教学法的深入研究和认真消化是十分重要的。

(三) 更加全面、系统地进行研究

在汉语作为第二语言教学中，综合教学法一直处于主导地位。因此应该更加全面、系统地对对外汉语教学法进行研究，尤其是研究综合法，找出存在的问题，以便不断改进和创新。周流溪主编的《中国中学英语教育百科全书》这样介绍综合法：“……源于科学综合法的任何方法都来自：用科学语言学和人类学的观点对一般语言现象和所教语言所进行的分析；用心理语言学的观点对第二语言学习过程所进行的分析；对所学语言课程要达到的特殊目标的规定；外语教学中的有关教学经验的一般理论和实验的结果。”对外汉语教学综合法是在全面深刻地认识第二语言教学的本质和特点的基础上，抽取当中的一些有影响的教学法中的某些理论和原则，进行优化组合、重新组织，并结合汉语的特点，特别是汉字的特点，注入新的成分之后生成了带有新质成分的教学法体系。

值得注意的是，综合教学法仅是语言教学法之一，在汉语作为第二语言教学中，教师应该选择怎样的教学法，则因时、因地、因人、因教学内容而定。

第四节　对外汉语教学目标的设计与编写

一、对外汉语教学目标的组成和描述方式

(一) 对外汉语教学目标的组成

以往的对外汉语教学是把教学目标局限在语言（语音、词汇、语法、篇章等）、文化方面，这无可厚非。但如果把语言教学作为教育的一部分，可以将视角放得更开阔一些。布鲁姆等人认为教学目标可分为认知、动作技能和情感三个领域，每个领域又有若干层级目。据此，崔永华认为可以从认知、汉语技能以及情感三个领域的学习掌握水平描述汉语学习目标（表1—1）。

表 1—1　汉语教学各领域的教学目标分类

领域项目 \ 序号	1	2	3	4	5
认知领域	记忆	理解	简单应用	综合运用	创见
汉语技能领域	感知	理解	模仿	熟巧	运用
情感领域	接受	思考	兴趣	热爱	品格形成

从预设目标的角度看，不同课型的汉语课堂教学活动设计所应突出的教学目标领域是不同的。例如，综合课的课堂教学活动设计可以在兼顾策略和文化意识的基础上，突出语言知识和语言综合技能的教学目标；文化类课程的课堂教学活动设计则应在兼顾语言知识、技能和策略的基础上，重点突出文化意识的教学目标；口语、听力、阅读和写作等分技能课型的课堂教学活动设计应在兼顾语言知识和文化意识的基础上，突出各种相关语言技能和策略的教学目标。另外，设定教学目标时，教师还需要在突出重点的基础上，注意它们之间的相互渗透和协同作用。

（二）对外汉语教学目标的描述方式

教学目标的描述通常依据课程大纲和教材的要求，例如，按照《国际汉语教学通用课程大纲》，把教学目标定在语言知识、语言技能、策略、文化意识四个方面，然后按照教材的内容和要求描述每一课的具体的教学目标。

按照教育学的理论，一个清楚的教学目标描述应该包括四个部分：对象、行为、条件和标准，即学习者在学习后能够做什么。首先，要尽量使用可观测到的词语，例如，“能写一张请假条”“能叙述自己的一天”等。其次，应指出条件，即行为发生在什么条件下，比如，“小组成员互相帮助完成……”“在黑板上写出……”等。最后，规定标准或程度，即达到教学目标的最低水准，比如，“回答的正确率在80％以上”，“要写清楚事情发生的时间、地点、任务和过程”等。

二、对外汉语教学目标的设计

一般来说，对外汉语教学目标的设计，要注意目标的系统性、层级性，同时又不失灵活性，而且还要具有可操作性。

（一）注意教学目标的系统性

对外汉语教学目标是由五个不同级别的教学目标构成的有序系统，这五个不同级别的教学目标为：对外汉语学科总目标、课程目标、学段教学目标、单元教学目标、课时教学目标，其逻辑关系如图 1－3 所示。

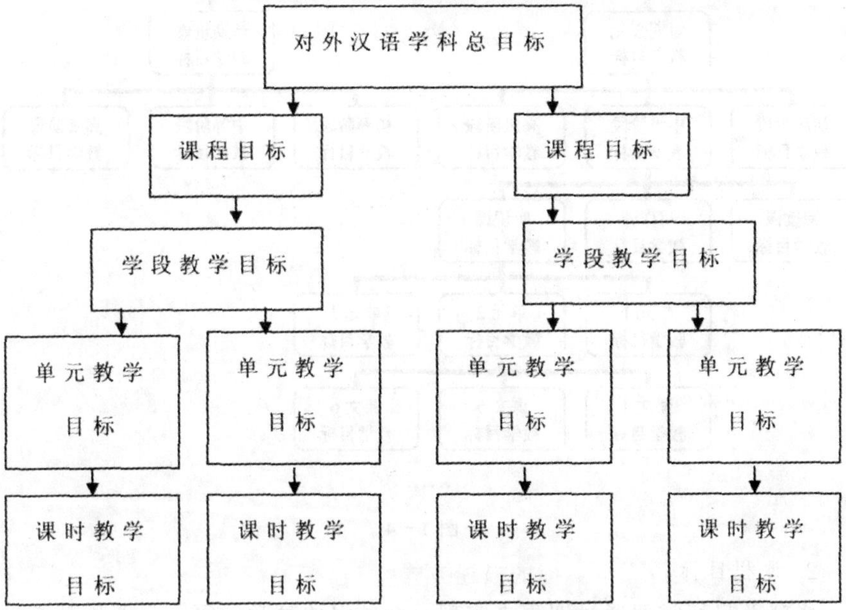

图 1－3 不同级别的教学目标的逻辑关系

1. 对外汉语学科总目标

对外汉语教学的学科总目标指的是对外汉语教学过程所要达到的最终结果，也就是培养将汉语作为第二语言的学习者的跨文化交际能力。一般来说，学科总目标只从整体上、宏观上规定了教学内容、过程及其质量标准。教师无论承担哪一阶段的教学任务，教哪一门课程，都应明确最终目标。不过学科总目标主要是由国家教育主管部门组成的有关专家来制定的。

学科总目标下位目标可以依据具体内容层层设立，如课程、学段、单元、课时的分目标。各分目标层设立的目标应当是总目标的层层细化。当然，教学实施过程是一个复杂的系统工程，在总目标下的各分目标层中目标的设定也并不是一成不变的，可依据教学类型（如短期教学、速成教学等）设定，可依据教学时间（如 4 周、6 周、8 周等）设定，可依据学习要求（比如听、说、读、写）设定等。现在以国家汉办组织编写的《高等学校外国留学生汉语教学大纲》关于短期强化类教学和长期进修类教学为底本，进一步扩展图 1－3，将其具体模拟为图 1－4。

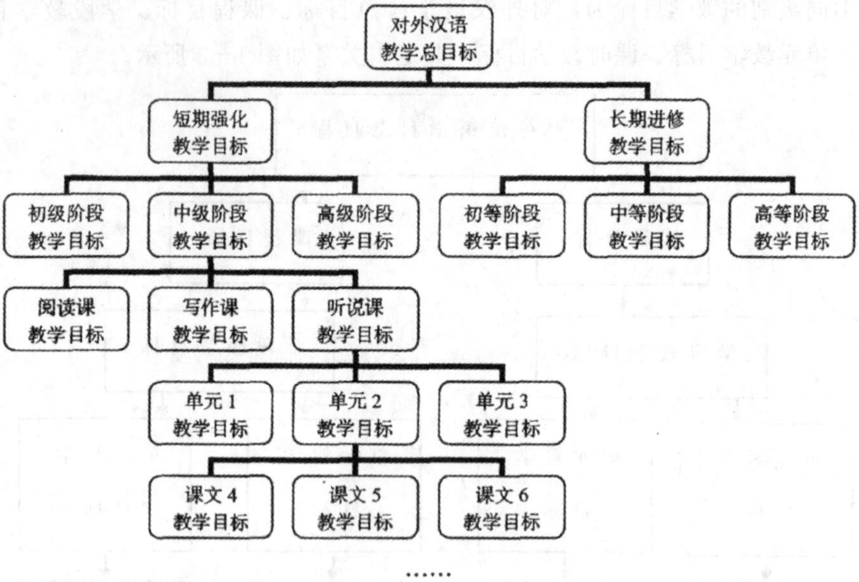

图 1—4

2. 课程目标

学科总目标需要通过课程来实现。对外汉语教学的每一门课程都有自己的具体要求，进而提出对应的目标，如基础阶段综合课和听力课、阅读课的课程目标是不一样的。因此，教师应明确自己所承担的课程目标。一般来说，课程目标也不是由教师制定的，而是由国家和各级学校的课程专家来制定的。

3. 学段教学目标

在对外汉语教学中，明确了课程目标之后，就要开始考虑每门课程所要花费的时间，于是提出了学段教学目标。在对外汉语教学中，一门课程的教学时间通常为一年或者半年，因此学段教学目标通常说的就是学年教学目标和学期教学目标。学段教学目标是在学科总目标和课程目标的框架下设计的，并要结合学生的特点。在一年或一个学期后，学生应该达到什么样的水平，具备怎样的能力。对于学段教学目标来说，最后都要落实在学期上，因此教师要非常明确自己在某个学期里的学期目标。同样，学段教学目标也不是由教师自己制定的，而是由学院组织专门的研究人员和有关专家进行制定的。

4. 单元教学目标

明确对外汉语教学的学期目标后，就要考虑学期内的教学内容由几个单元构成，然后设计单元教学目标。在对外汉语教学领域，有的课程没有严格意义上的单元内容，尤其是在基础阶段，但可以将具有同类意义或功能的内容划为一个单元，如语音、语法、句型、短文，而且还可以在这些单元里进行细分。例如，语音单元再划分成韵母、声母、轻音、儿化音等；句型单元中再划分成“被”字句单元、“把”字句单元等。一般来说，单元目标是由系主任、教研室主任和优秀教师来制定的。

5. 课时教学目标

明确对外汉语教学的单元教学目标后，就要考虑课时教学目标了。实际上，课时教学目标就是单元教学目标的落实和具体化。一般而言，课时教学目标规定的是一堂课应达到的结果，因而它在内容方面更加具体，应该更具有可操作性、及时性、灵活性。即便如此，要确定课时教学目标，教师仍必须要从整体着眼，从整个教学目标出发，在逐渐明确各级教学目标的基础上把握设计课时教学目标。一般来说，课时教学目标是由任课教师来制定的。

在对外汉语教学目标系统里，各个级别目标之间，一方面是一种包含关系与被包含的关系，即上位目标包含了下位目标；另一方面又是一种递进关系，也就是通过若干个低级别教学目标的贯彻实施可以实现一个更高级别的教学目标。

(二) 处理好教学目标的层级性

对外汉语教学活动的开展是循序渐进的，它是以学年、学期为单位加以组织与实施，因而要达到教学的最终目标是不能一蹴而就的，不能期望学习者一下子就达到。对此，对外汉语教学目标的设计应该要处理好层级性。通常来说，对外汉语教学目标层级的划分是以学习内容分析的结果为基础的，学习内容分析得愈细致，教学目标层级的确定就愈简单。反过来，通过对教学目标层级的划分，亦可进一步补充学习内容分析的结果。

(三) 把握好教学目标的灵活性

考虑到学习者的学习基础和学习能力存在着一定的差异，在进行对外汉语教学目标的设计时，要注意具有一定的灵活性。教师要认真钻研，在教材中区分出哪些是最低限度大纲要求的教学材料，哪些是基本教学材料，哪些是加深的教学材料，然后制定出灵活而富有弹性的对外汉语教学目标。一般来说，与大纲所提出的最低限度要求相符合，是达到合格水平的目标；与大纲所提出的各种基本要求相符合，是达到中等以上水平的目标；与大纲所提出的最高要求相符合或是超出大纲所提出的最高要求，是达到优秀水平的标准。总的来说，对外汉语教学目标的设计一定要有一定的弹性，让学生有一定的目标选择余地。要使学生明确教学目标的下限，同时制定教学目标的上限，使学有余力的学生能够充分发挥自己的潜力。

(四) 注重教学目标的可操作性

对外汉语设计的教学目标应该是具体的、可观察、可测量的，其描述的词语要明确、具体，要尽量避免含糊不清的用语。

三、对外汉语教学目标的编写

(一) 教学目标的编写方法

关于教学目标的编写方法，即如何描写教学目标，人们提出了不同的方法。其巾，常被用到的是加涅提出的“五要素目标表述法”和建立在马杰描述方法基础上的“ABCD 法”。

1.“五要素目标表述法”

加涅认为学业行为目标中必须包含学业行为的情境、习得能力的类型、学业行为的对象、运用习得能力的具体行为和与学业行为有关的工具、条件或限制，这就是“五要素目标”表述法。

对于如何用“五要素目标表述法”编写教学目标，加涅给出了一些例子。

(1) 辨别目标。

【情境】给予字母 b 的示例和指导语：要求从包含 d、p、b 和 q 的一系列字母中挑出看上去和 b 一样的字母，通过【行动】圈出【对象】以示解【LCV】辨别。这里所说的“LCV”指的是表示学习类型的动词。

(2) 具体概念目标。

【情境】给予一套共 10 张腹部 X 射线底片，通过【行动】用蜡笔圈出以【LCV】识别【对象】底片上的胆囊。

(3) 定义性概念目标。

【情境】给出一些关于线的实例的描绘，其中有的表示区域的范围，有的不是，通过【行动】挑选那些符合定义的线以对【对象】边界【LCV】分类。

(4) 规则目标。

【情境】给出 10 道需要短除法的算式，【行动】通过写出答案以【LCV】演示【对象】除法，【工具和限制】在无特殊帮助下，达到 90％的正确率。

(5) 问题解决目标。

【情境】给出对一个操场上一项建筑工程的描述,【LCV】生成【对象】一个对工程所需时间和施工人数之间关系的表达式以便【行动】向老师口头解释规则。

(6) 认知策略目标。

【情境】给予有10个要被熟记的项目表,【LCV】采用【对象】关键字记忆术法,不用其他机械帮助,在30秒内【行动】熟记这一项目表,并且至少保持49个小时。

(7) 言语信息目标。

【情境】给予一个口头问题,【限制】在无参考材料的情况下通过【行动】“口述”或“写出”,【LCV】陈述【对象】美国内战的三个起因。

(8) 动作技能目标。

【情境】从一个游泳池的三米跳板上【限制】以流畅、连贯的动作【行动】跳水,【限制】垂直入水,以此来【LCV】执行【对象】屈体跳水。

(9) 态度目标。

【情境】当同伴在吸毒时,做出【行动】拒绝【对象】别人提供的毒品的【LCV】选择。

2. “ABCD法”

“ABCD法”是由行为观代表马杰提出的“三要素”(一个教学目标应包括行为、条件和标准三个基本要素)发展来的,又称为ABCD表述法。A指的是对象(Audience),即阐明教学对象;B指的是行为(Behavior),即说明学习者通过学习以后应能做什么(行为的变化);C指的是条件(Condition),即说明上述行为在什么条件下产生,为引起行为的产生而提供什么刺激和刺激的数量等问题明确性的因素;D指的是标准(Degree),即规定达到上述行为的最低标准(达到所要求行为的程度)。例如,一个运用ABCD方法表述的教学目标例句:“通过学习毛笔的特征后,学生能以95%的准确度,从课本上的图中辨认出哪些是毛笔。”其中,行为主体是“学生”,行为是“辨认毛笔”,条件是“课本的图中”,标准是“达到95%的准确度”。

当前,教育界仍然采用马杰的行为、条件和标准的三要素模式进行教学目标的编写,因为这种方法编写的学习目标明确具体,能清楚地告诉人们,学生将获得的能力具体是什么,如何观察和测量这种能力。

（二）对外汉语教学目标的编写

在编写对外汉语教学目标时，要注意在横向上对教学目标进行分类，在纵向上对教学目标进行分层。对外汉语教学目标不仅有类型之分，而且有层次之别。因此，要依据教学目标分类理论，综合考虑学生的水平和教学内容的难易程度，对对外汉语教学目标进行分类、分层设置。

依据布鲁姆、加涅等人的理论，结合对外汉语学科的特点，可以在设置对外汉语教学目标时将其分为认知领域、技能领域、情感领域、学习策略，且每一类型还要有不同的层次。

第二章 跨文化交际与第二语言习得研究

跨文化交际，也叫跨文化交流，就是跨越两种不同文化的交际，发生在两种不同文化背景的人们之间的交流。不同文化背景既可以是本民族与非本民族，也可以是同一民族中文化背景有差异的人。不同民族、国家的人相互之间的交流是最常见的跨文化交流。

外语教师随时处在一个跨文化交际的环境中。作为一个国际汉语教师，应该能够在语言教学和日常生活中顺利完成和汉语学习者之间的跨文化交际，正确传递中国文化信息与知识，让学习者在学习、使用汉语的同时，也能顺利进行跨文化交际。

第一节 跨文化交际的内涵

跨文化交际包含的内容非常广泛，但基本的内容就是两个：文化和交际。

一、关于文化

（一）文化的定义

给文化（culture）下一个定义是困难的，因为它包含的内容太过复杂，文化包含了历史、宗教、哲学、地理、政治、艺术、军事、风俗、习惯、教育、科学、文学，乃至价值观、道德观、人生观、世界观、行为方式、思维特点等诸多方面。这也就是虽然学者们一再努力给它下一个定义，但至今为止还是没有得到一个公认的、令人满意的定义的原因。不过这并不会给大家造成困惑，反而使人们对文化的概念有了整体的认识：文化是“人类在社会历史发展过程中所创造的物质财富和精神财富的总和，特指精神财富，如文学、艺术、教育、科学等”。

物质财富是指人类创造的各种物质文明，包括衣、食、住、行所有方面的物质，它是一种带有各自明显特点的，可以直接观察的显性文化。如各地不同的服饰、食物、建筑、服饰、工具、器物等，它们表现出不同的风格样式。

精神财富同样带有各自的明显特点，但是，它们属于不可见的隐性文化。因为精神财富主要体现在制度文化和心理文化上，价值观、审美观、世界观、人生观是其主要内容，文学、哲学、政治、艺术是其主要载体。如各文化中待人接物、为人处世的不同，乃至音乐的旋律节奏、绘画的主题等的不同。

物质财富和精神财富互为表里，物质的风格特点背后是精神（特指意义上的文化）在起作用。同样的，物质的风格特点又反过来不断地强化其精神（文化）的特点，最后达到物质和精神的完全融合。例如建筑，中国古代建筑中的对称设计，就是中国文化中庸和谐、不偏不倚、允当适度的体现。中国北方四合院民居的布局更加体现其人伦关系。如长辈住上房、兄东弟西、女眷居住在后院等，就是儒家长幼尊卑这些人伦关系的物质体现。

（二）文化的特点

文化是一个复杂的系统，主要的特点是：

（1）文化是群体的。根据美国文化人类学家爱德华·霍尔（Edward Hall）的观点，文化是一个群体的生活方式系统，它是一群人的共享系统。文化不是某个人特有的，而是一群人代代相传后形成的一种相对固定的特质。虽然个人会在某种程度上对自己所处的文化产生影响，但是形成文化的力量却不在个人，而在群体。文化是在互动中产生的，文化就是因为群体互动而生的。

（2）文化是不能遗传的。任何文化都是人们在后天习得的和接受的，文化可以被创造，但不能通过遗传传给下一代。左撇子可以遗传，但不是文化；吃饭用筷子不是遗传的，却是一种文化。

（3）文化是综合的。孤立的文化是不存在的，任何一种文化都是多种文化要素复合的结果。如在建筑中，我们可以看到一种文化中多种因素的复合，如美学、哲学、绘画、科学技术等。

（4）文化是象征的。文化是由一系列象征符号构成的系统，也正因为象征，文化才有具体的展示，才有了能用于传播和交流的意义，世界也才有了意义。例如一种植物，我们中国人叫它“树（shu）”。于是，shu 这个声音就和这种植物建立了联系，它象征了这种植物。同样的植物，英国人把它叫tree。在说英语的人群中，tree就是指那种植物了。又如不同的颜色和动物，在各个不同的文化中，它们的象征意义也是不同的。如龙，在中国文化中显示出的是尊贵、威严、吉祥的正面意义；在西方文化中，龙却是邪恶、暴力的负面形象。

(5) 文化是可以传递的。文化这些象征符号一旦被创造，就会被传递、运用、模仿。它可以代代纵向传递。例如中国人春节时贴对联的习俗已经传了上千年，今后肯定还将继续传下去。它也可以横向传递到周边国家，为其他文化所接受。又如红色交通灯代表停止前进是英国人的创造，现在已经传遍世界，被普遍接受。还有，不同文化创造出来的体育、艺术形式在世界范围内普遍传播，以及一些本为某一民族、某一文化专有的节日却被其他民族、其他文化所接受，都是文化传递的典型案例。

（三）主流文化和亚文化

主流文化（mainstream culture），又称官方文化，是一个社会群体中发挥主要影响，被最大群体认同的，受到政府提倡的文化。如某个国家、民族对于男女平等的看法和做法，对教育孩子的看法和做法，等等。

亚文化（subculture），又称小文化、副文化、集体文化，是大的文化中由于不同阶层、职业、地域、年龄、性别等差异而形成的小的群体文化。它们属于主流文化所代表的那个大群体，如军队文化、校园文化、城市文化、农村文化等；他们可能有单属于自己的观念和行为，有时还可能会与主流文化有很大的不同。

（四）高语境文化和低语境文化

爱德华·霍尔在1976年出版的《超越文化》中提出高语境（high context）文化和低语境（low context）文化的概念。简单地说，高语境文化中，说话者的言语或行为的意义更多地依赖说话者当时所处的语境来表达，信息被包裹在语境之中，甚至语言本身有时都变得不那么重要。说话者的意愿和情感通过环境、场面、气势、过程，也就是通过语境表达出来。如帝王高高在上的威严和臣子匍匐在地的架势已经明示二者的地位。

低语境文化恰恰相反，交际双方关注的是双方交流的内容，一切信息都需要用语言或其他交际信号清楚明示，没有弦外之音，直截了当，不需要太关注语境。中国、日本、阿拉伯等属于高语境的国家，而斯堪的纳维亚国家、德国、瑞士等属于低语境国家。

(五) 关于文化差异的维度

荷兰心理学家吉尔特·霍夫斯泰德（Geert Hofstede）提出了一个测量不同国家间文化差异的框架，这一理论被称为霍夫斯泰德文化维度理论，在世界上有广泛的影响。他从五个基本的文化价值观来考察不同文化间的差异：

(1) 权力距离（power distance）。这个维度指某一文化中的人们，尤其是地位低的人们对不同人在社会的权力分配不平等的接受程度。

(2) 不确定性规避（uncertainty versus avoidance）。这个维度指一个文化中的人们面对不确定的事件和风险时的回避程度，以及是否通过正式的渠道来避免和控制不确定性。

(3) 个人主义与集体主义（individualism versus collectivism）。这个维度考察某一社会总体呈现出一个关注个人利益还是集体利益的倾向。

(4) 男性化与女性化（masculinity versus femininity）。这个维度主要看某一文化是男性的性质偏多还是女性的性质偏多，同时考察社会中男女性质间的差异程度。

(5) 长期取向与短期取向（long term orientation versus short term orientation）。这个维度指某一文化中的人们抑制当前需求，而将目标放在未来，接受物质、情感的满足推后的程度。

虽然用霍夫斯泰德理论考察各国的文化差异不够精确，带有明显的西方视角，但它毕竟给我们提供了对文化差异进行量化的工具，让我们不再笼统地分析文化的差异。从这点上看，其理论是有价值的。

二、关于跨文化交际

(一) 跨文化交际的过程

交际可以被理解成一个编码和解码的过程。首先，信息发出者将一系列文化元素进行编码，赋予自己的意愿、情感、思想，然后向信息接收者发出。信息接收者接到这一串编码后要进行解码，解码就是对接收到的这些象征符号进行还原或解释。在进行解码后，信息接收者还将向信息发出者进行反馈。这样，一次完整的交际就完成了。

在同一个文化中，编码通常可以被较好地解码，不会产生大的问题。但是在跨文化交际中，编码往往不能被很好地解码，最终造成交际障碍。例如两个中国人在菜市场相遇，一个人说：“买肉啊。”另一个会自然地回答：

"是啊，女儿回来了，买点儿肉包饺子。"但你如果用同样的话问一个在菜市场买菜的德国人，他可能无言以对，不知道你想干什么。"买肉啊"这个编码里包含的"问候""寒暄"信息被错误解码。又如一位中国学生因为爷爷去世，他戴孝走进教室，同学们都会比较小心地保持分寸，不再像平常那样玩笑打闹。因为大家清楚地知道他身上那个黑色布条的意义，同学们解码成功，反馈得当。而如果他在美国的学校戴孝走进教室，美国同学们可能会嘻嘻哈哈跟他开玩笑，还有可能打趣他衣服上的黑色布条，美国同学的解码不成功，这次跨文化交际失败。

（二）言语交际

语言是人类最重要的交流工具，言语交际是用语言来向对方表达我们的意愿、情感的方式。言语交际主体在言语交际活动中会根据交际对象、交际环境等因素选择最合适的言语方式，并在交际过程中随时调整自己的言语行为，以完成交际任务，达到交际目的。成功的言语交际者可以通过言语清楚地传递出信息，清楚地展示自己想要营造的形象，让交际对象产生预想的感觉。

不成功的言语交际者就是"不会说话"，言语中传递错误信息，导致交际失败。言语交际受文化影响很大，不同的文化有不同的言语交际形式。黎天睦举过几个例子，很能说明问题。一个例子是说某领导人在某单位一个庆祝会上说："大家要努力工作，把工作做得更好……"这样的话中国人听起来没问题，可一个美国人听了会有这样的感觉："你怎么敢在这样一个愉快的时刻批评我们工作做得不好，借机骂我们！"还有一个例子是说一个人冬天见了朋友，说："你该多穿一点儿。"在中国人看来是关心，可这句话英文的意思是："你还是个孩子，糊里糊涂的，不知道穿衣服，我来关心你一下。"同样，中国人的问候"你去哪儿?""怎么这么早?"，给外国人的感觉是过分关心他的私事，会引起怀疑（黎天睦，1987）。

海姆斯（D. Hymes）认为"不得体"就是交际能力的缺失，也是"语法"的错误。

（三）非言语交际

非言语交际是不借助言语进行的交际行为。通常人们通过举止、语调、表情、目光、接触等身体语言进行交流，甚至通过停顿、沉默、空间距离来传递某种信息。除此以外，借助符号也能进行交际，如旗语、信号等。非言语行为在信息沟通中作用巨大，可以修饰言语交际行为，起到加强、削弱或否定言语交际的作用；在某些情况下，还可以直接代替言语交际，完成言语交际所达不到的目的，“此时无声胜有声”。有研究显示，只有7％的信息由言语传递，93％靠非言语来传递。如 David Abercrombie 所说：“我们用发音器官说话，但我们用整个身体交谈。”（陈观瑜，2001）。

非言语交际有更鲜明的文化特点，不同文化间的非言语交际形式差异很大。同时，非言语交际语义模糊，容易受干扰，传递的信息往往不够明晰，这些特点我们也要注意。

下面列举几种非言语交际的形式：手势，姿态，服饰，眼神，表情，体距，触摸，音量。

1. 手势

需要注意的是，不同的手势在不同文化中有不同的意思。中国人认为手心向上招呼人是不礼貌的，如同召唤小狗或挑衅；但在其他一些文化中手心向上招呼人并没有这个意思。竖起小拇指，中国人表示的是鄙视，日本人表示与性有关的事。西方普遍用竖起中指表达性交，这个中国原本没有的手势近些年也在中国流行开来，甚至有足球球员在比赛中因为向观众做出这个手势而受到批评处罚。

握手这个世界上普遍的示好方式泰国的乡村人就相当反感。英国人忌讳四人交叉式握手，据说这样会招来不幸。这可能是因为四个人的手臂正好形成一个十字架的原因。

2. 姿态

身体姿态也有很强的文化色彩。如英国人忌讳有人用手捂着嘴看着他们笑，认为这是嘲笑人的举止。

美国人忌讳有人在自己面前挖耳朵、抠鼻孔、打喷嚏、伸懒腰、咳嗽等，认为这些都是不文明的，是缺乏礼教的行为。若喷嚏、咳嗽实在不能控制，则应头部避开客人，用手帕掩嘴，尽量少发出声响，并要及时向在场人表示歉意。他们忌讳有人冲他们伸舌头，认为这种举止是污辱人的动作。

在泰国，地位较低或年纪较轻的人，应该主动向地位高和年纪大的人致合十礼。泰国人忌讳有人盘足或把两腿叉开而坐。他们忌讳有人用脚踢门或用脚指东西，认为这是有伤风化和不礼貌的举止；忌讳别人拿着东西从他们头上掠过，认为这是极不礼貌的举动，是有意的污辱；忌讳左手服务，认为左手不洁净，令人回想起肮脏的事情，甚至还会怀疑是不轨行为。

印度尼西亚同样不能用左手触碰食物。他们把左手视为肮脏、下贱之手，认为使用左手是极不礼貌的。

在接受别人的馈赠或服务（如倒茶、斟酒）时，中国人通常要起身致谢，而西方人一般都坐着不动。同样，东方国家普遍表示尊敬的鞠躬也并不是所有文化的通例。

3. 服饰

服饰在社交中有很重要的作用。客观地说，现代中国人对服饰在社会交往中的作用认识不足，不少人胡乱穿衣，身着T恤、牛仔裤出席盛宴（典礼、音乐会等）的情形时有发生，这在许多文化中都是失礼的。在有的国家，社交服饰是非常考究的，人们在不同的场合需要穿着不同的服饰。

有一次，非洲某国的住房部长在一家大旅馆里举行午宴，宴请我国某建筑公司在当地的工作人员。主人穿着整齐的西服，而我方人员的衣着却十分随便，很不得体。在场的我驻该国大使当即对此提出批评。

国外有一些比较讲究的餐厅、饭馆，谢绝服装不整的人人内用餐。有一些公共场所也禁止衣冠不整的人进入。剧院、音乐厅的要求更加严格。在国外，人们在收到宴会请柬时，经常会在请柬的左下角看到注有“正式的（formal）”“非正式的（informal）”或“小礼服（black Tie）”等字样，有时也写着“随意（casual）”。这些都说明宴会主人对着装的要求。如果主人没有在请柬上注明对着装的要求，一般的人就会按通常的做法着装。宴会主人在请柬上对着装提出的要求，反映出主人对宴会性质的想法。

4. 眼神

在交往中，眼神也是很重要的方面。如美国人对握手时目视他方的举动很反感，认为这是傲慢和不礼貌的表示。西方人说话或倾听时习惯看着对方的眼睛，意味着尊重和礼貌；说话时不看着对方眼睛会被认为是无礼的。对于比较含蓄的东方人来说，要做到这一点是比较难为情的；因为如果我们长时间盯着一个人，这个人反而会有些不自在。

5. 表情

中国人含蓄、内敛，表情远没有西方人丰富。我们似乎更接受喜怒不形于色的含蓄方式。在我们的文化中，能控制自己的情感，展现给别人一个平静的表情是有修养和坚毅的体现。

《世说新语・雅量》有一个故事，说的是关系东晋王朝生死存亡的淝水之战，前秦国主苻坚大兵压境。东晋宰相谢安主持朝政，战事最紧急的时候他平静地与别人下棋；当侄儿谢玄大败敌军的喜讯传来，他却好像没发生什么似的。可见他控制感情的能力多么强。

我们这种表情上的含蓄跟西方文化鼓励坦白表现出内心情感的交际方式很不一样，我们要互相理解。

6. 体距

人和人的身体距离多远才让双方感到舒适，每个民族的标准是不同的。“私人空间”的原理告诉我们，当人过分接近时，会令人产生不快及焦躁感。“私人空间”变得狭小不足时，会产生压迫感，而使人不能冷静、客观地做判断，甚至会对侵犯者采取攻击态度。我们要了解和体会不同民族“私人空间”的界线。如欧美人同别人谈话时，不喜欢距离过近，一般以保持50厘米以上为宜；阿拉伯人交谈时的距离就近得多。爱德华.霍尔就说过人与人之间有四种空间距离：公众距离，可以达到360厘米；社交距离，120～360厘米；个人距离，45～120厘米；亲密距离，45厘米到零。超过和没有达到合适的身体距离都会感到不舒服。欧美人心理的“私人空间”范围比中国人大，距离也远一些。中国人的文化心理状态使他们将自身空间范围仅局限于身体的本身，范围较西方人小，距离也较西方人近。

曾有一个留学生说，在中国最可怕的不是厕所的肮脏，而是排队时大家紧密地挤在一起。

7. 触摸

虽然中国人舒适的身体距离和范围较西方人小，但是中国人的身体直接接触却没有西方人多。西方人拥抱、接吻是每日的例行公事，他们也更多地用触摸的方式表达自己的情感，如亲人、朋友间用拥抱表示关怀和爱护。中国人就很少拥抱。成年人的拥抱相当少见，父母与成年子女也很少拥抱。但是，中国人的另一些身体接触方式，如男性间的手拉手和身体接触，会让西方人感到尴尬。

中国人也常常喜欢把触摸孩子的头当成一种喜爱，这在一些文化中很忌讳。泰国和印度尼西亚忌讳触碰任何人的头部，即使是对小孩子。因为头颅被视作人体的最高部分，随便触摸别人的头部就是对他的一种极大的侮辱。泰国人也讨厌西方人平时生活中的拍拍打打的举止习惯，认为这是有伤风化的。

8. 音量

人在不同的交际场合，与不同的交际对象交谈时，音量是不一样的。而不同的音量在某种程度上表现出说话人的修养和态度。在跨文化交际中，对语音的控制要十分留心。西方在语音方面的基本礼仪规范是：与别人进行交谈时，尤其是在大庭广众之前与别人进行交谈时，必须有意识地压低自己说话时的音量；说话的声音最好是低一些，轻柔一些，只要交谈对象可以听清楚即可。在交谈时，特别是在公共场所里与别人交谈时，如果粗声大气，不仅有碍于他人，而且也说明自己缺乏教养。一些中国人在公开的社交场合声音比较大，显得有些吵闹，这有失身份，要注意克服。

总之，每个文化都有自己的交际模式，有约定俗成的习惯，对此我们要有清楚的认识。我们不能以一个民族的文化生活习俗和道德标准去衡量另一个民族的同一行为现象。对于历史文化现象，只要是这个民族习惯的、接受了的东西，应该看作一种正常现象。

(四) 文化休克

“文化休克”，又叫“文化震荡”“文化震惊”（cultural shock），是1958年美国人类学家奥博格（Kalvero Oberg）创造的一个概念。文化休克指一个人身处一个不熟悉的文化环境之中，由于失去了自己所熟悉的文化象征符号和社会交流手段，尤其是语言交际能力的丧失而产生的一种失落、紧张、迷失、沮丧、排斥、无助乃至恐惧的感觉。具体表现是他感觉在这个文化中失去了社会身份，自我认同和人格被降低，生存的能力大打折扣，无能为力。他感觉在这个文化里情感无所依托，于是厌恶周边环境，情绪焦虑低落。

文化休克包括蜜月阶段、沮丧阶段、恢复调整阶段、适应阶段等阶段。文化休克不是一种病，而是一种复杂的个人文化体验，个体差异很大，造成的影响也很不相同。有些人沮丧阶段可以非常短暂，而有的人会持续较长时间。这就需要我们在面临进入一个新的文化时要有所准备，预防文化休克带来的消极影响。有效的方法有很多，如：多了解新文化、新环境，提高自身的语言和文化应变能力，避免产生强烈的文化休克；乐观自信，开放胸怀，在新文化环境中积极参与社会活动，改善人际关系；寻求可靠有力的支持系统，如各种组织或团体、亲朋好友的支持鼓励。

(五) 文化适应模式

Brown (1980) 从第二语言习得研究的角度对“文化适应”做出了定义，指出“文化适应”是指学习者逐渐适应新文化的过程。“文化适应模式”(Acculturation Model) 的基本假设是：第二语言习得只是文化适应的一个方面，一个学习者对目的语社会文化适应的程度将会决定他习得第二语言的程度（Schumann，1978）。该模式通过社会距离的八个因素和心理距离的四个因素来分析和阐述文化适应的程度。

1. 社会距离因素

社会距离关注的是二语学习者群体和目的语群体的社会关系，包括：

（1）社会主导模式，指二语学习者群体与目的语群体的平等程度（分主导、从属、平等三种情况）。一般认为，两个群体处于平等关系更有助于二语水平的发展。

（2）融合策略，指二语学习者群体对目的语文化采取的态度和做法（包括同化、保留、适应）。当二语学习者接受目的语群体的生活方式和价值观（即同化）时，二语习得效果最好。

（3）封闭性，指目的语所在国在社会设施（学校、医院、娱乐场所）等方面的封闭程度。如果二语学习者群体和目的语群体能共享的社会设施多，封闭性低，则会创造更好的习得环境。

（4）凝聚性，指二语学习者群体内部成员的紧密度。如果二语学习者紧密程度过高，社交圈子过于局限在群体内部，则不利于与目的语群体的交流，会阻碍二语水平发展。

（5）二语学习者群体规模。群体规模越小，越不容易形成内部聚集，有利于二语学习者融人目的语群体。

（6）文化一致性。二语学习者群体与目的语群体文化一致性越高，越有利于二语习得。

（7）群体态度。二语学习者群体对目的语群体持正面态度，有助于二语习得的发展。

（8）打算居留时限。打算在目的语群体所在国长期居住的二语学习者可能更主动融入目的语群体，语言习得更快。

2. 心理距离因素

心理距离关注个体学习者对目的语群体的整体情感因素，与个体学习者对学习任务的适应程度有关，包括：

（1）语言休克，指二语学习者使用目的语时感到害怕、恐慌。

（2）文化休克，指二语学习者在接触目的语文化时的焦虑和不安。

（3）学习动机，指二语学习者学习目的语的目的以及为实现该目所做的努力。

（4）自我渗透性，指二语学习者语言自我（language ego）的僵化程度。

语言自我是指二语学习者在母语习得过程中逐渐形成的具有保护性的心理屏障。如果二语学习者语言自我渗透性弱，无法打开心理屏障，就很难吸收新的语言信息，从而抑制二语水平的发展。

社会、心理距离太大，学习可能停滞不前，语言形式“皮钦化”。Schumann（1978）记录了一位成年西班牙人在美国习得英语的过程。由于社会距离的阻碍，他的英语中充满皮钦语形式：“no＋动词”，不倒装的疑问句，没有所有格、复数和特殊动词形态，等等。原”，介绍那里的语言、民族、饮食、经济。如果在假期前后，可以向学生介绍中国的旅游景点。

（四）中国民俗介绍

中国人口众多，地域辽阔，各地、各民族风俗千差万别，我们要充分利用大量鲜活有趣的材料进行教学。一般来说，可以从节庆、饮食、婚丧、语言、艺术等多个方面来介绍民俗。要注意的是，民俗的介绍不是为介绍而介绍，要为语言学习服务，不能脱离学习者的语言水平。正如《国际汉语教师证书考试大纲》所说：“能通过文化产品、文化习俗说明其中蕴含的价值观念、思维方式、交际规约、行为方式。能将文化阐释和传播与语言教学有机结合。掌握相关中华才艺，并能运用于教学实践。”（国家汉办，2015）

例如，介绍中国饮食，就可以顺便把“炒鱿鱼”这个惯用语给介绍了；讲旧时结婚的吹吹打打，就把“吹喇叭，抬轿子”给介绍了；“鬼门关”“阎王殿”正好介绍中国人的传统鬼神观；“老皇历”就可以引出中国历法。总之，“能以适当方式客观、准确地介绍中国”（国家汉办，2015）。

文化教学的内容远远不止这些，它贯穿在语言教学的整个环节。所以，中国文化教学的活动不是仅仅局限在教室和教材里，教师要积极主动地用符合学生学习习惯的方法来进行设计和教学。无论在国内还是国外，教师都可以灵活运用各种方法，尽量调动学生学习的兴趣。总之，就是要善于用最能被人接受的方式讲述“中国故事”。

第二节　跨文化交际中的文化适应与文化休克

跨文化交际涉及跨文化适应问题，而跨文化适应问题中的文化休克又表现突出。不同文化背景的人们在交际时，或者互相适应对方的文化，或者不适应，从而产生两种不同的结果：文化适应；文化休克。当一个人“处于一种生疏的社会文化环境中，努力在自己与新文化环境之间建立起并维持一种相对稳定的、互动的和有功效的关系”时，这就是文化适应。而当一个人自觉或不自觉地套用自身所在社会的行为规范来判定对方行为的合理性时，由于双方的行为规范存在差异，常常产生误解、不快甚至更坏的结果。这种现象可称为“文化休克”。在对外汉语教学中，汉语教师和学生面临如何适应新的文化，如何有效应对文化休克，如何提高文化适应能力等问题。以下就跨文化交际中的文化适应与文化休克现象展开探讨。

一、跨文化交际中的文化适应

“文化适应”是英语“cultural adaptation”或“cultural adjustment”的汉译，原称“跨文化适应”（cross-cultural adaptation）。跨文化适应是一个对新文化环境适应的过程，最终适应新的文化环境，学会在新文化环境中进行有效交际。以下就文化适应策略、文化适应的类型、文化适应的过程、文化适应的影响因素进行分析。

（一）文化适应策略

到一个新的文化环境中学习、工作、生活的人都会面临文化适应的问题，但是由于到新环境中居留时间和目的不同，不同的人群具有不同的文化适应模式或策略。加拿大跨文化心理学家 John Berry（1990）分析了不同人群的文化适应策略，分为同化、分离、融合和边缘化。采用同化策略的人不希望保持原来的文化传统和身份，寻求与新环境中的人们多进行日常交往，试图建立新的人际关系。采用分离策略的人希望保持自己原有的文化身份、文化习惯和传统。采用融合策略的人希望保持自己的原有文化，同时也接受新的文化的一些价值观念和行为方式，他们吸收和融合了两种文化中积极的方面。采取边缘化策略的人对保持自己原有的文化传统没有兴趣，也不认同目的文化的价值观和行为方式。

Ward 与 Kennedy（1994）调查分析了上述四种文化适应策略与心理适应和社会适应两个方面的关系。研究结果显示，采用同化策略的人经历的社会适应中的困难最少，但会比采取融合策略的人遇到更多心理适应方面的问题；采用分离和边缘化策略的人产生的心理焦虑都比较多，而采取分离策略的人在社会适应方面遇到的困难最多，采用融合策略的人感受的心理焦虑最少。大多数汉语教师在国外工作期间采取融合或分离的适应策略，而采用同化和边缘化策略的人占少数。在中国留学的外国学生中，很多人采取融合策略。

(二) 文化适应的类型

文化适应可分为以下几个类型：短期文化适应、长期文化适应、重归文化适应。短期文化适应指因学习或工作而暂时旅居另一文化环境的人对新文化环境的适应，其居留时间短到数月，长则几年。长期文化适应指长期侨居异国和移民国外者的文化适应。长期侨居异国和移民国外者在新文化环境中的语言、生活、工作和交际等方面都已无大的困难，但是他们对当地语言的深层内涵和风格仍不得要领，因而仍然难以融入当地居民群体和文化。重归文化适应即留学或侨居他国数年甚至多年后回归祖国的人，在相当一段时间内感到自己与祖国文化产生了距离感，对国内生活、工作和人际交往难以适应。

其中，短期文化适应和长期文化适应既有区别又有联系。区别在于二者的目的、达到标准不同。在目的方面，短期文化适应是因公、因事短期居留异国他乡期间的文化适应，也包括在本国对外国企业文化的适应。目的是保证其在异文化环境中任务的顺利完成，"工具性"较强。长期文化适应是一种对永久居留环境的适应，主要指移民的文化适应，其目的是要融人居住国文化，成为该文化的一员。在达到标准方面，短期文化适应不必达到文化认同，更不要求文化身份的改变，只求相互理解、友好合作、和谐共处。长期文化适应解决的是永久居留所必需的文化身份的适应和改变，其"文化适应门槛"是文化身份在由母语文化转至移民国文化过程中的界限。短期文化适应与长期文化适应的关系表现在：前者是后者的基础，也可以说前者是后者必经的起始阶段。没有短期文化适应，长期文化适应就无从谈起。但实现了短期文化适应，也只是长期文化适应的中的一小部分。

(三) 文化适应的过程

文化适应过程是价值观念和文化身份调整或改变的过程，其成果大小、时间的快慢，不仅取决于两种文化之间差异的大小，更重要的是本人的态度和适应能力。早期学者就文化适应划分为几个阶段，其中最著名的是 Oberg (1960) 提出的理论，他将短期旅居者的文化适应过程分为四个阶段：蜜月期、挫折期、恢复期和适应期。蜜月期是刚到一种新的环境中最初一两个星期的经历和感受。由于与新的文化的接触有限，对看到的一切都感觉新奇有趣，心情兴奋而激动，因此对新的文化的态度往往是正面的。挫折期的心情是失望、沮丧、焦虑。此时，在新的文化中待了一段时间，并对新的文化的了解逐渐增多，发现有很多规则与自己原有的文化并不同，自己预想的和实际的存在很多的差别。外语能力水平有限，给生活带来了不便，因此不愿意和当地人交流，对当地文化产生了负面的印象。恢复期里，原来觉得奇怪的事情慢慢习惯，意识到了文化差异，并开始尝试接受和理解，失望、焦虑的心情渐渐消失。适应期里，对文化差异的了解更加深入，因此态度也就更加客观、宽容，心情变得平和、愉快。

Lysgaard（1955）将文化适应过程描述为 U 曲线，如图 2－1 所示。

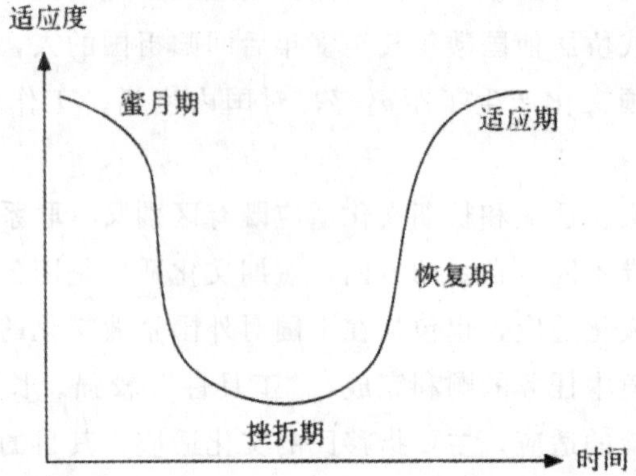

图 2－1　Lysgaard 描述的文化适应过程

U 曲线模式是描述跨文化适应过程的一种比较流行的理论，不过近来一些学者提出了质疑，认为这种划分是直觉性的，太过于简单，也不够科学。Ward、Bochner 与 Fumham（2001）等学者指出，人们到一个陌生地方的最初阶段会遇到最严重的文化适应问题，大多数人的感受是负面的，并没有经历所谓的“蜜月阶段”，而是从一开始就体验到了压力和挑战。

1982 年，Levine 和 Adelman 从文化的角度以一年左右侨居期为例，将文化适应过程分为五个阶段，并用“W”加以图示（图 2－2）。

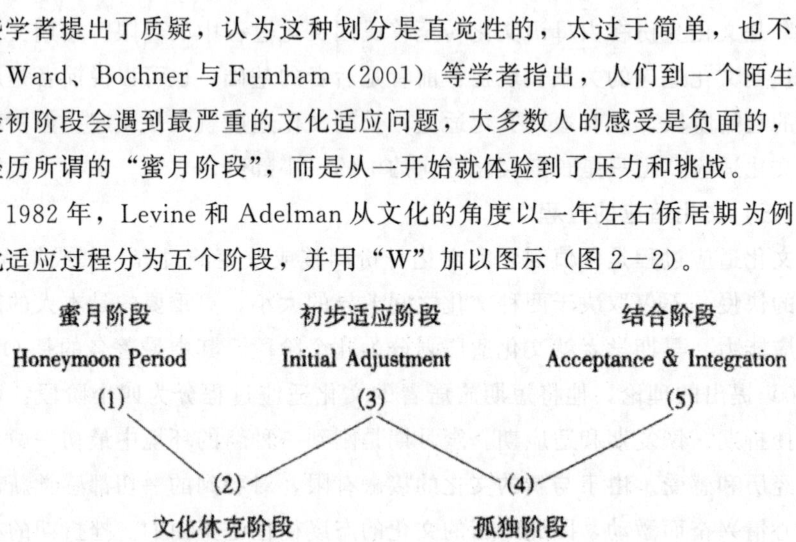

图 2－2　Levine 和 Adelman 描述的文化适应过程

蜜月阶段：刚到一种新的文化环境，表现出新奇、兴奋的心情。

文化休克阶段：在一种新的文化环境中，为住房、交通、购物、语言等问题所困扰，严重者还会产生心理危机。

初步适应阶段：基本克服了日常生活困扰，逐渐可以使用第二语言表达基本意见和感觉。

孤独阶段：自己还不能像使用母语一样自如地运用第二语言，因此感到沮丧。

结合阶段：工作、生活和学习都已走上正轨，已经适应新文化的生活、习惯、风俗、饮食等，人际关系和谐。

Levine 和 Adelman 还用一“W”图形形象地描绘了重归适应过程，如图 2—3 所示。

The “Re-entry” Adjustment Process

“重归”适应过程

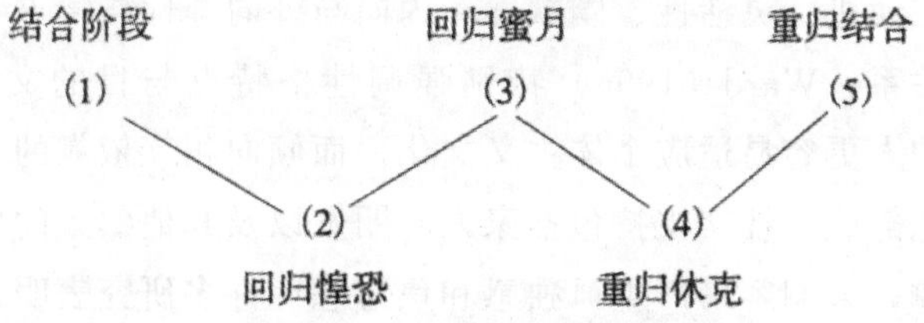

图 2—3 重归适应过程

结合阶段：已经适应新的文化。

回归惶惑阶段：回归祖国，将离开已经长期旅居的文化，将失去已交上的朋友，心里感到惶惑、痛苦。

回归蜜月阶段：刚回到祖国，对一切感到陌生又熟悉，有亲友的欢迎，心情激动、兴奋。

重归休克阶段：亲朋好友可能难以理解、认同在国外的经历和带来的异国文化、理念、观念、价值取向。

重归结合阶段：与家庭和亲友重新熟悉，感到重又融入故国社会。

(四) 文化适应的影响因素

跨文化心理学者对影响文化适应过程和结果的因素进行了研究，并由之形成多种理论，比较有代表性的是文化学习理论和焦虑处理理论。文化学习理论主要从行为的角度来看待文化适应问题，认为缺乏特定文化的知识和社会技能导致了跨文化适应的困难，强调学习跨文化知识和跨文化交际技能的重要性。因此，影响文化适应的因素有：目的文化的知识和语言、两种文化的距离、与目的文化人群交往的程度、文化身份、文化适应模式、跨文化交际培训等。焦虑处理理论主要从情感的角度来看待文化适应问题，突出个体特征与环境特征的相互作用，强调掌握处理跨文化心理焦虑策略的重要性。因此，影响文化适应的因素有：个体性格、社会支持、性别、民族、处理文化适应问题的策略等。结合上述两种理论，这里将影响文化适应的因素归结为：期望值、目的文化的知识、个人性格特点、社交支持、文化距离。期望值影响一个人在目的文化中的思维、态度和行为。拥有比较切合实际的期望值的人会对文化适应过程中可能出现的问题做更充分的心理准备。有的学者还发现，现实好于期望值的情况会使人们对新环境生活的满意度提高。了解和掌握目的文化的知识是促进文化适应的因素之一。许多学者的研究表明，参加跨文化交际能力及知识培训对增强自信心，增加入际交往技巧，提高文化适应性、文化理解力等具有积极作用。在个人性格因素中，对模糊性的容忍程度、内在动机、灵活性、幽默感、内向与外向等性格特点都与文化适应能力有密切关系。Ward（1996）特别强调性格特点与目的文化特点契合，如性格独立的人更容易适应个体主义文化，而倾向相互依靠的人在集体主义文化中则感觉舒服。社交支持包括家人、朋友以及其他熟人的支持。没有社会网络的支撑，人们容易产生孤独感和焦虑感。许多研究表明，与当地人广泛交往是文化适应的必要条件，与目的文化中的人们交往越多，对该文化越了解和理解，对自己生活的满意度就越高。文化距离是指自身文化与目的文化之间的差异。Furnham、Bochner（1986）和 Ward（1996）等人就文化距离与文化适应之间的关系进行了研究分析，他们认为，文化距离越大，个体要超越这些文化差异所需要的努力和资源就越多，所经历的生活变化也越大，心理焦虑体验更强烈。反之，文化差异小，心理焦虑体验较弱，文化适应的速度就越快。

总之，学生的第二语言习得过程永远与文化适应过程相伴。所以，要深入研究和清楚了解第二语言习得过程与文化适应过程之间的同步发展关系，探索出行之有效的第二语言教学途径。文化适应的关键期发生在第二语言学习者跨越“文化适应门槛”之时，学生面临着文化适应和语言学习双过关的关键时刻，此时要切实做好这一阶段语言教学和跨文化适应导向教育，让学生渡过文化适应难关，进入基本正常的第二文化学习时期。

二、跨文化交际中的文化休克

“文化休克”一词译自英语的“culture shock”，因此也有译为“文化冲击”“文化震荡”的。“culture shock”这一术语是由人类学家Oberg于1955年（另一说为1960年）提出的，用以描绘在巴西参加一个卫生保健项目的美国人文化适应的问题。Oberg认为，“culture shock”是一种有其独特征兆和医治方法的病态反应。此后这一种术语成为身居异国他乡的人常用的晦涩难懂的基本术语。现在人们普遍用其描述初居异文化之中的人们在文化适应过程中所产生的心理反应。“culture shock”在西方有广义与狭义之分。从广义上看，“culture shock”几乎可以成为“文化冲突”的同义词，指身居异文化环境中的人与居住国家人们之间的各种文化冲突。从狭义上看，“culture shock”指的是初居异国他乡的人，由于脱离了母语文化而突然置身于完全陌生的文化环境中所产生的心理困境和生存困难。人们一般从狭义上去理解和解释这一术语。关于“culture shock”的定义，还有不同的表述。例如，Brown说：“文化休克指的是一种心理现象，表现为从轻微的气恼到深度的惶恐和心理危机。”OLevine和Adelman认为：“文化休克一说有助于解释困惑不解和不知所措的感觉。”这些定义都将文化休克看成是文化适应的一大障碍，看成是严重的“文化心理病”。综合以上表述，这里认为，文化休克指的是“初处异文化环境中的人，对陌生环境产生的一种不知所措和惶恐不安的心情，并由此产生的抗拒新文化和留恋旧文化的病态心理反应”。第一文化与第二文化之间，距离越大，文化休克往往越严重，差异甚微的文化之间文化休克反应可能表现轻微，甚至难以觉察。

西方绝大多数人认为，亚洲文化与西方文化差异最为显著，因为二者之间从身体外表、宗教信仰、哲学观点、社会态度、语言传统，直至对自已和宇宙的看法等方面都有极其悬殊的差异。而西方人与中国大陆人交往中的文化差异和文化冲突更为突出。由于教育制度、社会环境、生活环境的不同，来华学习的外国留学生对我国大学的教材内容、教育方法、规章制度、生活环境、师生关系和人际交往习俗等诸多方面都存在不同程度的不适应感，给外国留学生教学和管理工作带来不少困难。因此，在对外汉语教学工作中，应当重点解决好文化差异所造成的文化休克问题。

以下就文化休克的主要表现、影响及相关态度、应对策略展开分析。

(一) 文化休克的主要表现

文化休克主要表现为心理上的不适，有时也有生理上的反应。根据Oberg和Adler等人的描述，文化休克的表现主要有：感到孤独和无助；想念家人和朋友；烦躁和焦虑；害怕被欺骗、抢劫或伤害；过度认同自己原有的文化；回避与他人接触；身体疼痛会不适等。其中，文化休克的典型表现是不知所措、惶恐不安、抗拒。

1. 不知所措

这是刚到一种新的文化环境中生活首先产生的一种普遍心理。新来者因文化差异、语言不通等而发现住房、购物、交通等方面都遇到了困难，对周围的一切都感到茫然，行动方向感很弱。与人交际中，常发现以为对的事情都是错的，过去熟悉的行为准则和交际礼节等都失效了。因此，饮食起居、学习、工作和交往都处于茫然不知所措的状态。

2. 惶惑不安

惶惑不安是一种由于对新文化的惧怕和反感而产生的失望和厌烦心理，表现出心情压抑，性情孤僻，将新环境看成一无是处，认为周围的人对自己都不友善。自己的遭遇和“不幸”似乎也被人忽视。

3. 抗拒

抗拒是在遭遇文化休克危机时采取的一种无意识的自我保护心理与行动，常难以自控。实际上，这一心理主要受文化优越感的左右。抗拒心理的具体表现有三种。第一种表现是，认为与本文化不同的一切人和物都是不好的，因而采取厌恶和拒绝的态度；第二种表现是千方百计地将自己与新文化环境隔离开来，竭力寻求母语文化的支持和庇护；第三种表现是精神紧张，敏感多疑，甚至还会出现严重病态反应，个别人还可能采取一些过激的行动。

(二) 文化休克的影响及相关态度

文化休克有正面和负面的影响。对此，跨文化心理学有两种不同的看法。一种是把文化休克看成一种心理问题，是跨文化交际的障碍。另一种看法是把文化休克看作是跨文化交际的必然经历，是个人成长的积极因素。

早期学者认为，文化休克是一种心理疾病，认为当一个人紧张和焦虑的时候，他的交际能力会降低，与他人的紧张关系更严重，主要处理方法就是进行心理咨询或采取心理疗法。

20世纪70年代，不少学者通过一系列研究，发现研究移民和短期旅居者的文化适应有两种方法：将跨文化交际作为难题解决的方法和将跨文化交际看成学习和进步过程的方法。Kim 和 Rubin 将“文化休克”既不视为积极因素，也不看成是消极因素，而是将文化休克看成是文化适应过程中不可或缺的学习经验，是跨文化意识增强过程中一个有机部分。20 世纪 80 年代以来，越来越多的跨文化交际学者从积极的角度来看待文化休克。Adler（1997）认为文化休克本质上是一种跨文化的学习、自我认识和改变。在 Brislin（2000）看来，文化休克的经历不仅不阻碍文化适应，而且还可能使文化适应过程更有效率。采取积极态度的学者们认为对文化休克的正确处理方式是做好心理准备，参加与文化适应相关的培训，增加与文化适应相关的社会技能。

总之，文化休克给个人生活和跨文化交际可能带来的积极效果包括：获得重新认识自我的新视角；更加理解不同文化的价值取向、人生观的差异；思维更加活跃、客观和开放；情感更加丰富，性格更加坚强、成熟；人际交往能力更高，适应新的文化环境的能力更加强。

（三）文化休克的应对策略

能否成功处理文化休克，主要看个人的素质和努力程度，而关键是调整自己的认识、态度和行为。Ward、Bochner 与 Furnham（2001）指出，处理文化休克的策略主要包括两种：首要策略和次要策略。首要策略是直接的行动，是以任务为本的行为。次要策略主要是认知方面而不是行为方面的，指的是改变自己对引起焦虑的情景或状态的认识和评价。首要策略和次要策略的区别在于，前者是改变环境以适应自己，后者是改变自己的认识适应环境。具体而言，文化休克的应对策略主要有以下几方面。

（1）学习目的国语言。语言是重要的交际工具，语言不通就很容易让人感到无助和沮丧，从而加重文化休克现象，阻碍文化适应的过程。掌握目的国语言可以提高人们在国外的生存能力，改善生活质量，结识新朋友，增强自信心和成就感。

（2）了解目的文化的知识。如果预先了解目的文化的特点，就会对目的文化产生合理的预期，减轻在新环境中的焦虑和失落感。

（3）参加社会文化活动。参加当地的文化实践活动，可以避免产生孤独感，亲身体验当地文化中人们的生活方式，结交志趣相投的朋友，充实自己的生活，增加生活乐趣。

（4）广交朋友，建立良好的人际关系。多接触目的文化中的人，获取目的文化信息或得到情感上的支持，减轻文化适应中的焦虑情绪。

(5) 做自己感兴趣的事情。出现心理焦虑的时候，专注于个人喜欢的事情，可以转移对不愉快事情的关注，缓解焦虑。

(6) 改变自己的思维。当不能改变环境时，就改变自己的想法和态度。例如，当遇到文化休克问题时，可以这样告诉自己：这一切不愉快都将很快过去；我来这里就是为了迎接挑战；很多人都跟自己一样正在经历这样的过程；我曾经遇到的情况比这糟糕得多；人会周期性地感到情绪低落，这是正常的。

第三节　跨文化交际与文化教学的基本态度和方法分析

一、对不同文化的基本态度

(一) 反对民族虚无主义和文化沙龙主义

对自己的文化要有深入的理解，要客观、真实、公正。中国文化灿烂、辉煌，但其中也有糟粕的东西。我们必须认识到，“没有十全十美的文化。文化整体的不可褒贬，……我们相信人类存在着对于美与丑、真与伪、善与恶的‘共同感觉’(CommonSense)。人们完全有理由批评各种不文明的现象。……如果人们连这点批评的勇气都没有，那么文化的交流与沟通也同样是不可能的”(李铭建，1990)。鲁迅、柏杨对中国文化中的丑陋现象的批判可以作为我们客观、公正评价中国文化的材料。教师应该给学生一个客观的形象，要敢于批评中国文化中的糟粕，对于中国文化存在的不足要勇于承认，因为每个社会都会有这样那样的不足，不必忌讳，但原则问题要旗帜鲜明。教师的客观能培养学生的信任感，一种信任的关系对教学是有利的。

(二) 注意文化教学内容的现实性和可接受性

要注意向学生展示我们现实的文化风貌，不要把明显落后于时代的文化内容当成中国文化的特点来介绍。同时，要避免空洞的政治宣传和道德说教，要注意寻求中国文化中那些包含人类共同感情的东西，不要把中国文化(包括政治观、价值观、道德观)强加在学生身上。

教师一定要有一个宽容的文化观，中国文化本来就是在兼容并包、博采众长中发展起来的。我们历史上就接受了大量的外来文化，唐朝的开放气度使它成为当时世界上最先进的国家。在中国历史上，由于宗教、文化冲突而导致战争的情况并不多见，这跟世界上其他国家的情况很不相同。西方历史上十字军的东征等宗教战争此起彼伏，直至今天还硝烟未了。中国近代开始闭关锁国，反而导致国家的落后与衰弱。今天中国的巨大成就得益于改革开放，也要求我们以一个更开放的态度对待外来文化。

同时，我们也要能妥善处理涉及中国国情方面的敏感话题。在大是大非的问题上要坚持原则，对一些不能接受的观点和文化也要坚决抵制，如对中国的恶意诋毁以及“台独”“藏独”“疆独”等问题，我们一定旗帜鲜明，维护国家民族利益。

(三) 有跨文化交际的意识

跨文化交际与文化教学要注意对文化差异的认识，尊重不同的文化。理解和宽容由于文化不同带来的冲突。由于老师和学生来自不同文化背景，通常会遵循不同的价值判断标准和行为准则，对同一事物就可能采取完全不同的态度和行为来应对，结果就会导致师生之间、学生和学生之间发生文化的冲突。对此我们要有心理准备和应对的方法。

对教师而言，对不同文化的学习者进行中国语言文化的教学，要特别注意学生的文化背景，要对学生国家的法律规定、价值观、风俗文化、宗教信仰、语言与沟通的方式有所了解。同时，教师要具有较强的跨文化交际能力和灵活处理问题的能力。教师不能以自己文化的立场和价值观为标准去评判别人的文化，要充分尊重文化的多元性和不同的文化。

要正确认识国外汉语学习者对中国的认知程度。2015 年 6 月 8 日，中国“首都文化创新与文化传播工程研究院”发布了该院年度成果报告《外国人对中国文化认知与渠道调查》。该报告称，中国形象正在被越来越多的外国人认可，但中国文化的被认知程度整体偏低，74.2%的外国人对中国文化符号认知程度为不及格，仅有 6%的外国受访者对中国文化符号认知程度为优秀。①事实上，很多外国人心目中的中国人还是早期电影中那种人人会功夫、个个留辫子的形象。

在这样的情况下，教师就要根据学生的实际情况，有效地、正确地传输中国文化的知识，培养学习者对中国的正确认识。

二、文化教学的方法和材料

(一) 灵活处理跨文化交际中产生的问题

有一个在美国任教的汉语教师提供的案例（刘逸云，2017）是这样的：

有一天学习“男女平等”这一课。学完后我就挨个儿问他们，在家里是你做饭还是你女朋友做饭呀？是你爸爸还是你妈妈做饭呀？有的回答说我做，有的说我女朋友或者男朋友做，我就引导他们这就叫男女平等。当我问一个男生这个问题时，他说：“我爱人做饭。”我问：“你结婚了吗？”他说：“没有。”我说：“没结婚不能叫爱人，那是你女朋友。”他突然说：“老师，是男朋友。”这时全班都安静了下来，我也愣了一下。我马上说：那这样就叫做人人平等。所以我们不但可以说男女平等，也可以说人人平等。本来准备笑的几个学生也不笑了，就继续正常上课。

这个教师处理得非常得当，在遇到问题，尤其是遇到与我们的道德认知非常不同的问题时，没有大惊小怪，而是巧妙地化解。

（二）应用现身说法和对比法启发学生思考

教师应正视由于文化不同而产生的偏见乃至冲突，正确应对，而不是选择忽视或逃避，比较好的做法是，教师应先行预想到可能出现的问题，准备比较合适的回答，在回答中以个人作为例子现身说法，拉近与学生的距离。因为教师就是一个中国文化的代表，而且是一个正面的代表。对比的方法往往也能起到非常好的效果。

例如，教师可能常常会被问及“中国人吃猫吃狗吗”这样的问题。可以这样回答：世界上不同的国家、不同民族的饮食习惯不同，有的吃狗肉，有的不吃狗肉，吃狗肉的习惯不止中国有，越南、韩国和别的国家也有；就算在中国，也不是每个地方的人都吃狗肉，很多地方就没有这种习惯。像老师自己，从来不吃狗肉；家里也养了小狗，老师很喜欢它。这样的应对就很恰当。

一些国家的美食，如蜗牛、昆虫，在另一些国家人的眼里却很恶心、恐怖，其实都是文化差异造成的。要了解这些差异并将其适当地运用到教学中去，引导学生进行思考，了解到自己文化中的某些做法对其他文化来说也是很难理解的，这样就能建立起跨文化交际的意识。教师要“能自觉比较中外文化的主要异同，并应用于教学实践”（国家汉办，2015）。

（三）教材应多采用当代的内容

目前的汉语教材中，有不少教材古代知识文化的比例太大，三皇五帝、三山五岳，厚古薄今，语言艰深，这是很不适合的。比较好的做法是做到“三个平衡”：

（1）传统文化与现代文化的平衡。古代文化固然重要，但文化教学的内容应该和现实生活紧密结合，否则文化教学就失去了最重要的意义。文化教学要做到“学以致用”。如果教材中学生感兴趣的当代话题很多，题材实用性较强，学生会比较喜欢，因为学了能用。

（2）知识文化与观念文化的平衡。这也可以说是知识和理解的平衡。记住大事年表、年节习俗由来、名人生辰功绩乃至城市的特产是需要的，但我们更希望学习者对中国文化的精神、中国人的价值观有所了解，了解中国人交际文化产生的根源，起到追本溯源的作用。教材中要注意引导学生思考和观察中国文化在日常生活的表现，而不是记住了某一个年代和人物。

（3）语言技能和文化内容的平衡。汉语教材，不论是语言教材还是文化教材，都应该十分关注学生的语言能力和接受程度，尽可能降低语言难度。以往自我陶醉的那些充满“文采”的妙语诗篇并不一定适合汉语国际教育的文化教学，胡适关于新文学的“八不主义”的一些观点同样适用于汉语教材的编写和使用，如“不用典”“不用套语烂调”“不重对偶，文须废骈，诗须废律”“不摹仿古人”“不避俗话俗字”等。理想的教材应能有效地提高学生的语言交际能力，又能让学生从中学习到目的语中蕴含的文化并能实际运用。

另外，文化教材还应根据学习者水平、特点和课文内容的设置、要求，科学地设计练习，以帮助学习者理解、巩固、应用跨文化交际能力和文化知识。

第四节　第二语言习得研究的基本概念

第二语言习得研究的基本概念是了解和探讨该领域基本理论的基础。然而，即使这些基本概念，学者们的观点也并非完全一致。因此，在进入第二语言习得研究理论探讨之前，有必要对这些入门概念做一些阐释，从而避免一些概念上的混淆。

一、“第一语言”与“第二语言”的含义

“第一语言”与“第二语言”是一对对应的概念。第一语言通常是指学习者的母语或本族语。虽然有些时候学习者的第一语言并不一定是他的母语和本族语，但在大多数情况下，学习者的母语就是他的第一语言。通常我们说“第一语言”这个概念时，一般是就学习者语言习得的时间顺序而言的。

因此，第一语言是指儿童出生后最先接触和习得的语言。第二语言，按照 Ellis（1994）的观点，是学习者习得的第一语言之外的任何一种语言。从时间顺序上来说，学习者首先接触和掌握的是他的母语，其他语言是在习得母语之后获得的。另外，有些学习者习得母语之后，先后或同时习得了两种以上的其他语言，如第三、第四语言，但为简便起见，一般统称为“第二语言”，尽管第三或第四语言的类型和习得过程有所不同。

需要指出的是，当我们从语言习得的时间顺序来称说第一语言和第二语言时，这对概念的分别与学习者所在的语言习得环境没有必然联系。美国儿童习得母语之后学习其他任何一种语言，比如说法语，无论在美国学法语还是在法国学法语，对学习者而言，都是第二语言。换句话说，美国儿童习得英语之后又学习法语，并不因为习得环境不同而改变法语作为第二语言的习得顺序。尽管在美国学法语和在法国学法语的最终结果会有所不同。

二、“第二语言习得”与“外语习得”的区别

“第二语言习得”与“外语习得”，按照 Ellis（1985）的观点，二者并不是一对对应的概念。在他看来，“第二语言习得”这个概念既包括自然的，也包括课堂上的习得。但是，Ellis（1994）明确地将第二语言习得与外语习得的概念区分开来。他认为，第二语言习得是指学习者在目的语国家学习目的语。学习者所学的目的语在目的语国家是公认的交际工具，当然也是学习者用来交际的工具，如学习者在英国或美国学习英语，英语在这种环境下应该称作“第二语言”。相反，中国人或俄罗斯人在本国学习英语，英语是作为外语来学习的，原因是学习者所学的语言在本国不是作为整个社团的交际工具。另外，这种语言学习基本上是在课堂上进行的。

由此可见，Ellis 后来主要是依据学习者语言习得环境来区分第二语言习得和外语习得。但是，有学者认为，这两个概念指的是两种不同的语言习得环境，而不是两种不同的语言。Van Pattern（2002）指出，语言习得环境的区分主要依据两个因素，一是语言习得的国家是否说这种语言，二是是否有课堂学习经历。因此，外语环境指语言习得发生在课堂环境之外，而且所学语言不是所在环境的社会交际语言，如学习者在美国学法语就是外语习得环境。第二语言环境指学习者所学语言在语言习得发生的环境中作为社会交际语言。Van Pattern 认为，“第二语言习得”与“外语习得”的概念与语

言习得的环境无关。这是因为美国人在法国学习法语，法语是作为第二语言在第二语言环境下来习得的。同样，美国人在美国学法语，法语依然是学习者的第二语言，只不过是发生在外语习得环境。这样就能够避免将“第二语言习得”“外语习得”与“第二语言环境”“外语环境”混淆在一起。当然，区分“第二语言习得环境”和“外语习得环境”还是很有必要的，因为在两种语言环境下的语言习得在学什么、怎么学，以及最终语言习得的结果有很多差别。

三、“习得”与“学习”的区别

“习得”（acquisition）与“学习”在第二语言习得研究中是一对对应的概念。学者们用这一对概念来区分两种不同的语言获得过程、获得方式和知识类型。但也有学者并不刻意区分这两个概念，而把二者作为可以交互使用的概念（Ellis，1985，2013）。

Krashen（1981，1982）认为，成年人可以通过两种不同的方式获得第二语言。一种是通过“习得”的方式，即类似于儿童母语获得。另一种是通过“学习”的方式，通常是通过课堂学习，因此，习得是“非正式”的语言获得，学习是“正式”的语言获得，即通过教学的方式来获得第二语言。大多数成人第二语言学习者都是通过学习这种方式获得第二语言的。

就语言获得的心理过程而言，习得通常是指在自然状态下“下意识”的语言获得（subconscious learning），而学习一般是指“有意识”（conscious-leaming）的语言获得。就语言获得的知识类型而言，通过习得获得的是“内隐的语言知识”（implicit knowledge），通俗地说，是一种知其然而不知其所以然的知识。通过学习获得的是“外显的语言知识”（explicitknowl-edge），这种知识是可以言说的。所以，学者们通常用“picking up alan-guage”来描述语言习得，就像儿童那样下意识地、毫不费力地获得一种语言。而语言学习，学者们认为是“knowing about a language”，即学习一种显性的语言知识，而不是“language learning”，即获得一种语言。

四、“自然的二语习得”与“有指导的二语习得”

“自然的二语习得”（naturalistic SLA）是指在自然环境发生的第二语言习得，它与“有指导的二语习得”（instructed SLA）的区别，按照 Ellis（1994）的观点，主要取决于两个方面：一是第二语言是以何种方式习得的，即是以交际的方式获得的还是以教学的方式获得的。二是第二语言习得发生的环境，即第二语言习得是在自然的社会环境下发生的还是在课堂环境下进行的。因此，从上述两个角度出发，自然的二语习得是以交际的方式获得的，而且通常发生在自然的社会环境下；有指导的二语习得则是以教学指导的方式，通常发生在课堂教学环境。显然，Ellis 是从社会语言学的角度对二者进行划分的。

但也有学者，如 Klein（1986）从心理语言学的角度把语言习得分为“自发的习得”（spontaneous acquisition）和“有指导的习得”（guided acquisition）。所谓“自发的”语言习得是自然发生的，没有明显的学习行为。学习者在自发的习得过程中，注意力集中在交际方面而不是语言形式方面，因而是一种不经意的习得；而在有指导情况下的语言习得，学习者的注意力主要集中在语言形式的某些方面，如语音、词汇、语法等项目上。

Ellis 认为，最好还是从社会语言学的角度来划分这两个概念。因为它反映了学习者参与习得过程的环境和活动。如果从心理语言学角度来划分，似乎自然习得就是下意识的，有教学指导的习得就是有意识的，这好像不完全符合实际情况。

五、“语言能力”与“语言表达”

“语言能力”（competence）与“语言表达”（performance）是第二语言研究中经常遇到的两个基本概念。按照 Chomsky（1965）的观点，语言能力是由交际双方内在语法规则的心理表征构成的。简单地说，语言能力是一种反映交际双方语言知识的心理语法。这种语法是一种潜在的内隐知识，母语者对句子的合语法性的直觉判断依据的就是这种语言能力。

语言表达，按照 Chomsky 的理论，指的是交际双方在语言的理解与生成过程中对其内在语法的运用。第二语言习得的最终目的是对学习者潜在的第二语言知识进行描写，并最终对学习者的语言能力做出解释。但是，我们无法直接观察到学习者的心理语法。研究者必须通过收集和分析学习者在言语表达过程中的实际话语来推理和检验学习者的语言能力。然而，心灵学派并不重视学习者的实际语言分析，在他们看来，如果普遍语法具有普遍性，那么那些普遍原则就适用于所有的学习者。因此，检验一个学习者的语言直觉能力就足够了，而没有必要去检验言语表达中的语言材料。

第五节 汉语习得研究的多元视角研究

自20世纪80年代开始，第二语言习得研究受不同理论的影响，形成了许多不同的研究领域。这些研究领域反映了第二语言习得研究不同的理论视角。如第二语言习得研究的语言学视角（UG approach）、社会语言学视角（sociolinguistic perspectives）、认知视角（cognitive approaches）以及社会文化视角（sociocultural perspectives）等。汉语作为第二语言的习得研究虽然起步比较晚，但在这些理论的影响下，也初步形成了一些新的研究领域。

一、汉语习得研究的语言学视角

在第二语言习得研究领域，第二语言习得研究的语言学视角，主要是指从语言类型学和Chomsky的语言学理论，即普遍语法的角度研究第二语言习得。由于Chomsky的普遍语法理论对第二语言习得的影响最大，因此本节主要介绍在普遍语法理论框架下的汉语习得研究。

（一）基本概念和相关理论

1. 什么是普遍语法

20世纪60年代末70年代初，“普遍语法”被Chomsky赋予特定的含义，即“普遍语法是由一些原则、条件和规则构成的系统”（Chomsky，1975）。到了80年代，Chomsky又提出了“管辖与约束理论”，认为人类的语言是由“原则”和“参数”构成的。普遍语法的原则是恒定不变的，适用于所有的语言。对于学习者而言，原则是先天的，是不需要学习的。而参数是由有限的数值构成的，不同参数的设定构成了不同语言之间的差异。Chomsky这一理论对第二语言习得研究产生了极大的影响，有的第二语言习得理论就是建立在原则和参数理论基础上的。90年代，Chomsky的普遍语法理论又发生了重大变化，提出了“最简方案”（minimalist programme）的思想。Chomsky认为，人类语言的核心是“词库”，由“词汇语类”（lexicalcategories）和“功能语类”（functional categories）构成。通俗地说，词汇语类是指包含实词的类别，如名词和名词性短语、动词和动词性短语等；功能语类包括指示词、助词以及抽象的语法特征等，如时态、主谓一致等形态特征。在最简方案中，普遍语法的参数包含在功能语类中。最简方案提出后，出现了一些基于这一理论框架的第二语言习得研究。

2. 第二语言习得的逻辑问题

第二语言习得的逻辑问题源于儿童母语习得的逻辑问题（the logicproblem of language acquisition）。有学者认为，儿童语言能力的习得不可能只是通过有限的外部语言输入获得的。换句话说，儿童不可能只是通过模仿父母或其他成年人的语言而习得目的语规则系统。一方面，这种外在的语言输入是贫乏的；另一方面，儿童在认知水平很低的情况下，很难习得抽象的语言知识。那么，问题的必然结论就是，儿童语言能力的获得只能依赖先天的语言习得机制，如果没有普遍语法这种先天的生物遗传属性，儿童是不可能学会语言的。这就是所谓“语言习得的逻辑问题”。成人第二语言学习者是否也面临这一逻辑问题呢？Cook（1988）认为，第二语言学习者同样存在这个问题，因为他们的第二语言知识如果不是从语言输入中获得的，一定是在大脑里已经存在了。第二语言学习者和儿童母语习得一样，依赖先天的语言习得机制习得第二语言。但是，Schachter（1988）认为，第二语言学习者所面临的“逻辑问题”与儿童母语学习者根本不同，因为二者的语言能力在本质上是不同的。即使部分成人第二语言学习者可以依赖先天的语言习得机制达到母语者的水平，但是大多数人仍然达不到母语者的水平。

3. 普遍语法的“可及性”问题

普遍语法的可及性（accessibility of UG）问题是指成人第二语言学习者是否还可以利用普遍语法习得第二语言的问题。目前有三种不同的观点：第一种观点认为，普遍语法不仅适用于儿童母语习得，而且也适用于成人第二语言习得。Flynn（1996）指出，“如果可以证明第二语言学习者可以利用普遍语法的原则实现与母语不同的第二语言参数设置，那最好的解释就是，普遍语法仍然在起作用”。也有研究表明，第二语言学习者可以成功地对第二语言的参数进行重设。比如，英语为第二语言的日本学习者不仅能够成功地重新设置“中心语参数”，即实现由日语的中心语后置到英语的中心语前置的参数重设，而且能够运用在日语中不起作用的一些原则，如“毗邻原则”（subjacency principle），即在英语中能够正确地将“wh－短语”移位到句首。这些研究表明，普遍语法仍然适用于第二语言学习者。

第二种观点认为，普遍语法是不可及的。也就是说，普遍语法不再适用于第二语言习得。证据是，移民儿童的第二语言大都能够达到类似母语者的水平，而他们的父母却很少如此。这一基本事实主要与两个因素有关，一是语言习得的关键期，二是语言习得机制。成人第二语言习得与母语习得之所以有很大的差别，一个很重要的原因就是普遍语法在关键期后就不再起作用，不再适用于成人第二语言习得。Johnson 和 Newport（1989）在英语语法直觉判断的研究中发现，七岁以前移民美国的儿童以类似母语者的方式进行语法判断，而年龄大的学习者语法判断的错误多于前者。这意味着，在关键期前的儿童第二语言学习者与成人第二语言学习者在语法判断中依据的心理机制不同。因为儿童母语习得依然可以凭借普遍语法习得第二语言，而成人第二语言学习者只能凭借一般的学习策略来学习第二语言。机制不同，第二语言习得的最终水平也不同。

第三种观点是一种折中的观点，即对成人第二语言学习者而言，普遍语法有的部分是可及的，有的部分是不可及的。Schachter（1988）的假设是，普遍语法的原则对第二语言学习者可能依然适用，但有些参数可能不会习得。证据是，成人第二语言学习者的语言表达并没有出现所谓“野语法”。也就是说，学习者不会产出违反普遍语法原则的语法错误，因为他们的语言产出是受普遍语法制约的；但是，当第二语言的参数与其母语参数不同时，他们却不能够正确地设置，从而正确地习得第二语言的参数。所以，对第二语言学习者而言，普遍语法的原则是可及的，但是第二语言的部分参数却是不可及的。

上述三种观点都有各自的实验依据，但这些研究都描述了问题的一个侧面，因而难以形成共识。因此，关于普遍语法的可及性问题还需要多侧面的实验研究做进一步的探讨。

（二）基于普遍语法的汉语习得研究

基于普遍语法的汉语习得研究的数量相对较少。近些年这个领域的研究逐渐增多，主要集中在三个方面：一是围绕普遍语法的原则和参数问题探讨汉语学习者某些原则和参数的习得研究，二是围绕功能语类问题的汉语习得研究，三是检验“界面假设”（interface hypothesis）的汉语习得研究。

20 世纪 80 年代的“管辖与约束理论”对汉语习得研究影响很大，许多汉语习得研究建立在这一理论基础上。管辖理论，简而言之，主要阐释的是管辖（governor）与被管辖成分之间的句法关系。如动词管辖名词性宾语（He likes me.），介词管辖名词性成分（He spoke to me.），即介词宾语必须是宾格名词性成分。约束理论则是阐释回指成分或代词与其先行词的关系。如：a.“张三觉得李四对自己没有信心。”b.“张三觉得李四对他自己没有信心。”句 a 的简单反身代词“自己”既可以指“张三”也可以指“李四”；句 b 中的复合反身代词“他自己”只能指“李四”。这两个句子中的反身代词不同，与其先行词“张三”的指称和约束关系也不同。由于语言类型不同，不同母语背景的汉语学习者在习得汉语反身代词与先行词的指称关系可能会存在一些困难和问题。曾莉（2012）对这一问题做了比较详细的探讨。她的研究发现，母语为英语的汉语学习者能够成功地习得汉语复合反身代词“他自己”与先行词的约束关系。但在习得汉语简单反身代词“自己”与先行词的约束关系上却存在困难，即只能习得简单反身代词的某些指代特征。一方面，是因为反身代词的局部回指和先行词之间的约束关系是自然语言的共性，因而相对容易习得；另一方面，汉语学习者容易将“自己”与“他自己”相混淆，因而在判断长距离回指时，不能很好地区分二者在回指距离上的差异。

围绕普遍语法理论的另一个领域是基于“界面假设”（interfacehypothesis）的汉语习得研究。“界面”指抽象的语言系统中不同模块之间或语言表达之间的相互影响和映射关系，只要不同语言表达层级之间存在映射，“界面”就蕴含在这些层级之间。抽象的语言系统包括句法、语音、形态和语义等不同模块。这些模块各自有它自己的组织结构和组织层级。因此，语言规则和处理包括两类：一类是语言机制中每个模块内部的运行机制，如语音规则和句法规则；另一类是联系不同语法模块的运行机制，如句法和语义之间的界面，形态和语音之间的界面等（袁博平，2015）。按照 Sorace 和 Filiace（2006）提出的“界面假说”，“纯句法特征即便在学习后期才能被掌握，但最终是可以被完全习得的；而句法与其他的认知范畴间的界面特征则难以被完全习得”（转引自袁博平，2015）。根据这一假设，袁博平（2015）依次考察了母语为英语的汉语学习者习得汉语非宾格动词与非作格动词、存在极性词（existential polarity words）等语法点时，对“语法—语义”这一内部界面和“句法—语篇”这一外部界面习得的情况。研究发现，虽然界面会给汉语学习者带来习得困难，但并非这一假说所预测的永远难习得。另外，界面本身可能并不是造成二语习得困难的根本原因，界面所需的信息处理量才是决定汉语学习者多大程度上能够习得各种界面的关键因素。

（三）研究方法与评价

基于普遍语法的第二语言习得研究，顾名思义，这些研究都是建立在普遍语法框架下的第二语言习得研究，目的是为了检验普遍语法的普遍性和适用性。

基于普遍语法的汉语习得研究，在研究方法上和其他语言作为第二语言的习得研究一样，首先是根据普遍语法的理论形成第二语言习得的理论假设。White（1985）根据普遍语法的原则与参数理论，提出第二语言习得的过程就是“参数重设”（parameter resetting）的过程。如不同语言类型在“中心语参数”的设置上存在差异，汉语说“我吃饭”，日语说“我饭吃”。汉语动词短语的中心语“吃”在前（head initial），日语动词短语的中心语则在后（headfinal）。因此，日本学生要习得正确的汉语语序，就必须对其母语的参数重新设置。其次，研究者通过实证研究来检验这一假设对汉语作为第二语言学习者而言是否成立，即是否可以通过参数重设的假设来解释第二语言习得的过程和机制。

基于普遍语法的第二语言习得研究，基本上都是采用学习者对第二语言的语法判断这种研究范式来考察学习者的语言习得过程。采用这种语法直觉判断的方法，与普遍语法对学习者语言能力的理论假设密切相关。学习者的语言能力，即“心理语法”（mental grammar）是一种内隐知识，这种内隐知识的获得是第二语言习得的最终目标。因此，语法直觉判断是考察学习者语言能力的重要方法。当然，这种研究范式也受到一些学者的质疑。有学者认为，早期基于普遍语法的第二语言习得研究过于依赖语法判断的方法，缺少纵向研究。因而，不知道通过语法判断获得的到底是内隐知识还是外显知识。但是，现在这一领域的研究已经不仅仅限于这种研究方法，而是与实证研究相结合。研究的理论和方法也在不断更新。

二、汉语习得研究的社会语言学视角

基于社会语言学视角的第二语言习得研究，大致可以分为两个方面：一是第二语言学习者语言变异的研究；二是从更为宽泛的社会环境因素来考察第二语言学习者的语言习得过程，如“语言社会化”（language socialization）研究、跨文化认同研究等。

（一）汉语学习者的语言变异研究

1. 语言变异的相关概念

（1）什么是语言变异

通常所说的“语言变异”指说话者的语言表达系统由于社会因素（社会等级、职业等）、社会心理因素、心理语言因素而产生的语言形式变化。第二语言学习者的语言变异大致可分为两类，即“系统变异”和“非系统变异”。

系统变异是指第二语言学习者的语言变异随着情境的变化而变化。言语情境是第二语言学习者语言变异产生的主要原因。见下面例句：

①我在五道口吃饭。　　　（情境 A）

②我吃饭在五道口。　　　（情境 B）

按照 Labov（1972）的观点，如果学习者对言语输出注意的程度比较高，其言语表达大都符合目的语规则，如在情境 A，句①的状语语序；当学习者对言语输出注意的程度比较低时，即情境 B，其言语表达在语序上则偏离了目的语规则，如句②。这种变异是随情境变化而变化的，属于情境变异或系统变异。

非系统变异是指第二语言学习者经常在同一情境用两个或两个以上的语言形式表达同一功能。非系统变异也称"自由变异"（free variability）。这种变异不受语境因素的影响。见下面汉语学习者的表达片段：

在中学毕业后，我一个年没学，转到另一个大学学习中文一年，再没学一年，再学一个半年，没学一个年……

这种交替使用两种不同形式（一年/一个年）来表达汉语的数量结构是典型的自由变异。这种变异是非系统的，不受言语情境的影响。虽然第二语言学习者的语言变异是造成其中介语系统不稳定的一个重要因素，但同时也是促进其中介语系统不断发展的动因。

（2）上下文语境变异

上下文语境变异指由上下文语境的变化而引起的语言变异。上下文语境效应主要体现在语言的音系、形态和句法层面。Dickerson（1975）考察了在朗读对话时，四种上下文语境对日本学习者发英语/z/这个辅音的影响。该研究发现，当/z/出现在元音前面时，日本学习者可以正确发出这个音；当/z/出现在/m/b/等辅音前面时，学习者使用［z］［s］［dz］和发音较短的［z］四个变体；当/z/出现在/θ//t/等辅音前面时，学习者使用［z］［s］［dz］以及发音较短的［z］和不发音这五个变体；当/z/出现在音节末尾时，学习者使用三个变体［z］［s］［dz］。Dickerson 采用历时的方法，在九个月内分三段时间收集数据，每一次的数据分析都发现了相同的变异模式。

（3）中介语语体变化连续体

Tarone（1982，1983）把学习者的中介语系统看作一个由不同语体风格构成的连续体。连续体的一端称作"随便体"（vernacular style），另一端称作"严谨体"（careful style）。前者指学习者在非正式情境下的语体风格，后者指学习者在正式情境下的语体风格。学习者的中介语根据情景语境的需要在这两种语体间移动变换（王建勤主编，2009）。Tarone 认为，随便体和严谨体都是构成学习者中介语语言能力的一部分，因此在考察学习者的中介语时，应该收集不同语体的数据材料来反映不同的语言规范。她认为语体变换是由心理语言机制，即学习者对语言形式注意程度的高低造成的。当学习者对语言形式的注意很少时，其中介语表现为随便体。当学习者将其注意力主要集中在语言形式上时，其中介语表现为严谨体。这些不同的语体风格构成了学习者的中介语语体风格连续体。

2. 汉语学习者语言变异的相关研究

汉语学习者语言变异的研究相对比较少。已有研究主要集中在汉语学习者在语音和句法层面的变异研究上。

已有的汉语学习者言语情境变异的研究，借鉴 Labov（1972）关于母语者语言变异研究的范式以及 Tarone（1983）中介语语体变化连续体的理论框架，考察不同言语情境对学习者汉语声调产出的影响（袁博平，1995；严彦，2006）。袁博平（1995）根据 Labov 的“注意程度”假说，分别统计了初、中、高三组以英语为母语的汉语学习者在五种言语情境下汉语声调产出的正误数据。这五种情境依次为：口头表达、朗读句子、朗读短语和词语、朗读最小配对、给最小配对标声调。研究结果表明，从情境 1（口头表达）到情境 5（给最小配对标声调），由于学习者对声调产出注意程度逐渐提高，声调产出的正确率逐渐上升，形成一个不断变化的连续体。袁博平的研究基本证实了言语情境变异的假设。与此同时，他也发现，三、四年级学习者在注意力程度最高的标声调测验中的正确率，与注意力程度较低的实际发音没有明显差异。这一结论表明，学习者对语言产出注意程度的高低并非造成语言变异的唯一因素。

除了情境变异研究之外，也有学者探讨上下文语境对汉语学习者口语产出语音变异的影响。梅丽（2005）考察了后接元音和声调这两个上下文语境对零加级、初级、中级日本学习者习得汉语舌尖后音的语音变异现象。研究发现，上下文语境在一定程度上影响了语音变异。当后接元音为/i/类时，零加级汉语水平学习者将舌尖后音发成舌面前音和舌叶音的比例较大。

上述两项研究都是对汉语学习者言语产出的系统变异研究，但自由变异研究却屈指可数。王建勤（1997）考察了汉语作为第二语言的学习者语言表达中的自由变异现象。研究发现，学习者在习得“不”和“没”否定结构的过程中，把“不”和“没”看作两个可替换的自由变体。而且“不”和“没”的否定规则的习得过程是一个缓慢的扩散过程，呈现为四个过渡阶段：“不”的否定占主导地位阶段；“不”和“没”作为自由变体互相替代阶段；以“没”为主的泛化阶段；“不”和“没”分化，各司其职。自由变异的现象往往出现在新规则刚刚导入阶段。随着学习者语言水平的提高，自由变异现象逐渐消失。

3. 第二语言学习者语言变异的研究方法

第二语言习得研究领域的语言变异研究，较常见的研究方法主要有三：“分类规则”（categorical rules）和“变量规则”（variable rules）描写方法、中介语语体风格连续体的描写方法、“扩散模式”（diffusion model）。

按照 Labov 的“语体变换”（style shifting）理论，语体变换是系统的，是可以预测的。因此，我们就可以用分类规则将学习者的语体变异做如下描述：

thing→/θ/______（情境 A）

thing→/t/ ______（情境 B）

这一规则的含义是：学习者在情境 A，即对英语“thing”的产出注意程度比较高，使用合目的语标准的变体/θ/；在情境 B，即对英语“thing”的产出注意程度比较低，则使用另一变体/t/。显然，分类规则适合描写系统变异现象。

然而，学习者的语言变异实际上并不完全是非此即彼的简单分类变化，而往往是基于概率变化的。因此，Labov 又提出了“变量规则”的描写方法。所谓“变量规则”是指两个或多个变体在不同情景语境和上下文语境中出现的可能性。见下例：

Y（变体）0.6——语境/语体 A（随便体）

Z（变体）0.4——语境/语体 A

X（变量）

Y（变体）0.9——语境/语体 B（严谨体）

Z（变体）0.1——语境/语体 B

在语境/语体 A 中（随便体，即对语言产出注意的程度比较低），X 作为考察和描写的变量（如英语“thing”），其变体 Y（/θ/）出现的概率为 60%，X 的变体 Z（/t/）出现的概率为 40%；在语境/语体 B 中（严谨体，即对语言产出注意的程度比较高），X 的变体 Y（/θ/）出现的概率为 90%，

X 的变体 Z（/t/）出现的概率为 10%。可见，变量规则对语言变异现象的描写是建立在概率的基础上的，而且能够动态地反映第二语言学习者语言特征的发展变化。

用于系统变异研究的第二种方法就是 Tarone（1983）提出的中介语语体风格连续体的描写方法。这种描写方法也是根据学习者对言语产出注意程度的高低来设计言语情境。通常采取读词表（注意程度高）、读句子（注意程度较高）、朗读语言片段（注意程度较低）、自由表达（注意程度低）等不同的实验任务来实现（Dickerson，1975；袁博平，1995；梅丽，2005）。学习者在这些不同言语情境下的语言产出构成一个不断变化的连续体，可以看出学习者的语言变异随着言语情境的变化而变化。但是，这种研究方法也有一定的局限性。即言语情境只是引起学习者语言变异的因素之一，为了避免这种局限，还应该考虑其他因素对语言变异的影响。

上述研究方法适合于系统变异现象的描写，研究非系统变异或自由变异，适合采用扩散模式。Gatbonton（1978）利用这一模式考察了 27 个在加拿大学习英语的法裔学生在大声朗读和即兴说话两项任务中发 3 个目的语语音/θ//ð/h/时出现的变异现象，并用扩散模式解释了这种自由变异现象。她认为，在第二语言发展过程中有两个主要阶段，即“习得阶段”和“替代阶段”。在习得阶段，学习者习得目的语中某个变项的正确变体，并在所有的语境中都使用这个变体，同时也使用该变项的不正确变体；到了替代阶段，正确变体逐步取代不正确变体，自由变异消失（详见 Ellis，1985）。

（二）汉语学习者的语言社会化研究

1. 什么是语言社会化

语言社会化的一个基本观点是，语言和文化并不是截然分开的，无论是母语习得还是第二语言习得，语言和文化都是一起习得的。有学者认为，语言知识和社会文化知识是相互依存的。学习者的一个基本任务就是在习得语言形式的同时习得相关的意义和功能，而这些意义和功能在很大程度上是依据社会文化构成的。一方面，语言知识寓于社会文化知识之中，另一方面社会文化知识的理解与阐释在很大程度上是通过语言媒介来实现的（Ochs，1988）。有学者甚至认为，语言社会化与学习者语法能力的发展也密切相关。Ochs 和 Schieffelin（1995）指出，在每个社区，语法形式与其运用的社会文化环境以及语法形式的表征意义，对儿童有关这些语法形式的理解与产出产生影响。

学者们这些观点反映了这样一种共识，即语言社会化就是将学习者的语言能力的发展和社会文化发展联系在一起，因为至少儿童母语知识的习得同时伴随着与母语知识相关的社会文化规范的习得。但是，第二语言学习者第二语言的习得并不一定伴随着目的语社团的社会文化规范的习得。有可能是学习者所处的外语习得环境使然，也有可能是语言教学方法使然。比如，强调规则操练和强化的听说法，在某种程度上将二者分离。因此，有学者呼吁应该提出一种更为完整的语言习得理论，将第二语言习得的认知过程和社会过程结合在一起（Watson－Gegeo&Nielsen，2003）。目的是使第二语言学习者在习得第二语言的同时实现语言社会化。

2. 汉语学习者语言社会化相关研究

语言社会化研究作为一个新的研究领域，最初源于儿童母语习得，如萨摩亚西部和巴布亚新几内亚儿童的语言社会化研究。学者们发现，不同文化和族群儿童的母语习得及其相伴随的语言社会化过程存在较大的差异。随着应用语言学领域的“社会转向”，儿童母语习得的语言社会化理论引起第二语言习得研究领域的兴趣。但第二语言习得研究领域关注的主要是第二语言课堂教学中学习者的语言社会化问题（Poole，1992；Ohta，1999；Cekaite，2007）。受语言社会化理论的影响，汉语学习者语言社会化研究，近些年虽然研究不多，但已有学者在这个领域做了初步的探索（贾莉，2008；闻亭，2013；魏惠琳、周春红，2013）。

魏惠琳、周春红（2013）以美国华裔汉语学习者为研究对象，从学习者运用汉语请求策略的角度，考察学习者语言社会化的进程。该研究发现，不同汉语水平对汉语学习者非规约性间接策略的使用有显著影响，即高水平的汉语学习者更多地使用非规约性、间接的请求策略。作者认为，这一结果，一方面可能与学习者的态度有关，即持积极态度的学习者更倾向于少用直接策略，更多地使用非规约性策略；另一方面持积极态度的学习者会更加注意暗示和言外之意的理解和使用，从而体现了学习者社会文化知识的积累。但是，统计分析表明，持积极态度的中高级汉语学习者语言社会化的程度，与初级汉语学习者相比，并没有显著的提高。作者进一步指出，造成这种现象的原因是，高水平汉语学习者可能会更加刻意地增加非规约性策略的使用，但是，由于海外汉语学习者的汉语习得缺乏真实的语言环境，因而在一定程度上影响了他们的语言社会化进程。

3. 语言社会化研究的方法

语言社会化研究根植于早期的儿童学习说话的纵向的人种学研究。这类研究通过学习者在以特定文化构成的语言运用情境中语言使用的观察和描写来考察其语言社会化进程。因此，这种研究多采取纵向的观察和质性分析。如 Ochs 和 Schieffelin（1984，1995）通过考察儿童与保姆的会话发现，北美中产阶级的白人阶层几乎从儿童一出生就把他看作是会话的同伴，而在萨摩亚，儿童并不是被看作会话的同伴。儿童教育的方式也不同，白人阶层通过会话来扩展儿童会话的能力，通过交际来帮助儿童澄清常规的交际话语。而在巴布亚新几内亚，成人却很少帮助儿童去澄清不理解的话语。由此可以看出，儿童与保姆的会话这种教育方式本身就是有特定文化构成的。

在第二语言习得研究领域，由于第二语言课堂教学常常缺少特定文化构成的语言运用情境，因此，教师在课堂常常通过目的语社团的言语交际习俗和习惯的教学让学习者掌握恰当和得体的目的语规则。在汉语学习者语言社会化研究中，已有研究基本上是通过特定的交际活动，或者创设特定的交际情境和语用环境，引导学习者学习特定的汉语语用规则，如请求策略、间接言语行为等。而在研究方法上，通常采用问卷和话语补全等方法来考察学习者的语言社会化进程。由于这种方法不是自然、真实的语言交际情境，因而有一定的局限性。

（三）汉语学习者跨文化认同研究

1. “认同”的含义

“认同”（identity）一词有多重含义，它既指“同一性”也指“独特性”。因为这解释了个体与他人或群体的相似和相异两层关系，即指明了你和一些人有何共同之处，以及你和他者有何区别之处。认同，即包括主观上你对“你是谁”的认识，也包括客观上你所属的群体。此外，认同包括很多类型，如身份认同，即“你是谁”，同时也包括社会认同、族群认同、个人认同等。在第二语言习得研究领域，第二语言学习者的认同研究，主要借自社会心理学“社会认同”的概念。Tajfel（1974）将社会认同定义为，个体认识到自己所在群体的成员所具备的资格，以及这种资格在价值上和情感上的重要性。在汉语习得研究领域，学者们更为关注的是汉语学习者对目的语社团的语言、文化、族群与价值观的认同，特别是汉语学习者的“跨文化认同”（cross-cultural identity）和“超越文化认同”（transcultural identity）的研究。第二语言习得研究领域之所以关注学习者的认同研究，是因为学者们发现，第二语言学习者对第二语言的态度、动机以及认同这些社会因素和情感因素将会对第二语言习得产生重要的影响。

2. 汉语学习者跨文化认同的相关研究

汉语学习者的语言文化认同研究，就研究对象而言，主要分两大类：一类是关于华裔汉语学习者的认同研究，另一类是关于非华裔汉语学习者的认同研究（王建勤，2013；冯丽萍、步延新，2013；魏岩军等，2015）。之所以这样区分，是因为华裔和非华裔汉语学习者面临完全不同的语言、文化、族群和价值观等方面的认同问题。华裔汉语学习者作为一个特殊的群体，在移居国的主流社会要应对两种截然不同甚至相互矛盾的生活方式：一方面，他们要面对母语族群语言文化传承的压力；另一方面又要尽快融入主流社会，以免被视为另类。换句话说，华裔汉语学习者既要面对华裔族群的认同，同时还要面对主流社会族群的认同，即所谓“双向认同”的问题。因此，在汉语习得研究领域，汉语学习者跨文化族群认同成为学者们关注的重要领域。

为此，有学者从来华经历、汉语水平以及态度和动机等不同角度考察了这些社会和情感因素对汉语学习者跨文化认同的影响。研究发现，有来华经历对美国汉语学习者在语言、文化和族群认同上比无来华经历的汉语学习者认同程度更高，但在价值观认同上则无影响。此外，不同国别的汉语学习者的态度和动机对其语言、文化、族群和价值观认同也存在不同程度的相关关系（魏岩军等，2015）。但是，这些研究并没有触及汉语学习者的“双向认同”问题。实际上，第二语言学习者都会不同程度地面临双向认同问题。而华裔汉语学习者作为生活在“两种文化夹缝”中的人，这个问题就更为突出。王建勤（2013）在考察华裔汉语学习者双向文化认同时发现，这个特殊群体在语言、文化、族群和价值观认同上处于一种两难境地。即在“我是谁”这个问题上处于一种游离状态。他们有时称自己中国人，有时称自己美国人，有时称自己中国—美国人，或美国—中国人。他们认为，相对美国人，他们更像中国人，相对中国人，他们更像美国人。这种族群认同上的矛盾心态阻碍了他们族群身份认同的构建。因此，作者提出了“第三种身份”的构建，即 Epstein（2009）提出的“超越文化认同”（transcultural identity）。按照这种理论，华裔汉语学习者应该采取开放的心态，接受不同的文化。通过多种文化的融合使已有文化的内涵得到扩展和丰富，而不再仅仅局限于种族和肤色来定义族群和文化认同。

上述研究的意义在于，跨文化认同或超越文化认同作为一种社会和情感因素，对汉语学习者，尤其是华裔汉语学习者的汉语习得具有潜在而又深远的影响。

3. 跨文化认同研究的方法

早期的文化或族群认同研究，虽然研究的对象是跨文化群体，但是其理论和方法却是单向的认同研究。有学者认为，第二语言学习者族群认同的建构过程是一个动态发展的过程，即学习者最终要向主流族群认同过渡，最终实现主流族群的认同（Tse，1998）。问题是，有研究表明，有相当一部分第二语言学习者终生都会停留在认同建构过程的某个阶段，如两难选择的阶段。换句话说，那种单向的研究方法并不适合第二语言学习者，特别是族裔传承语习得的学习者。因此，目前的跨文化认同研究，大多采取“多维文化适应量表”的问卷调查方法（参见 Zea，Asner-Self，Birman&Buki，2003）。这种多维文化适应量表为考察双向认同提供了可选择的空间。因为，双向认同研究，不仅要考察第二语言学习者对母语语言或文化的认同，而且还要考察学习者对目的语语言或文化的认同。但是，这只是作为一种测量和调查工具，跨文化认同研究需要在适当的理论框架下进行考察，并选择适合的研究方法。

三、汉语习得研究的认知视角

当代认知心理学有两种不同的理论取向，即“信息加工取向”（information processing theory）和“联结主义取向”（connectionism）（Best，2000）。在这两种理论取向的影响下，汉语习得研究形成了两种不同的研究领域，即基于信息加工理论的汉语习得研究，以及基于联结主义的汉语习得研究。

（一）基于信息加工理论的汉语习得研究

信息加工理论产生于 20 世纪 70 年代。该理论把人的心理过程看作类似计算机的符号加工器。这些符号加工器控制着语言的心理表征的建构、语言输入和输出等加工过程。在第二语言习得研究领域，有三个关于信息加工的重要假设：一是，人的认知结构是由“表征”（representation）和“通达”（access）构成的。表征是指存储在人脑中的知识，语言表征主要是由语音、词汇、语法、图式等知识构成的。通达是指在言语理解与产出时对存储在人脑中的知识进行检索、提取的加工过程。二是，信息加工有两种不同加工机制，即自动加工和控制加工。母语者的言语交际大都是自动加工，而不熟练的第二语言学习者的言语交际则更多采取控制加工。三是，认知加工的资源，如注意和记忆资源是有限的。由于这种资源有限，言语交际的自动加工需要较少的注意资源，控制加工则需要更多的注意资源。基于信息加工理论的第二语言习得研究，基本上是在上述理论框架下探讨学习者语言习得和语言认知加工的过程和机制问题。

1. 汉语学习者心理表征的研究

在汉语习得研究领域，学习者关注较多的是汉语学习者声调表征问题。声调表征的研究，通俗地说，是研究汉语声调知识，如声调的音高、重音等声学特征以及音位特征在学习者大脑中是如何建立的。声调表征的研究，可以揭示学习者汉语声调习得的心理过程和加工机制。这种研究大都采取实验语音学和认知实验研究相结合的研究方法。张林军（2011）从声调的声学信息和音位表征两个方面研究了美国学生汉语声调的加工机制。研究发现，初级水平的美国学习者已经具有明确的声调范畴，声调识别能够达到很高的正确率。但在词汇加工中，声调的音位表征却远未形成。原因是，声调范畴的知觉和音位表征是两个相对独立的层面，抽象的音位表征的建立对汉语学习者而言更为困难。但是，汉语声调关键性声学信息的感知对声调音位表征建立将产生直接的影响。

2. 关于汉语学习者心理词典的研究

“心理词典”（mental lexicon）是包含所有词语信息的心理知识系统。这些知识包括词的发音、形态和句法以及语义信息等。这些知识构成了学习者的心理词典。在心理词典中，词语之间是按照语义网络的方式组织在一起的。语义相近、相关的词更容易被激活。如“父亲”激活“母亲”，“桌子”激活“板凳”，“苹果”激活“水果”的时间要短于“父亲”激活“作者”或“板凳”激活“水果”的时间。因此，研究者通常采用词汇联想测试的方法考察汉语学习者心理词典的结构和组织方式。通过心理词典的研究，可以发现学习者汉语词汇的形、音、义各种信息的表征是如何建立的，这些信息之间是通过何种方式组织在一起的。词汇联想实验包括四种反应类型，即聚合反应、组合反应、语音反应和无反应。聚合反应是指刺激词和联想词之间属于同类词，如“大—小”“父—母”等。组合反应指刺激词语联想词具有先行句法关系或搭配关系，如“大—苹果”“环境—污染”等。语音反应指那些与刺激词仅在语音上的联想反应，如“dog—bog”等。聚合反应和组合反应在母语者心理词典中是最普遍的组织方式，语义关系密切，因而加工深度比较高。语音反应和无反应与语义没有任何联系，因而加工水平比较低。孙晓明（2010）的研究发现，汉语学习者随着语言水平的提高，聚合反应和组合反应不断增加，语音反应和无关反应逐渐减少。此外，汉语学习者在汉语词汇理解和产出上的加工深度存在差异，产出性词汇加工深度比较高，理解性词汇加工水平比较低。李广利、姜文英（2015）采取同样的研究范式，进一步发现，汉语学习者心理词典中的词汇以语义关联为主。其中中级水平学习者聚合关联占主导地位，初级学习者聚合和组合关联比例相当。与英语学习者相比，汉语学习者的词汇关联中，汉字字形关联多于字音关联，而且语块形式的关联较多，反映了汉语学习者心理词典结构组织方式的差异和特点。

3. 伴随性词汇习得与词汇通达研究

“伴随性学习”（incidental learning）与“刻意学习”（intentionallearning）相对。二者的区别在于，伴随性学习是在刻意注意条件下的学习。如要求学习者完成阅读理解任务，事后测试学习者对某些词语的理解，但事先并不告知学习者阅读后要对词语测试。而刻意的学习则明确告知学习者在阅读中刻意注意生词，读后对这些词进行理解测试。在汉语习得研究领域，学者们关注较多的是伴随性词汇习得。目的是考察学习者在伴随性学习条件下的词汇习得是否比刻意的词汇学习效率更高。干红梅（2014）采用眼动技术，并通过设置不同的语境任务考察前后语境位置以及语义提示词（同义词/反义词）对汉语学习者词汇习得的影响。研究结果显示，语境对词语学习有显著影响，前语境句子的整句注释时间明显短于后语境句子，同义语境句子的整句注释时间明显短于反义语境句子。结论是，前语境和同义语境更利于目标词的学习。即在上下文语境条件下，伴随性词汇习得有助于阅读过程中的词汇习得。

关于词汇通达研究，关注的主要问题是，学习者在言语理解与产出过程中，以何种方式检索和提取词汇知识。学习者的词汇通达受到哪些因素的影响。有学者通过真假词判断任务，并通过多元回归分析详细地考察了汉语复合词加工的影响因素（郝美玲、厉玲，2015）。该研究发现，整词频率、首词频率、首词家族数、语义透明度和具体性是影响汉语母语者复合词加工的最主要因素。对第二语言学习者而言，整词频率、尾词素、语义因素是影响其汉语复合词加工速度的主要因素。复合词的通达既存在整词加工也存在词素加工。基于这一结论，作者认为，在汉语词汇教学中应强调词汇复现率，而且应重视词素教学对扩大词汇量的重要作用。

4. 汉语学习者正字法意识研究

在汉语习得研究领域，汉字认知研究一直是学者们关注较多的研究领域。近些年，学者们从多个侧面研究学习者汉字认知的过程和机制。但大多数研究是关于汉语学习者正字法意识形成和发展的研究。正字法是关于汉字字形的规范，包括笔画、部件的结构和组合规律。汉字正字法意识指学习者对汉字结构和组合规则的意识。汉字作为一种表意文字，特别是对母语为拼音文字的汉语学习者而言，其识别和书写是非常困难的。因此，汉字正字法意识的形成和发展是考察汉语学习者汉字识别和书写水平的重要因素和手段。汉字认知研究大都采取认知实验研究范式，即通过真、假、非字的识别和判断考察学习者汉字正字法意识的建立和发展。“真字”是具有形音义的字；“假字”符合正字法，但无音、无义；“非字”既不符合正字法，也无音、无义。汉字正字法意识的研究，不仅研究汉字的字形结构意识，而且研究汉字的结构规则，如部件的组合规则、部件的位置、部件的一致性意识等。张金桥（2008）通过实验研究考察了印尼华裔汉语学习者汉字正字法意识的形成和发展。实验研究表明，印尼华裔初级汉语学习者已经具备正字法意识，中高级汉语学习者的正字法意识在左右和上下结构汉字中均有体现，而且左右结构的汉字的正字法意识具有优势。

阮氏芳等（2016）的汉字部件延迟书写研究发现，学习三个月汉语的越南学生已经具备了汉字部件意识。而且部件构字能力是影响学生汉字书写的重要因素。该研究也发现，学习者汉字左右结构部件结构意识好于上下结构。此外，吴思娜（2008）对日韩学生汉语形声字声旁一致性意识进行了检验。研究发现，汉字水平高的留学生在一年级时就具有了一致性意识，而汉字水平低的留学生到三年级才发展其一致性意识。这一结果表明，学习者的汉字水平是影响其形声字一致性意识的主要因素。

从上述研究可以看出，基于信息加工理论的汉语习得研究，基本上都是围绕认知研究领域的基本理论问题，采用认知实验的研究范式，研究汉语学习者习得汉语语音、词汇、汉字等语言要素的认知过程和加工机制。但不同语言层面的研究方法有所不同。汉语学习者声调习得的认知研究，基本上是采取实验语音学研究方法和认知实验研究相结合的方法。而词汇和汉字的习得主要借鉴认知心理学的研究范式。

（二）基于联结主义的汉语习得研究

联结主义作为一种新的认知理论复兴于20世纪80年代。这一理论与信息加工理论相比，有两个不同之处：首先，联结主义强调知识的分布表征，而不是符号表征。在信息加工的语义网络中，一个节点表示一个概念。而联结主义是通过神经网络中神经元之间的联结模式表达的。其次，在信息加工方式上，联结主义采取平行加工，而不是序列加工。联结主义，作为浮现主义（emergentist）家族中的一员，具有三个共同的学习原则：一是联想学习（associative learning）。联想学习是基于实例和样例的学习。当学习者对语言输入中呈现的一个个样例（如N个“把”字句）形成记忆，学习便发生了。频次越高的样例越容易形成记忆。二是概率学习（probabilistic leam-ing）。这种学习方式并非是分类的，而是渐进式基于经验概率的猜测和推断式学习。三是基于运用的学习（usage-based learning）。根据这一学习原理，语言知识和运用是不可分的。学习者是通过语言运用来学习语言。联结主义的上述学习原则，反映了语言知识获得的普遍规律。学者们基于上述原则通过特定的方法来探索第二语言习得的普遍规律。

在汉语习得研究领域，联结主义认知理论的引进比较晚。基于这一理论的研究也相对少。一方面是因为信息加工理论在第二语言习得的认知研究方面仍然占主导地位；另一方面，基于联结主义的研究方法，即基于人工神经网络的模拟方法在一定程度上限制了这一研究领域的发展。但是，基于人工神经网络的模拟方法与其他行为实验研究相比具有一定的优势。第二语言学习者的语言习得涉及的因素和变量比较复杂，但行为实验研究的变量有限，基于统计分析的结果难以客观地揭示交织在一起的多种因素的交互关系。而基于联结主义的神经网络可以从多个维度分别表征更为复杂的因素和变量。由于神经网络能够具有人脑学习功能的生物有效性，通过模拟可以更为直观地观察到复杂的学习过程。在汉语习得研究领域，神经网络最早用于汉语学习者汉字构型意识的模拟研究。王建勤（2005）利用“基于衰减网络的自组织模型”（self-organized model based on SARDNET）模拟了汉语学习者汉字构形意识的发展。汉字构形意识主要包括两个方面：一是汉字组字单元的意识，即汉字部件意识；二是汉字组字单元之间的组合规则意识。为了模拟汉字构形意识的萌发和发展，该研究从汉字部件数、结构类型等九个维度对汉字进行表征。模拟的结果表明，初级水平的子模型已经具备了汉字构形规则的认知能力。汉字结构类型的认知效应主要反映在左右结构的汉字上。模型汉字识别采取的首要策略是字形策略，其次才是结构识别策略。该模拟研究在一定程度上避免了行为实验的局限，其模拟的结果比较客观、可靠。

利用神经网络进行模拟的另外一个领域是汉语声调范畴的模拟研究。陈默（2012）利用“自组织模型”（self-organized model）模拟了母语为非声调语言的汉语学习者习得汉语声调范畴的认知机制和发展过程。该研究实际上是一个双表征模型，既包括学习者母语的语音特征的表征，也包括学习者的目的语，即汉语的语音特征的表征。声调表征包括调值、调型、调长和调域等多个维度。模拟结果显示，初级子模型已经形成声调范畴。阳平和上声范畴的区分最差。模拟的结果澄清了以往行为实验不一致的结论。

上述基于联结主义神经网络的模拟研究，均采用了无监督学习的自组织神经网络。这种自组织模型与有监督的学习模型相比，更符合人脑的学习过程和特点。虽然，基于自组织模型的汉语习得模拟研究目前还有很多局限，但是，随着深度学习模型的应用，将会进一步促进汉语习得模拟研究的新进展。

四、汉语习得研究的社会文化视角

“社会文化理论”的全称为“社会文化心理理论”（sociocultural theoryof mind），是20世纪初由苏联心理学家Vygotsky提出的。但直到20世纪80年代，这一理论才被西方学者Lantolf等引入第二语言习得研究领域。由此，基于社会文化理论的第二语言习得研究成为一个新领域。

（一）社会文化理论的基本观点

1. 调节与调节学习（mediation and mediated learning）

“调节”是Vygotsky社会文化理论的核心概念。这一概念的含义是，人类在改造物质世界时，往往通过间接的方式，即通过物质工具来调节我们与物质世界的关系。同样，人类也利用符号工具，如数字、信号、音乐、语言等工具来调节人的思维，调节人与人、人与世界的关系。其中，语言是区分人与动物最重要的调节工具。这些调节工具，无论是物质的还是符号的，都是人类创造的“文化产物”（artifacts），这些产物都是人类文化和智慧的结晶。Lantolf和Thorne（2006）用下图直观地阐释了人通过调节工具与客观世界建立的间接关系。

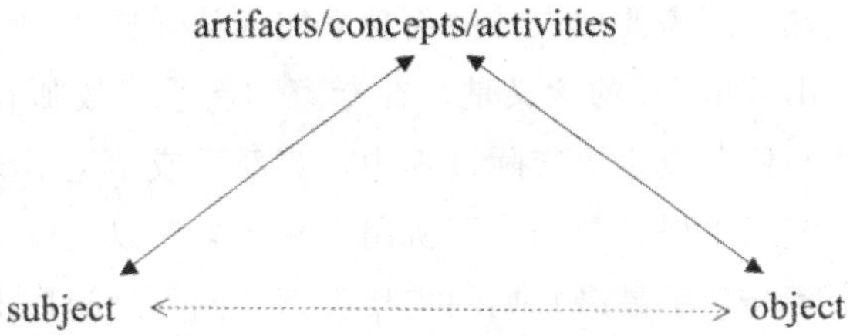

图 2—1　人与客观世界的两种关系

上图展示了人（subject，主体）与客观世界（object，客体）的两种关系，实线表示直接关系，虚线表示间接关系，这种间接关系是通过调节工具来实现的。调节工具不仅包括物质和符号工具（artifacts），而且包括概念（concepts）和活动（activities）。也就是说，概念和活动也具有调节工具的功能，比如通过概念调节人的思维，通过活动调节人的认知过程。在所有这些调节工具中，语言符号则是介于二者之间的最重要的调节工具。人类通过物质工具来改变世界，同时也通过符号工具来调节人的思维和认知机能的发展。

按照社会文化理论的观点，语言习得本身也是通过调节工具的调节过程。学习者一方面通过使用和控制心理工具，如语言和符号来学习语言，而且还可以借助其他辅助工具，如多媒体来学习语言。但是，社会文化理论认为，语言习得过程在本质上是社会化调节的过程。语言习得总是发生在人与人的社会互动环境中，无论这种互动是面对面的还是网络的虚拟世界，离开社会环境语言习得便不会发生。因此，研究者试图在社会文化理论的框架下探讨基于调节的语言习得过程和习得机制。

2. 调控、支架和最近发展区

“调控”（regulation）作为“调节”（mediation）的一种形式，是用来阐释儿童认知能力发展过程和阶段性的术语（Lantolf& Thorne，2007）。按照Vygotsky的观点，儿童的认知发展经历三个不同发展阶段：第一阶段是客体调控（object-regulation）。客体调控指儿童的思维受他所处的环境左右。比如让儿童抓取面前摆放的各种玩具，儿童往往不会按照父母的意愿行事，而是被那些颜色更鲜亮、比较大的或离得最近的玩具所吸引。换句话说，儿童此时的思维受环境控制。儿童模仿周围成人说话同样是客体调控。第二阶段是他人调控（other-regulation）。这个阶段，儿童往往需要一个能力更强的他人帮助来完成认知任务，如父母或保姆为儿童提供“儿向语言”帮助儿童学说话等。第三阶段是自我调控（self-regulation）。在这个阶段，儿童的认知能力发展成熟，不需要他人帮助而独立完成认知任务。

“支架”（scaffolding）的含义是，在专家和新手、教师和学生或者同伴之间合作完成认知任务或言语交际过程中，当新手或学生不能独立完成这些任务时，由专家或新手提供帮助，即所谓“搭支架”以完成学习任务。支架有不同类型，专家与新手是最常见的支架类型。同伴之间搭支架，需要一方水平略高于另一方。与搭支架相关的另一个概念是“最近发展区”（the zoneof proximal development）。Vygotsky 将其定义为，儿童目前独立解决问题的发展水平与其在成人引导下解决问题的潜能之间的差异或距离。因此，儿童潜能的发展有赖于成人的帮助，即在其不能独立解决问题的情况下通过搭支架跨越最近发展区。换句话说，儿童学习潜能需要借助他人调节（即搭支架的方式），发展为现实能力。

3. 个体言语与内在言语

“个体言语”（private speech）指儿童或成人第二语言学习者在完成认知任务或遇到困难时，常常会出现自言自语或重复他人话语的现象，目的显然不是为了交际。按照社会文化理论的观点，这种个体话语是学习者正在形成的一种自我调控能力的表现，即以个体言语作为调节思维和言语行为的工具，并最终内化为“内在言语”（inner speech）。当内在言语作为思维的调节工具时，学习者就不再依赖外化的个体言语。研究个体言语的价值在于，个体言语可以为我们提供观察学习者以个体言语作为调节工具向内在言语转化的这一内在过程的窗口。

（二）基于社会文化理论的汉语习得研究

社会文化理论拓宽了第二语言习得研究的理论视野，使研究者可以从另一个视角探讨语言习得研究过程和机制。在汉语习得研究领域，学者们通过微观发生分析的方法和实证研究对社会文化理论进行了多方面的检验和探讨。

按照 Vygotsky 的观点，儿童的认知发展必然经历客观调控、他人调控和自我调控三个阶段。但是，成人第二语言学习者的汉语习得是否也会经历这三个不同阶段？蒋荣（2013）根据这一理论通过实证研究对不同汉语水平的学习者在词汇习得过程中采取的调控方式及其发展过程进行了考察。该研究发现，不同汉语水平的学习者的词汇习得过程并没有表现出儿童母语习得具有的明晰的发展阶段。初级汉语水平的学习者在词汇习得上更多地依靠客体调控和他人调控的方式。中级汉语水平的学习者自我调控能力得到了一定的发展，但主要依赖的仍然是客体调控和他人调控的方式。然而，高级汉语水平的学习者并不依赖客体调控和他人调控的方式，这些学习者已经具备了自我调控的能力。这一结果表明，成人第二语言学习者词汇习得采取的调控方式与其语言水平相关，而儿童语言习得依赖的调控方式与其认知水平密切相关。

在社会文化理论中，语言教师最感兴趣的问题是如何在课堂教学中搭支架，以及哪些支架更有助于汉语学习者的语言习得。有学者认为，语言习得的最终目的是通过他人调节跨越最近发展区，具备自我调节的能力。在课堂教学环境下，教师是为学习者提供他人调节的最佳人选，而搭支架是教师最常用的他人调节方式。姜晓（2016）通过实验研究分别考察了两类支架，即“认知支架”（cognitive scaffolding）和“情感支架”（motivational scaffolding）对汉语学习者听说能力的影响。研究结果表明，真正对学习者听说能力产生作用的是教师在课堂教学中搭建的情感支架。也就是说，情感因素对学习者听说能力的提高会产生直接的影响。这一结论实际上得到神经科学实验证据的支持，即控制情感因素的大脑“边缘系统”的激活有助于提高语言习得的效率。

关于“个体言语”的研究是汉语习得研究较少关注的领域。但近些年也出现了相关研究。魏岩军等（2014）采取微观发生分析的方法考察了汉语学习者如何利用个体言语作为调节工具跨越最近发展区习得汉语的过程。该研究重点考察了个体言语的功能及其在语言习得过程中的作用。研究发现，个体言语的主要功能包括三个方面：一是认知和元认知功能。这是个体言语最重要的功能，因为这一功能可以直接促进个体言语的内化。二是情感功能。即学习者常常用个体言语来控制感情，有效降低焦虑感。三是参与功能。这个功能实际上是一种比较隐蔽的演练功能，反映了学习者对课堂学习的积极参与。该研究并没有采用实验研究，而是采取源于 Vygotsky 社会文化理论中的微观发生分析方法，具有一定的借鉴意义。

（三）社会文化理论的微观发生分析方法

“微观发生分析”（microgenetic analysis）方法是大多数基于社会文化理论的语言习得与认知研究所采用的方法（Lantolf&Thorne，2006）。这种方法源于 Vygotsky 的发生学方法。微观发生分析是通过学习者个体认知发展过程的纵向考察，揭示学习者最终实现自我调控的阶段性变化的定性研究方法。Vygotsky 认为，只有通过变化才能正确地理解发展。Lavelli（2004）认为，微观分析方法有四个特点：需要对个体变化进行一个时段的观察；应分别对个体变化前、变化期间和变化后的过程进行观察；在变化期间进行定期观察；通过定量和定性方法对个体变化进行密集观察和分析，以便确认发展变化的过程。但是，微观发生分析很少采用定量研究方法，而是通过质性分析考察特定语言功能和特征是如何变化并内化的。然而，许多研究社会文化理论的学者经常采取定量研究的方法（Swamn，2009）。Vygotsky之所以主张采用微观发生分析的方法，是因为，他认为，基于反应时的实验室研究只适合人的低级心理机能的研究，而不适合研究人的高级心理机能的发展。此外，社会文化理论的研究者主张采用微观发生分析的方法研究个体的认知发展过程，而不主张采用实验的方法做群体的研究。

第三章　对外汉语教学的基本理论研究

第一节　对外汉语教学的学科理论体系

一、对外汉语教学学科理论体系研究概述

20 世纪 90 年代以来，汉语作为第二语言教学的理论研究中，对学科理论体系本身的研究更加自觉。例如，崔永华（1997）把对外汉语教学学科理论体系概括为三个层次：学科支撑理论（对外汉语教学学科理论赖以生长的相关、相邻学科的理论）——语言学、心理学、教育学和其他；学科基础理论（指导本学科教学和研究实践的基本指导思想和方法论）——第二语言教学理论、语言学习理论、语言习得理论、汉语语言学、学科方法论、学科发展史；学科应用理论（在本学科的基础理论上建立起来的直接指导学科教学实践的理论）——总体设计理论、教材编写理论、课堂教学理论、语言测试理论、教学管理理论。刘珣（2000）把对外汉语教学的学科体系分成三个部分：理论基础——语言学、心理学、教育学、文化学、社会学、横断科学及哲学；学科理论——基础理论和应用研究两部分，前者包括对外汉语语言学、对外汉语教学理论、汉语习得理论和学科研究方法学，后者指运用相关学科和本学科的基础理论，对总体设计、教材编写、课堂教学、测试评估、教学管理和师资培养等方面进行专门研究；教育实践——对汉语作为第二语言的学习者的教育，对未来的对外汉语师资的教育，它是学科理论服务的对象，也是学科理论产生的土壤。吕必松（2007）指出：语言教学的理论基础包括语言理论、语言学习理论、一般教育理论和语言教学理论。其中，语言理论、语言学习理论、一般教育理论是基础理论，语言教学理论是本体理论。本体理论是学科存在和发展的标志。

国外第二语言教学界和国内英语教学界的相关阐述如：Ingram（1980）对外语教学模式的描写是——基础学科，如语言学、心理语言学、社会语言

学、心理学和社会学等学科是理论科学家的研究领域，他们的研究成果为应用语言学家的研究提供了理论依据和启发，应用语言学家在此基础上制定语言教学的原则，并应用于教学大纲、教学目标的制定和教学方法的选择，这些内容通过课堂教学的实践检验而成为应用语言学理论的一部分。Stern（1983）提出了外语教学三个层次的理论模式——第一层次为理论基础，语言教学史、语言学、社会学、社会人类学、人类学、心理学、心理语言学、教育学等研究成果；第二层次为应用型理论，学习理论、语言理论和教学理论；第三层次为实践层次，方法和组织机构（引自束定芳、庄智象，1996）。国内英语界有学者把外语教学理论的研究划分为三个层次——本体论层次，研究的目标是语言和语言使用的本质及外语学习过程的本质，可以吸收普通语言学、社会语言学、语用学、心理学、心理语言学等的研究成果；实践论层次，研究目标是外语教学的具体实施，包括教学的组织机构、教师培训、大纲制定、教材编写、测试评估等；方法论层次，研究教学实践中贯彻教学原则的手段和方法（束定芳、庄智象，1996）。

二、对外汉语教学学科建设体系及内部关系

以往国内外第二语言教学界对本学科理论体系的研究，有不少共识，不同的看法也很有启发性。但把第二语言教学理论与实践所涉及的学科（如语言学、教育学等）看成是第二语言教学的“理论基础”“基础学科”，并以此“身份”纳入学科理论体系中，还值得再考虑。也许看作是支撑学科（崔永华，1997）更为合适，因为它们不是第二语言教学核心性、标志性理论，而是相关的外围理论。此外，把教材编写、大纲编制、学科发展史、学科方法论、教学管理、师资培养、教育实践等属于学科应用研究、学科发展建设乃至于工作安排方面的内容也看成是学科理论体系的内容，似乎也有些不分主次和轻重，至少还可以进一步讨论和定位。

下面结合已有的相关研究，从学科建设体系的角度来概括对外汉语教学学科研究的范围和理论体系构成及内部关系。所谓“学科建设体系”，包括有关学科理论研究的各个方面和教学实践的各个环节，以及学科发展和建设所涉及的各项内容，它由学科支撑理论、学科基本理论、学科应用理论和学科发展建设四个部分组成。

（一）学科支撑理论

学科支撑理论是对外汉语教学学科的基本理论赖以形成的主要支撑学科

及其相关理论，是由对外汉语教学的跨学科性决定的。主要包括哲学、语言学、教育学、心理学和文化学。不关注这些支撑学科的研究现状、发展趋势和重大进展，对外汉语教学就失去了可持续发展的基本条件。但是，对外汉语教学的支撑理论本身并不就是对外汉语教学学科的基本理论，这些支撑理论及其有关学科都是各自独立的学科，有各自的研究对象、研究目的、研究方法、研究手段和理论体系；同时，这些学科的成果（如汉语语言学）绝大多数都不能直接应用到对外汉语教学实践中去；而对外汉语教学中遇到的难点和一般性的问题，或者不是这些支撑学科所关注的重点，或者研究目的和角度等与教学的实际需要大不相同。

（二）学科基本理论

学科基本理论是对外汉语教学学科的核心理论，是学科存在的标志，它能够全面指导对外汉语教学实践和相关应用理论的研究，是对外汉语教学最基本、最直接、最有应用价值的学科理论本身，其整体具有不可替代性。学科基本理论及其体系的建立，应符合三个条件：第一，在学科支撑理论中可以找到确定的具体学科；第二，是对外汉语教学的两个根本问题“教什么”和“怎么教”的理论体现；第三，能够作为学科应用理论研究的理论基础，也即能够全面指导有关的应用研究。符合这三个条件，便有可能做到有来源、有应用价值，能指导教学实践、能解决实际问题，前后连贯、逻辑一致。据此来看，对外汉语教学的学科基本理论应包括学科语言理论、语言学习理论、语言教学理论、跨文化教学理论。它们的支撑学科分别是语言学、心理学、教育学和文化学，也分别包括具有广泛支撑性的哲学。其中，学科语言理论和跨文化教学理论指导第二语言教学解决“教什么”的问题，语言学习理论和语言教学理论指导第二语言教学解决“怎么教”的问题；这些理论及其各自所包含的具体内容是能够指导诸如教学目标的确立、教学大纲的制定、教材的编写等有关应用理论的研究。

（三）学科应用理论

学科应用理论是对外汉语教学学科基本理论在具体的教学环节和相关问题中的应用与体现，也即综合运用对外汉语教学的基本理论来研究教学中的某一实际问题，如教材编写、测试理论、课程设计研究等。这类研究所形成的理论适用面窄，但应用性强。如教材编写原则，是综合运用学科语言理论、语言教学理论、语言学习理论和跨文化交际理论的有关内容，结合教材编写中的实际问题而提出的指导教材编写的基本理论原则。学科应用理论研究的范围主要包括教学目标、教学大纲、课程设计、课程建设、测试理论、评估理论、教材编写理论、课堂教学、教学技巧等。需说明的是，对外汉语教学应用理论的形成，依托于对外汉语教学的学科基本理论，但是学科应用研究反过来也能够为学科基本理论的研究提供启发和借鉴。例如，课堂教学技巧的研究往往能够促进语言教学理论中教学原则的提炼，教学经验的反思往往能够促进语言教学理论中教学信念的提炼。

（四）学科发展建设

学科发展和建设是对外汉语教学作为一门学科可持续发展所必不可少的方方面面，主要包括师资队伍建设、教师进修培训、教学管理研究、学科发展规划、教学实践研究、教学技术的开发与应用、教学资源的开发与管理、学科历史研究等。有关学科可持续发展和建设的调查、研究主要依托于学科应用理论的研究成果和学科应用研究所反映出的问题。例如，课堂教学调查研究所反映出的问题，可以进一步促使教学管理研究、师资队伍建设、教师进修培训研究等。反过来，学科发展建设方面的进步也能够促进学科应用理论的研究，例如，教学实践的深入、教学新技术的开发，往往能够丰富课程设计的理论和实践、促进课程体系建设。

（五）学科建设体系的内部关系

综上，不难发现，对外汉语教学学科建设体系组成部分之间的关系是：

学科支撑理论→学科基本理论→学科应用理论→学科发展建设，依次构成前者对后者理论上的指导关系、启发关系；

学科发展建设→学科应用理论→学科基本理论→学科支撑理论，依次构成前者对后者理论上的依托关系、促进关系。

上面这种循环互动关系构成了对外汉语教学学科建设体系的内在联系（见图 3－1）。对外汉语教学的学科理论体系由基本理论体系和应用理论体系构成，它们是对外汉语教学学科建设体系中最重要的组成部分，其中前者更为根本，具有学科唯一性（也即只有某一学科所具有），因而是对外汉语教学学科存在的标志；后者只是前者的应用研究，不具有学科唯一性，因为任何学科都有教学大纲、教材编写、测试理论、课堂教学之类的应用性研究，但是除了第二语言教学学科，没有哪一个学科一并进行语言理论、语言学习理论、语言教学理论和跨文化教学理论的研究，因此只有它们是对外汉语教学学科的“基本理论”。

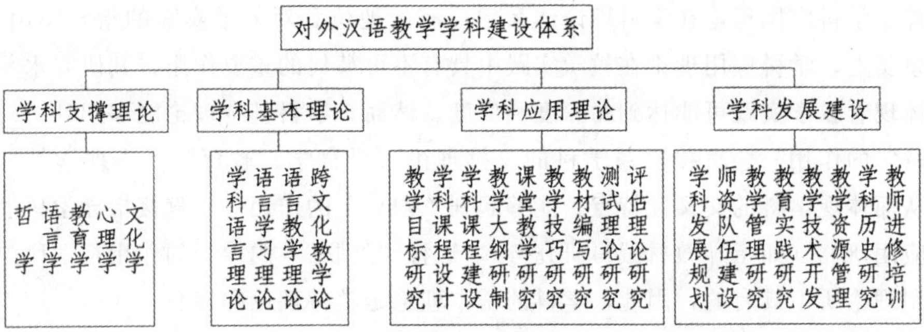

图 3—1　对外汉语教学学科建设体系分析图

对外汉语教学学科建设体系的这四个组成部分都是对外汉语教学研究的对象，但只有中间的两个部分——学科基本理论和学科应用理论——才是对外汉语教学学科理论体系的组成部分，因为这两部分内容最能体现对外汉语教学的第二语言教学的性质、特点和理论特色，能够全面地指导对外汉语教学的教学实践。不把“学科发展建设”看成是学科理论体系的组成部分，不仅因为其中有些内容不是对学科理论本身的研究（如师资队伍建设和教师进修培训等），更因为这些内容的研究成果不能在“教什么”和“怎么教”两个根本问题上有所作为。它们本身主要是实践性的、工作性的，尽管这种“实践”和“工作”对学科发展和建设来说是必不可少的。而不把“学科支撑理论”看成是学科理论体系的组成部分，则不是因为内容的理论性不强，也不是说有关的研究在“教什么”和“怎么教”问题上完全无所作为，主要是因为它们分属于不同的学科。把它们纳入学科建设体系，是因为对外汉语教学是一门“跨这些学科”的学科，这些学科的某些理论和方法能够为对外汉语教学提供指导和启发。

第二节　对外汉语教学的学科基本理论

一、对外汉语教学学科基本理论概说

完整的对外汉语教学学科建设体系由学科支撑理论、学科基本理论、学科应用理论和学科发展建设四个部分构成，而完整的对外汉语教学的学科理论体系则由学科基本理论和学科应用理论两个部分组成，其中又以学科的基本理论为学科理论体系的核心，是学科存在的主要证明和标志。没有学科基本理论的指导和启发，学科应用理论就难以形成和发展，难以深入和提高。强调学科基本理论是对外汉语教学学科理论体系的核心，并不意味着否认和

抹杀学科应用理论在学科理论体系中应有的地位和对教学实践的指导作用。事实上，学科应用理论在教学实践中具有不可替代的重要作用，其研究水平体现着教学实践可能达到的深度和广度。然而，学科基本理论能够起到“外联”的作用——直接联系学科的支撑理论（语言学、教育学、心理学等），从而体现学科的交叉性特点；能够起到“内导”的作用——直接指导学科的应用研究（如指导教材编写研究等），这种“外联”“内导”的作用是学科应用理论所不具有的，因此，学科的基本理论是学科理论的核心。

学科基本理论由学科语言理论、语言学习理论、语言教学理论、跨文化教学论四个部分构成。

学科语言理论：学科语言理论中的“学科”，指的就是汉语作为第二语言教学；“学科语言理论”指的就是汉语作为第二语言教学学科理论体系中的语言理论——能够满足学科理论建设需要的语言理论，能够指导教学实践的语言理论。主要包括面向对外汉语教学的语言学及其分支学科理论研究、汉语语言学研究。

语言学习理论：基本理论研究、对比分析、偏误分析、中介语理论、输入/输出与互动等。

语言教学理论：学科性质理论、教学原则理论、教学法理论、中国传统教育观等。

跨文化教学论：文化教学地位、文化教学内容、文化教学原则等。

其中，学科语言理论和跨文化教学论主要在“教什么”和“学什么”方面发挥指导作用；语言教学理论和语言学习理论主要在“怎么教”和“怎么学”方面发挥指导作用。

二、对外汉语教学学科基本理论阐释

（一）学科语言理论

1. 面向对外汉语教学的语言学及其分支学科理论研究

包括对外汉语教学在内的第二语言教学的教学内容是语言，既然教的是语言，那么语言学的理论就必然对语言教学的理论和实践产生影响。这种影响可能大可能小、可能是自觉的也可能是不自觉的，但应有的影响是客观存在的。比如，普通语言学对语言本质特征的认识之一就是：语言是人类最重要的交际工具。这一理论对第二语言教学有着广泛、深刻和根本性的指导意义。它给第二语言教学的启示是，要把语言当作交际的工具来教，当作交际的工具来学。树立这样一种语言教学观和语言学习观，就会把语言交际能力的培养放在语言教学和学习的首要的、根本的位置，而把语言知识的教学和学习看成是相对次要的，是为实现掌握语言这种交际工具而服务的。相反，如果把语言的本质看成是一种知识系统，就可能把语言当作系统的知识来教，当作系统的知识来学。树立了这样一种语言教学观和语言学习观，就会把语言知识的教学和学习放在首位，把语言能力和语言技能的培训放在次要的位置，甚至会以为语言知识讲清楚了、学好了，语言能力就会自动形成了。显然，这种语言理论及其由此形成的语言教学观是不符合第二语言教学实际的。可见，语言理论对第二语言教学影响深远，意义重大。因此，在第二语言教学学科基本理论中确立学科语言理论的地位是非常必要的。

语言学及其各有关分支学科的理论能否与教学实践结合得上、能否在理论研究和教学实践中发挥作用，是其能否成为第二语言教学学科语言理论的检验标准。学科语言理论研究的一个重要方面就应该是，哪些语言学或语言学分支学科的理论对第二语言教学有直接的指导意义，有什么样的指导意义，怎样实现这样的指导意义？第二语言教学具有跨学科性，是一门交叉学科，这就从根本上决定了“应用”和“引进”语言学理论的必然性。可以说，“应用”是必然的——不管是否意识到，“引进”是必需的——不管是否愿意。事实上，不但要应用和引进语言学理论，还要应用和引进教育学和心理学等学科的理论，这样才可能建立起完整的对外汉语教学的学科理论体系。

2. 面向对外汉语教学的汉语语言学研究

就对外汉语教学来说，学科语言理论还包括面向对外汉语教学而进行的汉语研究所形成的汉语语言学理论。对外汉语教学教的是汉语，所以分析汉语的结构规律、了解汉语的组合规律、掌握汉语的表达规律就成为汉语教师必备的知识和能力。作为学科语言理论的汉语语言学，研究的目的是为汉语教学服务，研究的侧重点是汉语教学中的重点和难点、汉语与学生母语的差异之处，词汇和语法研究的侧重点是功能和用法；研究的角度除了从语言学层面进行揭示和描写外，更可以从汉外对比和学习者汉语偏误的角度进行研究。

例如：“*（排队）我比他站得早。”“*他死前的朋友参加了他的葬礼。”（陈贤纯，1991）外国学生造的这两个句子从语法上和逻辑上说都是通的，但汉语母语者并不能接受这样的句子。前者的“站”应改为“来/排”，后者的“死前”应换成“生前”，两个句子才可以接受。那么，为什么合乎语法和逻辑的句子却不能被说汉语的人接受？这就不仅仅需要从语法、语义和语用上加以进一步研究，甚至还要结合汉族人的思维方式、表达习惯和认知心理等多方面因素加以综合分析，才可能得到比较合理的解释。

又如：汉语本体研究的语法教材和对外汉语教学语法大纲中，一般都提到“一……就……”格式，对外汉语教材中也都教授和训练这一格式，但主要限于“一到春天各种各样的花儿就开了”“不下雨就旱，一下雨就涝”以及“一学就会”“一看就懂”等，表示条件和结果关系的用法，所以，课堂上学生不理解“好嘛！这一等就是六年啦！”（《城南旧事》）这句话的真正含义，理解不到说话人觉得时间长这层意思（李泉，2015）。进一步说，诸如“一等就是六年”“他一走就半个小时”“一坐就是一上午”这类“一＋动＋就（是）＋数量成分”格式，表示说话人主观上认为数量过多、时间过长等意思，就需要面向对外汉语教学来研究和揭示。这一格式所表示的主观倾向性用法已经语法化，即所有符合该格式的用法均表示“时间过长”或“数量过多”的意思，因此教学中是不应忽略的。实际上，课堂教学许多问题说不清，就是因为这方面的研究还很不够。所以“应该强调汉语研究是对外汉语教学的基础，是后备力量，离开汉语研究，对外汉语教学就没法前进”（朱德熙，1989）。就汉语本身的研究来看，“事实的深入发掘，规律的有效揭示，至今还存在大片大片的薄弱点和空白点，远远不能满足对外汉语教学的需求”（邢福义，2000）。

（二）语言教学理论

1. 学科性质理论

学科性质理论，即关于第二语言教学性质和特点的理论。语言教学理论之所以应包括学科性质理论，是因为学科的性质和特点，是认识这门学科的第一观察点，是建设这门学科的第一块基石，是这门学科与其他学科相区别的第一要素，甚至可以说学科性质理论是这门学科的第一理论。进一步说，第二语言教学的学科性质和特点，是第二语言教学本质的体现，是它与其他学科根本区别之所在；它深刻地影响第二语言教学的理论和实践，决定学科理论研究的方向和体系的构成，决定整个教学过程和全部教学活动所应遵循的基本原则，决定教学方法的选择和运用。

（1）对外汉语教学最根本的性质在于，它既是一种第二语言教学，又是一种外语教学。这一点吕必松（1983）早就做过精辟的论述：“我们对外国人的汉语教学既是一种第二语言教学，又是一种外语教学。作为一种第二语言教学，它有别于汉语作为本族语教学，而跟其他第二语言教学有一些共同的特点和共同的规律；作为一种外语教学，它有别于对我国少数民族的汉语教学，而跟其他外语教学有一些共同的特点和共同的规律。”对外汉语教学的第二语言教学性质，从根本上决定了它必须遵循第二语言教学的基本规律，从根本上区别了它与母语教学的不同，从根本上规定了其教学内容和方法及研究领域和范围的基本面貌。

（2）对外汉语教学最基本的语言观是，语言是人类最重要的交际工具；最基本的教学观是，要把语言当作交际工具来教，而不能当作知识体系来教；最基本的目的观是，培养学习者的汉语交际能力。汉语作为第二语言教学的这些基本特点，直接影响到教学的全部过程及其各个环节的安排，影响到“教什么”和“怎么教”的取向，进而影响到教学效率的高低。深刻理解和准确把握对外汉语教学的这样一些基本特点，就能够处理好教学中的各种关系。例如，在知识传授和技能训练的关系上，就应该明确，汉语知识的传授是必要的，是技能训练的前提，不掌握汉语的语音、词汇、语法、语用等知识，不掌握汉语的结构规律、组合规律和运用规律，汉语交际能力的掌握就无从谈起；但是知识传授不是根本的目的，只是为技能的训练和养成服务的——这是最终的目的，因此教学中应采用各种有效的方法不断地使语言知识转化为语言技能。

2. 教学原则理论

（1）教学原则的性质和特点。

教学原则是教学工作和教学活动应当遵循的基本要求。教学工作包括教学大纲的制定、教材编写或选择、课程设置、教学方法的选择和运用等，教学活动即教学的实施过程，包括课堂教学、语言知识教学和语言技能训练、教学评估测试等。第一，教学原则具有时代性，是教学实践经验的总结，是一个内涵不断发展的概念。第二，教学原则具有实践性，是基于对教学过程的规律性的认识和概括，反过来又指导实践。第三，教学原则应体现一定的理论性，每一项原则的提出都有其理论基础做背景，基于不同的支撑学科及其理论就可能提出不同的教学原则。第四，教学原则具有针对性，不仅应体现教育的目的和教育的阶段性，而且应该体现出学科的性质和特点。第五，教学原则具有层次性，从不同角度、为了不同目的，对整个教学工作和教学活动所提出的“基本要求”也就大小不同，也就具有各自的适用范围，而并不同在一个层面上。教学原则的这些属性表明：人们可以也应该随着时代的进步，教育理念、教育目的、教育手段和技术的更新，而制定出适应时代需要的教学原则。

（2）教学原则的体系与层次。

第二语言教学的教学原则是有层次、成系统的。否则，层次不清、适用范围不明，便不能有效地发挥教学原则的指导作用。然而如何划分教学原则的层次，并没有一个公认的意见，甚至尚未引起人们的普遍重视。这里根据是否受时代和教育目的的影响，把教学原则划分为常规教学原则和非常规教学原则；然后，依据适用面的宽窄及适用对象的不同，把非常规教学原则分为上位、中位和下位三类教学原则。

①常规教学原则——指不受或基本不受时代和教育目的影响，或者说是多数学科多种目的的教学都应遵守的常规性的教学原则。前文说过的教学原则具有时代性是就其总的发展趋势而言的，实际上有些教学原则是千百年来形成的、不同教育体制所普遍遵守的普遍规约，即常规教学原则。如因材施教、循序渐进、学以致用、巩固性原则、启发性原则等。

②非常规教学原则——指那些时代性较强、受教育目的以及学科特点影响较大的教学原则。可分为：

a. 上位教学原则，也可以叫总原则，是整个教学工作和全部教学活动都应当遵守的教学原则，其适用范围是全局性的。如一般所说的母语语文教学的工具性原则，以学生为主体、教师为主导的原则。

b. 中位教学原则，也可以叫分原则，是部分教学工作或部分教学活动应当遵守的教学原则，其适用范围是局部性的。如课堂教学原则、课型教学原则、教材编写原则、教学评估原则。

c. 下位教学原则，也可以叫微原则，是某一项教学工作或教学环节应当遵守的教学原则，其适用范围是单一性的。如课堂练习机会均等、作业及时评改及时返还、教学指令简洁明确等原则。

就对外汉语教学来说：a 类原则（总原则）的制定，应在影响教学工作和教学活动全局的重大问题上（如教学的主体者、学科的性质和特点、教学的目的、教学路子的取向等），做出明确的规定，提出行动的指南。b 类原则（分原则）的制定，应依据总教学原则并服从总教学原则的要求，同时也要结合分教学原则所适用对象的性质和特点等因素，来制定有关教学工作或教学活动的基本要求。c 类原则（微原则）的制定，应符合并服务于总教学原则和分教学原则的要求，同时要考虑到单教学原则针对性极强，即“一事一则”的特点。

(3) 对外汉语教学的总教学原则。

对外汉语教学的上位教学原则，不仅指导整个教学工作和全部教学活动，而且指导中位和下位教学原则的制定，对教学实践有着广泛而深刻的影响。由于它指导性强、影响面大，因此不仅成为教学原则理论中最具实用价值的核心内容；就是在学科基本理论体系中也占有特殊而重要的位置。

总教学原则一：以学生为中心的原则。教师和学生，也即教和学在教学中的地位关系问题，是整个第二语言教学各种矛盾关系中最为根本的一对关系，它在很大程度上决定着其他上位原则以及全部中位原则和下位原则的价值取向。因此，处理这对关系的原则应成为对外汉语教学的总原则之一。在师生关系的重心取向上，大致有三种做法：以学生为中心、以教师为中心、师生共为中心。传统的教学观念是以教师为中心，注重教师的教，以学生为对象、为客体，不太重视学生的学。现在公开持这种观点的人不多，但客观上许多情况下仍然如此。目前比较流行的是师生共为中心，提法是“以学生为中心、教师为主导”或“以学生为主体、教师为主导”。提法虽有不同，实质没有两样，即师生共为中心，也即“双中心”。而“双中心”事实上是做不到的，往往顾此失彼，其结果恐怕仍然是以教师为中心。因此应取向“单中心”，即采取以学生为中心的提法。从教学过程看，学生是这一认识过程的真正主体，是教学实践和认识活动有目的的承担者；教材（教学内容）是教学实践活动和认识活动的客体对象，是主体实现目的的必要条件和手段；教师则是主体实现目标过程中必要的设计者、引导者、解惑答疑者——也即助体。从教和学的关系上看，“教”是为“学”服务的，“教”所要达到的目标和结果必然要由“学”体现出来。“学”是学生自己独立主动的活动，教师包办代替不了（王策三，1985）。从内外因上看，学生是内因，教师和其他条件都是外因，没有内因的能动作用或活动不符合主体的要求，再好的外因也起不了作用。以学生为中心的基本要求应当是，整个教学工作应立足学生、满足学生、适合于学生的需要；全部教学活动应调动学生、依托学生、有利于学生的发展。确立以学生为中心的原则应避免的误区是：以学生为中心不是“学生中心主义”，不是放任自流，不是不加选择，更不是跟着个别学生的感觉走；强调重视“学”并不意味着可以轻视“教”，更不意味着可以放弃教，而是强调教为学服务，强调教的方式、方法应更适合于学，而教的方式、方法的改变并不意味着教的作用和地位的下降。

总教学原则二：以培养学习者语言交际能力为核心的原则。把汉语交际能力的培养确立为对外汉语教学全部教学工作和教学活动的核心，并且把这一原则确立为对外汉语教学的总原则之一，这是教学原则对学科性质、特点和教学目的的最高体现。对外汉语教学是一种第二语言教学，第二语言教学的根本目的就是培养学生的语言交际能力。这一点随着20世纪70年代功能法的出现并大力提倡以后，已得到国内外第二语言教学界的普遍认可。以交际能力的培养为核心的原则，要求把交际能力的培养作为对外汉语教学的起点、过程和归宿来看待，并得到应有的实施。威尔金斯（1974/1987）指出"确定目的以后，最重要的教学法原则是要保证用语言实践和学习实践来充分体现教学目的和这些目的的具体内容"。把培养学生运用汉语进行交际的能力确立为对外汉语教学的一个总要求，不仅使整个教学工作和各项活动有了明确的目标，也为处理教学中各种矛盾关系有了根本依据。如在处理知识讲解和技能训练关系问题上就应该分清谁是主谁是次、谁是手段谁是目的。可以说，对这条原则认识越明确、理解越深刻、体现越充分，各项教学工作就可能做得越科学、越符合第二语言教学的规律。

总教学原则三：以结构、功能、文化相结合为框架的原则。对外汉语教学自20世纪40、50年代以来经历了由重视结构教学，到结构与功能相结合，再到结构、功能、文化"三结合"的发展过程。把"结构、功能、文化"三者结合起来，作为一条教学原则，这是中国对外汉语教学工作者，在多年教学实践经验和吸收功能法合理思想的基础上，于20世纪80年代中期以后提出的一条教学法原则。"三结合"不仅体现了对学科教学内容的总要求，也昭示了对外汉语教学在学科发展方向上的理论追求。"三结合"目前还只是一种框架原则，有待在教学实践和理论研究中进一步检验、丰富和完善。这是因为：所谓的结构、功能和文化的具体所指究竟为何，还有分歧；"三结合"如何结合，谁为主谁为次，同样有不同的看法；对"功能"项目和"文化"内容的研究还很薄弱；"三结合"在教学实践中究竟体现在哪些方面，还未形成共识。尽管如此，"三结合"仍然可以作为一条总的教学原则，并在实践中不断加以探索和完善。

3. 中国传统教育观

对外汉语教学是在中国传统文化和传统教育思想的土壤上进行的，这样一种文化背景和教育观念，无不深刻地影响着教师的教学工作和整个教学活动的进行，而我们的教学对象即各国留学生与中国教师的文化传统和教育观念是很不相同的。这就有必要研究中国的教育传统、教育思想、教学原则和教学方法，以便把握其中哪些适应、哪些不适应教学对象的特点，尤其要研究那些不适合国外教学对象的观念、要求和做法，并从中做出取舍和调整。对那些国外学生不了解、不适应而又确有必要保留和让国外学习者了解、理解的因素，应适时加以介绍和解释。这样既可以克服由于教育观念等的不同所造成的学习障碍，又能够在我们的教学理论中吸收中国传统教育思想的合理成分。比如：（1）中国传统教育的教学观认为，教在前、学在后，教为主、学为次。这种教学观更多地重视教的一面，强调发挥教师的主导作用，而对学的一面则往往重视不够，忽视了学生的学习能动性。这就要求我们的教师在教学中要尽量克服“以自我为主、以自我为尊”“以教为重、以讲为主”的观念和心理，更加有意识地调动和发挥学习者的积极性。（2）中国传统教育中的学习观认为，读书学习是重要的、高尚的，但读书学习绝不是一件轻松的事，而必须要吃苦。所以才有“头悬梁，锥刺股”的故事，才有“书山有路勤为径，学海无涯苦作舟”的古训，才有“苦功夫”“寒窗苦”“苦读书”“苦学生”之类的词语，这样一种学习观，必然对学生要求严格，讲究“冬练三九，夏练三伏”，讲究“严师出高徒”；也就必然会要求学生预习复习、朗诵背诵；也就必然不太注意研究教的方法和学的方法，等等。这许多观念中有的不仅不是错的，也许恰好是中国传统教育观念和学习观念及教学方法中值得吸收和借鉴的，特别是对于语言学习而言，如朗读和背诵。因此，关键是要站在“对外”汉语教学、站在文化传统和教育传统与我国有着很大差异的“外国”学习者的立场上，来研究和审视我们的教育理念和方法，并在教学中加以必要的调适、向学生做出必要的解释。

（三）跨文化教学论

1. 文化教学地位

对外汉语教学是一种跨文化教学，体现为教学内容汉语本身及其相关的文化，对于学习者来说都属于另一种文化；学习者学习目的语的过程实质上是跨越自己的母文化学习另一种文化的过程；教师教授目的语的过程也是教授给学习者另一种文化的过程。因此，学习者无论是当前还是未来，只要是以目的语为工具进行交际，就是一种跨文化的交际活动。因此，研究跨文化语言交际的理论和实践，是对外汉语教学学科理论研究的重要内容和学科理论的重要组成部分。研究的重点是揭示跨文化交际的特征，特别是跨文化交际中的文化差异和文化冲突，进而提高学习者对文化差异的敏感性，增强对目的语文化的适应能力。文化教学在第二语言教学中是必不可少的，但是根本上说，文化教学在第二语言教学中是属于第二位的，是为语言教学服务的。

跨文化交际指具有不同文化背景的人们所进行的交际行为。20 世纪 70 年代以后，相关的研究越加受到学界的重视，并取得了一些共识。例如：(1) 文化无所不在，无所不包，但又往往是不自觉的，也即对于多数人来说，诸如价值观念、信念和信仰、风俗习惯、行为模式等都是不自觉的，或者说是理所当然的。(2) 文化既有统一性和延续性的一面，又有差异性和变异性的一面。任何民族都有自己统一的文化，这种文化具有延续性；但随着时间的推移，文化又发生某些变化，使得不同地区、不同社会阶层，乃至个人之间的文化又有差异性。因此，在介绍文化时要注意避免过于笼统，否则就会失之准确。(3) 由于文化是不自觉的，因此在接触另一种文化时，人们往往以自己的文化为出发点做出判断。由于自己文化"先人为主"，因而对另一种文化就会感到不适应，甚至出现"文化休克"(胡文仲，1985)。

2. 文化教学内容

"文化"是一个内涵非常广泛的概念，显然并不是其中所有的文化内涵都必然地是第二语言教学的内容。语言教学和文化教学在教学目的、教学内容、教学原则和教学方法等方面都有着本质的区别（中国对外汉语教学学会等，1995)。第二语言教学必不可少的文化教学内容，是指跟对目的语的理解和用目的语表达密切相关的文化因素，主要是隐含在目的语的结构系统和表达系统中反映该民族的价值观念、是非取向、衣食住行、风俗习惯、审美情趣、道德规范、生活方式、思维方式等方面的特定的文化内涵，这类文化因素体现在目的语的语汇系统、语义系统、语法系统和语用系统中，它们对语言的理解和运用有着重要的甚至是不可或缺的规约作用。语言教学中如果不同时揭示语言中所包含的这类文化因素，就无法理解和正确地使用这种语言。这就决定了进行第二语言教学必须同时进行相关的文化因素的教学，而对这类文化因素的研究自然也就成为学科理论研究的内容之一。换言之，第二语言教学中文化教学和研究的是与语言本身和语言交际相关的所谓"交际文化"，而与语言本身及语言交际不是直接相关的所谓"知识文化"（如社会历史、思想观念以及文学、艺术等广义的文化）则不是第二语言教学和研究所必需的，前者对学习者来说是雪中送炭，后者对学习者来说是锦上添花。

3. 文化教学原则

文化教学在第二语言教学中是重要的、必需的，但不是无限制的、无原则的。概括地说，文化教学的根本原则是：语言教学的同时必须教授的是所谓的交际文化；知识文化的教学则要根据学习者的需求和具体的培养目标来决定。即使是交际文化因素的教学也还要考虑到：(1) 与语言教学的阶段性相适应，即文化因素教学的适时性。(2) 与文化教学的服务性相适应，即文化因素教学的适度性。(3) 与学习者的真正需要相适应，即文化因素教学的针对性。(4) 从跨文化交际的角度看，文化教学中教师还要注意引导学习者增强对文化差异的敏感性和宽容性。前者要求学习者不要以为自己的文化规范是他人都接受了的文化规范；后者要求学习者不要用自己的文化规范去评判其他文化的“是非优劣”。事实上，教师自己也要增强对学习者的母语文化与目的语文化差异之处的敏感性和宽容性，即教师不要以为目的语文化都是学习者知道和接受了的文化，同样也不要用目的语的文化规范去衡量学习者所持文化的“对错好坏”。跨文化教学要求师生双方既应注意文化的差异，又要注意对文化差异的相互尊重、相互理解、相互包容和相互适应。否则，教师教不好语言，学习者也学不好语言。

第四章　对外汉语词汇教学研究

词汇是语言的三要素之一，是一种语言中所有的词和固定短语的总汇。对于对外汉语教学而言，它的一大目标就是使学习者掌握一定数量的词汇，使他们从“识词”到“用词”。然而由于对外汉语学习者的母语文化与汉语文化之间存在较大的差异，造成不同学习者在汉语词汇学习上常常产生不同的文化模式，因此，开展对外汉语词汇教学的过程中，教师一定要注意结合学习者的母文化认知模式及其文化思维特点等进行汉语词汇教学，以减轻学习者所受到的汉语文化冲击，促使其更好地学习汉语词汇。

第一节　现代汉语词汇的特点分析

词汇是语言的建筑材料，是词和固定短语的集合体。词是最小的能够独立运用的语言单位，由语素构成，如“天、地、高兴、游泳、当然”等。固定短语是词与词的组合，相当于一个词，主要由专门用语、熟语和缩略语组成，如“中国人民银行”“守株待兔”“开后门”“大海里捞针——无处寻”“上有天堂，下有苏杭”“北大”“五味”等。

现代汉语词汇主要有以下几方面的特点。

一、双音节词是主体，单音节词仍占有重要地位

根据对现代汉语 8000 个高频词的统计，双音节词约占 70%，单音节词占 27%，三音节及三音节以上的词只占 3%。但从词语在交际中使用的情况来看，单音节词的使用频率高，分布范围广。根据《现代汉语频率词典》（1986）的统计，6285 个双音节词的使用频率平均为 60 次，2400 个单音节词的使用频率则高达 350 次，使用频率最高的前 13 个词全部为单音节词，如“的、一、了、是、我、不、在、人”等。可见，现代汉语单

音节词的数量虽然没有双音节词多，但在口语交际中，其使用频率远高于双音节词。

很多单音节词构词能力强，可作为语素构成大量合成词，且位置灵活。如“学”：

学报　学费　学会　学历　学期　学生　学术　学说　学习　学校　博学　大学　放学　化学　讲学　教学　开学　科学　留学　逃学　大学生　奖学金　科学家　留学生　助学金　教学法

可以说单音节词依然是现代汉语词汇的基础部分，占有重要的地位。

二、复合法构词为主，偏正式最多

从词的内部结构来看，现代汉语词汇分为单纯词和合成词。单纯词由一个语素构成，如“爱、这、把、犹豫、灿烂、蝴蝶、葡萄、马虎、姥姥、咖啡”等。合成词由两个或两个以上语素构成，构词方式主要有以下三种：

重叠式——词根的重叠，如“爸爸、妈妈、星星、刚刚、偏偏”等。

派生（附加）式——主要是词根前加或后加词缀派生，如“老虎、老鼠、阿姨、阿妹”和“木头、馒头、孩子、屋子”等，其中的“老、阿”是前缀，“头、子”是后缀。

复合式——词根与词根组合，如“道理、长途、鼓掌、欢迎、提高”等。

现代汉语的词汇以合成词为主，而合成词中绝大多数为复合式合成词，约占合成词的97%。这些复合词的构词类型跟短语结构的基本类型大体一致。如联合式的复合词“道路、爱好、寒冷”，联合式的短语“哥哥和弟弟、讨论并通过”；偏正式的复合词“毛笔、长途、红茶”，偏正式的短语“一张桌子、可爱的孩子、热烈欢迎”；动宾式的复合词“命令、吃力、伤心”，动宾式的短语“打扫卫生、恢复健康”；陈述式的复合词“地震、司机、胆小”，陈述式的短语“天气冷、价格贵”；补充式的复合词“提高、充满、书本”，补充式的短语“看清楚、听一遍、说得很快”；等等。

在各种类型的构词方式中，偏正式最活跃，构词能力最强。根据苑春法、黄昌宁（1998）的统计，由语素构成的二字词中，名词、动词和形容词合起来占总二字词的95%。其中偏正式比例最高，约为56%，如“电脑、手机、阳光、爱情”；其次是联合式，约为22%，如“声音、美丽、呼吸”等；再次是动宾式，约为19%，如“司机、改行、出众”等。

三、词汇与非词汇界限模糊，切词困难

首先，汉语词汇在书写时，词与词之间没有间隔，不像拼音文字的词在书写时，词与词之间界限分明。对外国学生，尤其是母语为拼音文字的学生来说，辨识汉语词语有一定困难。

汉语词汇成分切分困难，根本原因是现代汉语的词汇单位与非词汇单位之间缺乏明晰的界限。这主要表现在以下几个方面：

第一，词与语素界限不清。虽然能否独立运用是区分词和语素最基本的标准，但由于现代汉语词汇来源复杂，汉语中的单纯词与语素有交叠现象，要想明确地分辨出哪个是语素哪个是词，并不那么容易。例如，“白”在“白字”中是语素，在“白纸”中却是词；“民”一般不能独立成词，是语素，但是在“民以食为天、爱民如子”中，“民”又是个词了。

第二，词和短语界限不清。一方面，词与固定短语界限不清。例如，“哭穷、露馅、吹牛”等，有人认为是惯用语，有人认为是词；又如“文教、科技”等缩略语频繁使用后，人们甚至意识不到它们本来的短语面目了。另一方面，词和自由短语之间的界限有时也很模糊。如“鸡蛋、鸭蛋”是词还是短语？有的词典将后者作为词收录，却未收录前者。此外，汉语还有不少像“照相、散步、见面、结婚”这样既像短语又像词的“离合词”，更是增加了汉语词界的模糊性。

四、语素造词理据性强，词语表意明确

语素义与词义有直接或间接的联系。用特定语素构造出特定的词是有道理可讲的，是具有理据性的。符淮青（1985）将词义与语素义关系的几种类型描述如下：

第一，词义是语素义按照构词方式组合起来的意义。如“有趣”就是有趣味，“家务”就是家庭事务。

第二，词义同组成它的两个语素义相同或相近。如“道路”的意思等于“道”或“路”，“美丽”的意思是“美”或“丽”。

第三，语素义表示了词义的某些内容。如“黑板”中的“板”表示它是“平板”的一种，“黑”表示颜色，“黑”和“板”只是提示了事物的某些特征，并没有说明其用途。

第四，词义是语素义的比喻用法。如“风雨”比喻艰难困苦，“手足”

比喻弟兄。

第五，词义是语素义的借代用法。如“山水”泛指有山有水的风景。

根据苑春法、黄昌宁（1998）的统计，语素在构词时，约88%的名词、约93%的动词和约87%的形容词保持原来的意义不变。也就是说，汉语复合词的词义大都可以通过构成它的语素的意义以及构词方式来分析和理解。

五、包含共同语素的近义词数量多

现代汉语词汇存在大量意义相同或相近的词语，如“美、美丽、漂亮、好看”。从对常用近义词组的粗略统计看，近义词组内各成员含有同一语素的，约占65%，如“答复—回答、了解—理解、相信—信任、舒服—舒适、天气—气候、忽然—突然、地点—地方—地区、独特—特别—特殊”等。有的近义词组内一部分词条含有相同语素，这部分中的某个词条又与组内其他一些词条含有共同语素，如“凑巧、碰巧、正巧、恰巧、恰恰、恰好、正好”，所占比例约为20%。不包含相同语素的近义词所占比例只有10%左右。相同的语素能体现意义共同的成分，不同的语素便往往导致意义的细微差别。

包含共同语素的近义词，有一些音节上不对等。如“眼—眼睛、春—春天、写—书写、到—到达、因—因为、白—白白、头—脑袋—脑袋瓜”等，这些词语在使用时往往有各自的限制条件。一般来说，单音节配单音节，双音节跟双音节组合，如“写字、汉字书写”。

六、有叠音词和带叠音形式的词，叠音形式多样

叠音词是由两个相同的音相叠而构成的词，如“猩猩、姥姥、匆匆”等。现代汉语词汇里还存在一些带叠音形式的词，名词、数词、量词、形容词、副词、动词都有。叠音形式有：

AA式：天天　看看　样样　偷偷　悄悄

AAB式：毛毛雨　蒙蒙亮　娘娘腔　飘飘然

ABB式：眼巴巴　水汪汪　凉丝丝　静悄悄

AABB式：漂漂亮亮　花花绿绿　叽叽喳喳　熙熙攘攘

ABAB式：打扫打扫　漆黑漆黑　雪白雪白　高兴高兴

A里AB式：糊里糊涂　傻里傻气　啰里啰嗦　娇里娇气

除了以上特点外，现代汉语词汇还有一些较为显著的特征：有丰富的成

语，而且大多是四个音节的；有丰富、系统的量词和语气词；等等。

第二节 词汇教学的重要性和任务研究

一、词汇教学的重要性

词汇是学习、掌握一种语言的重要内容。语言交际中，一个人只要运用了合适的词汇，即使音发不准，语法不正确，也能完成一定的交际任务。儿童习得母语开始于单词，此后词汇学习不会间断；而语音、语法学习在成年后进展很小。对二语者来说，词汇是学习的基础和核心，“掌握词汇量越大，用外语进行听说读写的自由度也就越大”（陆俭明，2005）。

词汇教学是汉语教学的重要部分。从目前一般的对外汉语教学模式来看，大多数课堂教学往往从词汇教学开始，词汇教学贯穿了整个语言教学的始终。

二、词汇教学的任务

刘珣（2000）曾指出对外汉语词汇教学应该“根据教学大纲的要求，（使学习者）在有关汉语词汇知识的指导下，掌握一定数量的汉语词汇的音、义、形和基本用法，培养其在语言交际中对词汇的正确理解和表达能力”。

那么怎样才能判断学生是否掌握了某个词语？Nation（1990）曾从接受（听和读）和产出（说和写）两个角度对此进行详细论述，他认为掌握一个词语意味着要了解它的形式（口语的、书面的）、意义（概念、联想）、位置（语法形式、搭配用法）、功能（频率、使用场合）。从输入、输出考虑，词语知识可分为接受性知识和产出性知识。接受性知识是对词的识别和理解，产出性知识则是在理解的基础上对词的使用。

二语词汇习得研究表明，“‘认识一个词’并不是要么全知道，要么一点儿也不知道（这种现象在心理学上叫‘全’或‘无’），而是有不同层次的，从完全缺乏该词的知识到掌握该词的详细知识、来源以及使用它的语境，这是逐渐过渡的。可以将‘认识一个词’看成是一个连续体”（江新，1998）。

从“对词的识别和理解”到“对词的使用（说和写）”，就是一个词汇知识不断发展的过程。接受性知识一般在产出性知识之前获得。一个人能掌握的产出性词汇知识只是所学词汇中很少的一部分。即使母语者，对一些低频词也不一定会说会写，只是可以听懂、看懂而已。

词汇教学中，词语可以分为复用式和领会式。复用式词语也称复用式掌握词语，要求听、说、读、写“四会”，即不仅要理解，还要能运用；领会式词语是指只要求达到领会式掌握的词语，即指听、说、读“三会”，听、读“二会”或听“一会”的词语。《新汉语水平考试大纲 HSK 六级》要求考生掌握的词汇量为5000个及以上。显然，这些词语对于不同语言水平或不同学习阶段的学习者来说，不可能都达到复用式的掌握。词汇教学既不能单纯追求词汇数量而不顾质量，也不能每个生词都要求“四会”，要合理协调二者的关系。

词汇教学的任务，就是帮助二语者掌握一定数量的复用式词语和一定数量的领会式词语，同时努力缩小这两类词汇量的差距，促使学生从理解词汇逐渐发展到能正确运用词汇。教学中应分轻重主次。对复用式词语应精讲多练，对领会式词语则可少花力气。

由于课堂教学时间有限，学生不能仅靠教师在课堂上的讲解和训练来学习词汇。教师要注意指导学生掌握多种词汇学习策略，培养其自学汉语词汇的能力。

第三节　词汇教学的重点与难点

复用式词语当然是教学重点。但并非所有复用式词语都是难点，有些复用式词语容易掌握，不必花太多力气。从教学实践看，对二语者来说，以下几类词语是难点，应该重点讲练。

一、近义词

近义词是汉语二语词汇教学中的重点、难点之一，尤其是进入中级阶段，近义词误用偏误十分常见。但近义词数量庞大，不可能都进行讲练。必须抓住近义词教学中的重点、难点，有针对地进行讲练。从二语学习者的角度看，近义词讲练应考虑以下几点。

（一）常用近义词

常用近义词主要是初级、中级近义词。如：“不—没、别—不要、家—家庭、见—见面、爱—喜欢、办法—方法、本人—自己、曾经—已经、不同—不一样、到—到达、读—念、立刻—马上、美丽—漂亮、考虑—想、借口一理由、起一起来”等。

这些常用近义词，学生即使学过，偏误仍然不少；有的到了高级阶段，还出现偏误。应予以重视，反复讲练。

（二）用法多、差异多的近义词

这类近义词主要分为三小类：

第一类，意义相近，用法不同，任何时候都不能替换，如：“发达—发展、抱歉—道歉、感动—感激”等。

第二类，意义相同，用法有同有异，有时能替换有时不能替换，如：“妈妈—母亲、相互—互相、害怕—怕、关—关闭、不同—不一样”等。

第三类，意义相近，用法有同有异，有时能替换有时不能替换，如“爱—热爱、低—矮、通常—常常、安排—布置、安静—宁静、尊敬—尊重、丰富—丰盛”等。

第一类近义词任何时候都不能互换，稍加讲练就可以解决问题。第二类和第三类近义词有时可以互换，有时又不能互换，是教学的重点难点。尤其要注意的是，讲练近义词时，除了重视意义区别外，特别要注意形式区别，如语法功能、组合搭配、使用范围、句型句式等。

例如，针对“常常—通常”，应讲清以下区别：

（1）使用“通常”的句子一般需要说明与动作有关的情况、条件或结果，句中要有表示时间、地点、方式、条件等的成分；“常常”没有这个限制，可以修饰单个动词或简单的短语。如：

公司通常星期五下午开会。（常常√）/公司常常开会。（通常×）

（2）句中有表示过去或将来的时间词语，只能用“常常”，不能用“通常”。如：

以前我常常和玛丽一起吃饭聊天。（通常×）/以后我一定常常来看您。（通常×）

（3）用“通常”的句子可以表示对比，用“常常”的句子表示的只是一般事实。如：

我通常在家里吃饭，周末的时候才去外面吃。（常常×）

（4）“通常”可以放在句首主语前，“常常”不能。如：

通常我们先去酒吧喝酒，然后再去唱歌。（常常×）

（5）“通常”还可以修饰“情况、做法、方法”等词语作定语，“常常”不能。如：

对待这种情况，公司通常的做法是罚款。(常常×)

(三) 考察学习偏误

经常混淆的近义词肯定是教学重点。如“常常—往往”，学生偏误很多：

*我往往去旅行。/*这个学期，他往往迟到。

*有一些学生往往不上课。/*我往往没有带书来上课。再如：“见—见面、看到—见到、会—能—可以、知道—认识—了解、又—再、懂—懂得、问—打听、想—考虑—着想、方法—方式”等。针对这类近义词进行讲练，能提高词汇教学效率。

(四) 讲练重点是区别性差异

近义词的差异常常是多方面的，但有的差异是“区别性差异”，弄清楚这类差异，就可以减少大多数偏误。讲练应抓住主要差异。如“不—没”主要有五个差异：

(1)“不”多否定将来的、未发生的动作行为，也可以否定经常性或习惯性、规律性的动作行为；“没”多否定过去的、已经发生的动作行为。如：

明天你们去吧，我不去。(将来，没×)/他常常不吃早饭。(经常性，没×)

这里从来不堵车。(规律性，没×)/昨天我感冒了，没去上课。(过去，不×)

(2)“没”可以与“过”配合，“不”不能；“不”可以和“了”配合，“没”不能。如：

我从来没见过他。(不×)/别等了，玛丽不来了。(没×)

(3)“不”可以用在性质形容词之前，“没”不能。如：

聪明　不漂亮　不舒服　不可爱　不真实　不复杂(没×)

(4)“不”可用在所有助动词前，“没”只能用在“能、能够、敢”等少数几个助动词前。如：

不要　不会　不得　不肯　不愿意　不可以　不应该(没×)

(5)“不”还可以用在“是、像、等于、属于、知道”等动词之前；“没”不能。如：

不是　不像　不等于　不属于　不知道(没×)/不能　不能够　不敢(没√)

其中前三点是主要差异，要抓住这三点讲练；后两点可以先不讲练，出现偏误后再讲解。

二、多义词

多义词是具有两个或两个以上不同义项、各个义项间存在一定联系的词。汉语中有不少基本的、常用的词，都是多义词，如“看、开、乱、要、做、想、吃、漂亮”等；不少多义词还兼属不同词类，表示不同的意义，如“遗憾”既是形容词（非常遗憾）又是名词（终生的遗憾），“难怪”既是动词（这也难怪）又是副词（难怪他今天不高兴）。

多义词也是教学的重点和难点，教学中应当用举例法和归纳法重点讲练。以“看”为例，当学习表示“观察并加以判断”的“看”（你看今天会不会下雨？）时，教师可以引导学生说出带有“看”的短语或句子，教师再将包含有“看”的不同义项的短语或句子板书下来，组织学生分析归纳例子中“看”的意思。如：

看书　看电影　看我的眼睛　看清楚（使视线接触人或物）

看病　看医生　看外科（诊治）

看朋友　看病人　看了他三次（看望）

想想看　试试看　找找看（用在重叠式动词后，表示试一试）

在复习归纳已学过的“看”的义项和用法之后，教师再结合课文中的例句讲练“看”的新义项。再如中级词汇“勉强”，其义项和用法有以下五种：

(1) 形容词，能力不够，还尽力做，做状语。如：

吃不完，就不要勉强吃了。

(2) 形容词，不是心甘情愿的，做补语、状语。如：

他笑得很勉强，因为他心里并不高兴。/妈妈勉强同意了。

(3) 动词，使别人做不愿意做的事，做谓语。如：

他不去就算了，不要勉强他。

(4) 形容词，不充足、凑合，做状语。如：

这点钱勉强够用一个月。

(5) 牵强、理由不充足，做谓语。如：

这种说法很勉强。

以上这些义项不可能同时出现在一篇课文中，相对来说，前三个义项更为常用。在教学时，教师除了讲练课文中的义项外，还可以通过例句将“勉强”的常用义项展示出来，引导学生发现和归纳“勉强”在句中的不同意思与用法。

多义词教学，应特别注意不同义项的教学顺序，遵循常用原则，分阶段教学。初级阶段，教师一般根据某个多义词在课文中的意思和用法进行相应讲解，不应一次性将各个义项教给学生。如“想”有四个主要义项：①用大脑思考（你想好了再回答）；②想念（我很想妈妈）；③打算（你下课后想去哪里）；④认为（我想他一定不会去的）。这四个义项都很常用，但考虑到学生的接受能力，教师应结合课文内容语境分开讲练，在学生接触“想”的多个义项后，再进行归纳总结。到了中高级阶段，教师可以先让学生明白该词的常用义项、在课文中的意思和用法，再展开其他义项的教学。

三、用法特殊的词语

用法特殊的词语是指那些在用法上与同类词不同或使用上限制比较多的词语。例如，动词“加以”，只能带双音节动词做宾语，不能带其他形式的宾语；“见面、洗澡、堵车、签字、失眠、涨价”等离合词均不能带宾语，中间都可以插入某些词；“绝、耐烦”等词一般用在否定句中；“沉思、沉默”等一些动词不能带宾语，只能带补语；“高速”等形容词不能做谓语，只做定语；“缘故”一般只在“由于……的缘故”和“是……的缘故”的格式中使用；动词“嫌”可以带宾语，但宾语后多数情况下还有补语。这些用法特殊的词语如果不重点讲练，学生很难掌握。

教师可通过例句展示词语的功能与使用条件，引导学生了解词语的用法。如“见面”：

我们以前见过面。/昨天我跟朋友见了一面。/我们什么时候见见面？通过以上例子，让学生明白“见面”的对象不能放在“见面”的后面；“见面”中间可以放“了、过”等，还可以放数词表示动作发生的次数；“见面”可重叠为“见见面”，不能说“见面见面”。如果只教“我们见面了”，就很容易出现“＊我见面了老师”这样的偏误。

四、容易混淆的词语

易混淆词，是指二语学习者容易混淆的词语。易混淆词与同（近）义词有交叉关系，它不仅包括容易混淆的同义词、近义词，还包括语义关系较远或没有同（近）义关系而二语者却经常混用或误用的词（张博，2005、2007）。张博（2008）认为常见的易混淆词除了同义词、近义词以外，还包括以下几类：

(1) 母语一词多义对应的汉语词。如英语“know”，越南语“biết”，均可对应汉语“认识、知道、了解”。因此，这些母语背景的学习者常将这几个词混淆：

1) * 我认识白云山，我的朋友告诉我很有名。(澳大利亚)【正：知道】

2) * 那时我才来中国一个星期，只知道几个同学，没其他朋友。(越南)【正：认识】

3) * 我了解，他决定给我写信，一定是下了很大的决心。(韩国)【正：知道】

4) * 不知道汉字，不念书，就不能理解更多的中国思想。(韩国)【正：认识】

(2) 母语汉字词与对应的汉语词。如日语、韩语中均有大量汉字词，其中不少汉字词虽然与汉语的某个词语同形，但意义、用法不相同。例如，韩语汉字词“爱情”的意义范围比汉语大，除了可指爱人之间的感情，还可以指对动物、其他事物的感情，而汉语“爱情”只指爱人之间的感情；“约会”在汉韩两种语言中同形，但完全异义，韩语“约会”是约束的意思；“顽固”在汉语里是贬义词，在韩语里则没有贬义；汉语中“执着”是褒义词，在韩语里则是贬义词。

(3) 声音相同或相近、字形相同或相近的词。有一些词语语义上相差较远，但因字音或字形相同或相近，学习者也容易混淆。如：

读音相同或相近：文明—闻名　时事—实事　政治—正直　推迟—推辞

字形相同或相近：穿着（名，chuanzhuo）—穿着（动，chuanzhe）丈夫—大夫　第—弟

(4) 有相同语素的词。有的词语在语义上虽不属于近义词范畴，但由于有一个相同语素，学习者有时也容易混淆。如：

1) * 最后他醉得很。但同事没发生他醉了，高高兴兴地吃饭。(日本)【正：发现】

2) * 这个镜子是刚刚买的，还有小孩子爸爸非常可惜的镜子，小孩子很烦恼。(印度尼西亚)【正：爱惜】

3) * 不一会儿，雨停了，大地和房子好像洗了个澡，一切变得干干净净，空气也清闲。(韩国)【正：清新】

以上几类易混淆词对于汉语二语学习者而言具有一定难度，尤其是前两类，学习者容易受母语负迁移影响造成偏误。教学中可以利用“最小差异

对”来讲练。“最小差异对”就是一组句子除了出现在同一位置上的某个词语不同之外，其余部分完全一样，这组句子因为使用了不同的词语而使得句子的意思不同或导致某个句子不成立。例如“认识”“知道”的英文翻译都是“known”，学习者在学习汉语的初始阶段就会接触到这两个词，教师可用“最小差异对”的方式展示例句：

我知道李明。→我听说过他的名字。/我认识李明。→我们以前见过面。

通过以上例句，引导学生明白“知道”和“认识”都可以用于人。但“认识”表示见过某人或某人的照片，并可能跟他有交往；“知道”只是听说过某人的名字或有关他的情况，但没有见过，没有交往。在此基础上，教师引导学生说出以下句子，进一步明确这两个词用于“人”时的不同：

我以前不认识他，只知道他的名字。

“认识”和“知道”的对象还可以是某个地方或某个东西，“知道”还常用于事情，教师展示“最小差异对”，引导学生把握它们在意义和用法上的不同：

我认识那个水果。→以前见过。/我知道那个水果。→听说过，但没见过。

我不认识路。→走错地方了。/我知道那条路。→但是没去过。

我不知道他去哪儿了。/＊我不认识他去哪儿了。

五、熟语

熟语主要包括成语、惯用语和歇后语，它们是汉语词汇中的特殊成分，往往包含着特定含义，反映着民族文化和社会背景，不弄清楚就无法理解和运用。中高级阶段有相当数量的成语、惯用语等固定短语，应当重点讲练。如：

讨价还价　实事求是　供不应求　引人注目　举世闻名　聚精会神　一言为定

炒鱿鱼　铁饭碗　大锅饭　碰钉子　吃不消　开眼界　巴不得　凑热闹　想不开

熟语教学，除了要讲清楚基本意思外，还应重点讲解使用条件和限制。例如“聚精会神”，除了要让学生明白“集中精神做某事”的意思外，还要强调“在比较短的时间内”这个限制；否则学习者容易造出“＊我这个月一直在聚精会神准备考试”。又如“不以为然”，应强调用于“对……不以为然”；否则学习者可能产生偏误：“＊我不以为然他的看法”。

第四节　词汇教学的基本原则

《国际汉语教师标准》提出词汇教学的六条基本原则：第一，注重利用汉字形、音、义相结合的特点进行词汇教学；第二，注重教学中解词的浅显、具体、准确、易懂；第三，注重结合具体语境进行词汇教学；第四，注重理解词汇的概念意义和特定语境下的含义；第五，注重利用对比、组合等多种手段以及游戏、阅读等多种方式进行词汇教学；第六，注重教学中词汇的科学重现。在这里我们主要强调以下几点。

一、浅显讲解，难点分化

首先，用已学词语解释生词和用法。例如，用“请”来解释“邀请”，用“问”带出“询问”；如果顺序反过来，学生肯定难以理解。又如“雄伟”在《教学大纲》中是中级词，《现代汉语词典》解释为：①雄壮而伟大；②魁梧、魁伟。《HSK 汉语水平考试词典》解释为：气势雄壮而高大。其中“雄壮、气势”是高级词，“魁梧、魁伟”是超纲词，学生都没学过。这样的解释，效果肯定不好。如果用学过的词语，可以这样来解释：形容高山、建筑物等高大、很有力量，或形容计划、目标等伟大。

其次，用简单的句子或结构讲解。请看对“节省”的解释：

A. 使可能被耗费掉的不被耗费掉或少耗费掉。

B. 尽量少用或不用可能被用掉的东西。A 是复杂句，有使令动词“使”，有表示被动的“被”，难词“耗费”出现了三次。如果教学时这样解释，对学生理解词义毫无帮助，还会增加学习负担。相对而言，B 使用的词语、句子比较简单，学生容易懂。

此外，在讲解词语时，应该给出清晰、足够的例子，帮助学生准确理解词语的意义和用法。如讲解“帮忙”，如果只解释其为“帮、帮助”，给出“我明天搬家，想请你帮忙”的例句，学习者可能会说出“＊我帮忙他”之类的偏误。教师应该给出以下例句：

我明天搬家，想请你帮我个忙。/要我帮你什么忙？/×他常常帮忙我。

难点分化，就是要根据学生的接受能力和习得特点将词汇知识点分散开来，分时间、分阶段进行教学。如初级阶段，学生接触到的常用词语很多是多义词，应该先教最常用的义项，后教比较少用的或抽象复杂的义项。如“看”做动词有八个义项，应该按照词义的难易顺序，先教“看书、看电影”，之后再教“看病、看朋友”；到了中级阶段，再教表示“观察并加以判断”以及“取决于、决定于”等意义的“看”。

有的词用法复杂，如动词“理解”，主要做谓语（理解他、互相理解），有时可做宾语（我们需要你的理解）、主语（理解很重要），还可以做定语（理解能力很强），教学时可以先讲做谓语的情况，隔一段时间再讲做宾语、主语的情况，最后讲做定语的情况。

二、结合语境，精讲巧练

精讲，就是有针对性，抓住重点，准确简练，讲清主要意义和用法，不要面面俱到。例如，在初级阶段常碰到一词多义的情况，教师要根据大纲和教材，选取必要的、合适的义项讲授，而不是不分轻重、不分先后地都搬给学生。中级阶段，有的近义词差异较多，如果每个差异都讲，既复杂，学生也接受不了。所以，只要讲清主要的、区别性的差异就行了，精讲必须跟巧练结合。俗话说“熟能生巧”，反复练习才能熟练掌握，运用自如。练习不是越多越好，如果只是机械练习，效果也未必好。教师在讲解的同时应当创造多种形式、多种内容的词汇练习活动，边讲边练，讲练结合，让学生在反复多样的操练中理解词义，学会使用。如“平时”，教师可先通过完整例句启发学生感知它的意思和用法：

我平时12点睡觉，昨晚很累，10点就睡了。然后问学生：“你昨晚几点睡觉?”待学生回答后，教师继续问：“平时几点睡觉呢?”通过问答，加深学生对“平时”的理解：“平时”要跟某个具体时间相对，表示一般的、通常的时候。教师还可以展示后半句，让学生用“平时”说出前半句：

________，周末九点半起床。

________，节假日人很多。

________，今天没迟到。

精讲巧练通常结合典型语境进行。如介词“按”可以跟其他一些词语搭配成“按计划进行、按顺序上车”等结构，这是“按”使用时的短语语境。情景则是说话时涉及的时间、场所、背景、参加者、交际话题、交际目的等。例如，你的提包丢了，但你最重要的证件没放在里面，避免了更大的麻烦，你因此感到幸运。这时可以说“提包丢了，幸亏证件不在里面，不然就麻烦了。”这是“幸亏”使用时的情景语境。在课堂教学中，情景可以是教室里的真实情景，更多的则是模拟情景和想象情景。

语境能使词语的意义和用法更加明确。在词汇教学中，教师应将生词放入上下文或尽可能真实的贴近留学生生活的情景中进行讲解和操练。这样有利于学习者理解和掌握词语的意义和用法，也能激发学习者的学习兴趣，增强师生互动，活跃课堂气氛。

例如针对“倒霉”进行讲练，教师给出“我出门摔倒了，上课迟到了，现在手机又不见了”这三个具体的情景引出“我今天真倒霉”，学生很容易就明白“倒霉”的意思。教师再让学生说出他们认为倒霉的事情，如“钱包被偷了，护照不见了”等，班上同学一起用“倒霉”说出完整的句子。

三、语素教学与整词教学相结合

语素教学，就是利用汉语语素构词的优势，将词和语素的学习结合起来。不但要讲练目标词语的意义和用法，还要将语素构成词的规律教给学生，通过语素义解释词义，并利用语素引导学生扩展生词、猜测词义，帮助学生理解和记忆生词，扩大词汇量。

汉语词的构造单位是语素，许多单音节语素可以单独成词（如“人、学”）；语素跟语素又可以按照一定的构词方式组合成合成词（如“人民、学习”）。合成词的意义大多与语素义存在一定联系，可依据语素义去推求和理解。因此，教学中可以借助语素构词的特点帮助学生学习汉语词汇，提高对词语的领悟和学习能力。例如，认识了汉字“车”以后，就能清楚确定“货车、轿车、电车、出租车”等表示的是交通工具而不是别的事物；学过“高度”这个词，又掌握一些汉语构词知识后，遇到“难度、深度、广度、热度”等词语，加上合适的上下文，就可以猜出大概是什么意思了。

值得注意的是，“面试”这样的词，语义透明度比较高，适合利用语素进行教学。但是，汉语有些词，语义透明度比较低，如“疲惫、小说、马虎、点心”等，就需要进行整词教学；一些音译外来词“幽默、克隆”等也很难进行语素教学，可借助外语翻译或语境，整体掌握词义、用法。

实际教学中，可以同时运用多种方法讲授词语。如“足球”，可以用翻译法；还可以用语素分解的方法把词语分成“足”和“球”。用直观法引导学生了解“足”就是“脚”，“足球”是用脚进行的运动，引出动词“踢”和词组“踢足球”。最后还可让学生扩展出“手球、水球、网球”等。综合讲练，能促使学生更好地掌握词语，扩大词汇量。

第五节　不同文化模式对汉语文化词语的认识

汉语文化词语作为语言的重要组成部分，蕴含着深刻的文化内涵。而来自非汉语文化语境中的对外汉语学习者在对汉语文化词语的认识受其母文化模式的影响，常会产生一些差异。在这种情况下，教师必须清楚认识不同文化模式对汉语文化词语的认识，以结合对外汉语学习者的文化认知模式开展对外汉语教学。

一、文化词语的内涵

通常情况下，文化词语主要包括两种情况。

一种是目的语文化所特有，但母语文化中没有的，主要反映的是目的语文化中的某些特有事物、现象的词语。比如说汉语中的“作揖”“岁寒三友”“天人合一”等，这些在英语中很难找到完全对等的词语。同样，英语中的“knightliness”（骑士精神）、“sphinx”（狮身人面像）等表示深层文化内涵的词语，也是不容易被普通中国老百姓所理解的。

另一种是目的语中经过长期的历史积淀以及文化渗透所形成的特殊文化词语，他们虽然可以勉强在母语中找到一些与之相对应的词，但原词的“内涵意义”“社会意义”“情感意义”等却遭到一定的损坏，致使难以用母语完全表达目的语中该词汇的全部含义。例如，汉语中的“竹”虽然也可以在英语中找到“bamboo”，但其在汉语文化中却有着更深刻的含义，英语显然难以完全传达出它的这些文化内涵。具体来看，竹子、姿态优雅、根系发达，用途多样，具有很高的经济价值和生态价值，在物质层面满足了人们的需要。与此同时，我国劳动人民在长期的生产实践和文化生活中，把竹子的生态习性、生物学特征和形态特征总结升华成了一种做人的精神风貌，如虚心、气节等，竹子也逐渐被列入高尚人格和道德的范畴，其内涵已经成为中华民族品格、禀赋和美学的象征。例如，白居易在《养竹记》中总结竹子的品性“本固”“性直”“心空”“节贞”，将其比作贤人君子；刘岩夫在《植竹记》中赋予竹子“刚”“柔”“忠”“义”“谦”“贤”“德”等品格。总之，普普通通的“竹”反映了中国人高尚志趣，凝聚了中华民族仁人志士坚毅、虚心、旷远的文化心理。所以苏东坡就说：“宁可食无肉，不可居无竹”，宁肯不吃肉也要有竹子做伴。人们对居住环境都有相当高雅的品位，这是对“竹”的高度评价。而在英语中，“bamboo”仅仅表示的是竹子这种事物，而没有任何关于竹的文化内涵与联想意义。

又如“玉”，它的英语对应词虽然“jade”也难以传到出汉语中“玉”的文化内涵。具体来看，“玉”具有十分特殊的意义，“黄金有价玉无价”这是一句极具对比性的判断话语。玉在中国，是一种让人刮目相看的特殊物体，以玉尚美，几乎成为中国美学的脊梁。各个朝代的玉器，虽然数量上有差异，内涵上有转移，品质上有优劣，风格上有不同，但玉的至尊至圣的地位，不但没有丝毫动摇，而且一直扶摇直上，节节攀升。在历史的场合中，玉由具体到抽象，由实物到符号，同时随着儒家思想的介入，它变得更为得到花，成为道德的楷模。同时，玉的透明，也带有公开、公正、公平、清白和无私的文化内涵。因此，“玉无价”便成为中国社会的一个文化认知。然而在英语中，“jade”仅仅表示的是玉这种物质，而无中国的这种文化内涵。

通过以上分析，我们可以看出，文化词语由于包含着其文化语境中的某些深层次文化内涵，因而会通过唤起深埋于人们潜意识中的默写联想和情感，时期产生不同的文化心理感触。而这些隐藏在文化词语内核中的深层次文化内涵对于第二语言学习者而言，显然会产生较大的认知障碍，使他们难以实现有效的双语转化。有鉴于此，对外汉语教学者需要对汉语以及学习者的母语的两种语言文化都进行深入的了解和认识，在借鉴、吸收先辈的教学实践经验的同时，运用现代语言学、文化人类学、社会学、心理学等理论，全面地、深入地、持久地开展汉外词语的比较研究，以促进相互间的文化交流与彼此深入的理解。

二、不同文化模式的对汉语文化词汇的认知分析

从不同的角度可以将文化模式分为不同的类型，例如从地域的视角可以将文化模式分为西方文化模式和东方文化模式，而东方文化模式又因民族的不同可以分为中国文化模式、日本文化模式等。而不同的文化模式对汉语文化词汇的认知也各有不同，下面主要以英语文化模式、日语文化模式和韩语文化模式为例，分析他们对汉语文化词汇的认知。

（一）英语文化模式对汉语文化词汇的认知

众所周知，英语文化模式实际上是一种吸取基督教的文化思想而逐渐形成的神性文化模式，在该模式下，英语文化中的科学、艺术、道德等均与神

学密切相关，人们不仅以对上帝的皈依、对天国的向往为最高的理想和追求，而且出于对上帝既敬且畏的情绪以及一系列宗教使命感而进行奋斗。因此有文化内涵的不同，英语文化模式下的个体对汉语文化词汇的认知常常出现各种误差，这些误差主要表现在以下几方面。

1. 由于文化内涵不同而导致的词汇空缺

所谓的词汇空缺就是“由于文化和语言的差异，一种语言有的词在另一种语言中也许没有对应或契合的词”。例如，汉语词汇中的“一国两制”“接风”“聘礼”“同志”“养老扶幼”“贤妻良母”“吐故纳新”“封禅”“取经”“黄帝”“尧舜”“红眼病”“穿小鞋”“元宵”“节气”“端午”等，在英语中都找不到完全意义对等的词语，因而出现词汇空缺现象。

2. 由于词义联想和文化意象不同而导致的语义差异

由于文化模式的不同，不同文化群体在对文化词语的联想意义和比喻形式与内容上会有一定的差异，导致具体的文化词语在异文化模式下所反映的联想意义和社会文化意义难以对等。例如，在汉语文化词语中，“龙”是中国人几千年来一直予以崇拜和幻想的偶像，是炎黄子孙的人文始祖轩辕黄帝为华夏民族创造的“图腾”。它融各部落“图腾”为一体，集蛇身鱼尾狮头鹿角鹰爪于一身，寓意各民族亲如一家，团结一心。从此，这个无所不在、无所不能的“龙”，成了中华民族的象征，成了炎黄子孙共同的神圣标志。龙文化，亦即以炎黄历史文化为肇端的，囊括了儒、道、佛等流派的综合文化现象。正是这种文化孕育了中华民族，塑造了“龙的传人”和中华精魂，也正是这种民族魂支撑的龙的传人维系着中华民族的存续发展，才有了中华民族历史上的辉煌，今天的繁荣以及未来的希望。然而对于英语文化模式而言，西方人对“dragon”却没有中国人这样的文化认知，在他们的思想观念中，龙仅仅是一种能喷烟吐火、凶残可怕的怪物，是灾难的象征。可见，文化模式的差异也会致使其对文化词语的认知出现联想和文化意象的差异，最终造成词义的不对等。

3. 由于文化模式不同而导致文化词语的语义与文化内涵的不同

文化模式不同，对文化词语的词义及其文化内涵的认知也会有一定的差异。以汉语文化词语为例，汉语中“爱人”一词指的是自己的配偶和伴侣，而在英语中，“lover”指的是则是情人。又如“唯心主义”一词在汉语中带有一定的贬义色彩，而在英语中，“idealism”并不存在褒贬色彩。再如，汉语中的“红茶”在英语中应该是“black tea”，英语中的“black coffee”在汉语则是“浓咖啡”，汉语中的“浓茶”在英语中则是“strong tea”。

（二）日语文化模式对汉语文化词汇的认知

日本是中国一衣带水的邻邦，自古受中国影响较深。例如，日本的文字平假名是由汉字的草书而来，片假名则是由汉字的楷书偏旁而来的。在现代日语中，约47.5%的词汇均为汉语词汇，可见中国文化对日本文化的影响之深。除文字之外，中国的儒学思想等也在传人日本之后，渗透到当代日本人文化生活的方方面面。

然而日本虽然也深受中国文化的影响，但与中国相比，日本是一个由列岛组成的岛国，因中间隔着200多千米的朝鲜海峡，从而与欧亚大陆隔绝开来，所以，除了13世纪曾遭到蒙古远征军一次未遂的袭击以外，几乎没有受到来自其他民族的任何侵略。相对于中国地大物博、民族迁徙较为常见，日本人长久以来被限定在一个相对狭窄的空间中，较难自然形成强有力的国家意识，从而需要确立凝聚国民精神的国家理念大为不同，在他们身上很容易获得一种共同体意识。另外，大海也成为日本这一岛国与大陆相交的一道天然屏障，因为这道屏障，他们很容易陷入视野狭窄、小肚鸡肠、排斥外来者的所谓“岛国根性”。与命运共同体成员的极度协调精神和对共同体之外者的排斥，构成了日本人“内外有别”的强烈反差，以至于即使在现代日语中，“内”与“外”依旧是规定着日本人两种截然不同行为方式的关键词语。由于这种文化模式的差异，日本人在对汉语文化词语的认知上虽然较西方国家的人群而言，有一定的基础，但也存在一定的认知差异。

具体来看，汉语是表意文字，能够通过视觉理解词义。这是中日汉语词汇的共同点，但是两国语言分别属于孤立语和粘着语，语法结构迥然不同。句式的不同，国情的差异，使两国汉语词汇的用法和词义产生很大分歧。有些词在书写上完全一致，但所表示的意思却天差地远。例如，“白”在汉语中有清白、纯洁的意义，汉语“他是清白的”跟日语“彼はぃ、（他是无罪的）”是同义的。汉语“黑市”“黑话”“黑车”等中的“黑”有“私下、秘密、非法”的含义，日语中的“黑”则蕴含了“有罪”的意义。所不同的是，“白”在日本备受推崇，代表一种不可思议的力量和神性，甚至成为天子的服装色。婚礼上，女子常穿“白无垢”的白色和服。而在汉语中，白色成为丧服的颜色。又如，日语中的“手纸”“野菜”“本”“路地”等，在汉语里的意思分别是“信”“蔬菜”“书”“胡同”，而汉语中的“天井”，在日语里的意思是“天棚”“天花板”。还有些日语词汇单凭汉字很难猜出词义。

例如，“齿磨”表示刷牙、牙刷、牙膏的意思；“味方”表示伙伴、友方的意思，“油断”表示疏忽大意的意思。此外，还有一些词用字颠倒，词义却基奉相同，例如，“逼命”表示命运的意思，“融通”表示通融的意思，“平和”表示和平的意思，“部内”表示内部的意思等。

(三) 韩语文化模式对汉语文化词汇的认知

历史上中国曾经对日韩两国的文化产生过很大的影响。如果说日本是一个善于吸收并擅长于改造的国家，那么韩国由于地域的关系和历史的原因，在传统文化方面跟中国的传统文化更接近一些，保留的古风也更多一些。例如，在韩国人的家庭生活中，男子、父亲居于中心地位，女性出嫁后要侍奉公婆、相夫教子、恪守妇道，这些都是在中国传统儒家文化的影响下形成的。

不仅韩国文化深受中国文化的影响，而且韩国的语言也深受韩语的影响。据韩国 HANGEUL 学会编纂的《大辞典》(1961) 所收录的词条显示，中汉字词占 69.32%，且韩汉同形词又占非常大的比重，如国家、动物、报告、访问、解放、方法等，不仅在读法上与汉语相似，其词义、构词法也与汉语相同。

由于文化差异相对较少，因而韩国人对汉语文化词语的认知障碍也就越小，也更容易产生认同感。例如，在汉语文化词汇中代表吉祥、皇权的龙、代表天神的麒麟，代表多福的“佛手”，代表长寿的“桃”，代表多子的“石榴”，代表喜事的“喜鹊”等均在韩语中也有相同的文化语义。可以说，由于同属于汉字文化圈，再加上过去长期受到中国的影响，韩国人对汉语文化词语的认知相较而言，要准确得多。

第六节　对外汉语词汇教学的方法与技巧分析

一、对外汉语词汇教学的方法

通常情况下，对外汉语词汇教学常常以词汇展示、词汇讲解、词汇练习三个方法进行。在具体的教学实践中，这三个方法也并不是截然分开的，而是经常相互交叉的。因此，这里对对外汉语词汇教学方法的分析，也主要是分析这三种方法。

(一) 词汇展示法

所谓的词汇展示法就是在开展对外汉语词汇教学的过程中，把要教的词汇通过板书、领读等方法介绍给学生，并让学生认读，从而使学生对所要学的词汇的形、音、义有所了解和认识。

在运用这种方法进行对外汉语词汇教学时，教师一定要注意把握好词汇展示的顺序和方法。

1. 词汇展示的顺序

通常情况下，对外汉语词汇展示的顺序大多是按照这些词汇在对外汉语教材中出现的先后顺序排列的。为了加强课堂教学过程中各个环节的有序衔接，教师也可以根据教学的需要，对需要展示的词汇加以调整。具体来看，在展示词汇的过程中，常见的词汇排列顺序主要有以下几种。

(1) 按词汇在对外汉语教材中出现的顺序排列。

大多数情况下，对外汉语词汇中的生词排列都是根据其在对外汉语教材中出现的先后顺序排列的。例如，北京语言大学出版社出版的《汉语教程》第三册中《幸福的感觉》一文中有一段写一个富翁因小时候别人给自己一块糖而感觉到从未有过的幸福，长大后靠着自己的努力成为富翁，之后便广做善事，回报社会，体验第一次吃到糖时的幸福感。根据这一段话，我们便可以将词汇展示的顺序根据文章延展的顺序排列为

曾经	感动	(故事)			
大款	(糖)	感情			
(原来)	穷	回忆	当时	情景	
滋味	幸福				
(后来)	富翁	闻名	(大善人)		
当初	感激	善良	广	善事	回报

总之，根据生词在对外汉语教材中出现的先后顺序排列生词，不仅有助于教师以排列好的生词为线索叙述或串讲课文，而且有助于学生以生词作为提示的线索，听教师串讲课文和复述课文。在这里需要注意的是，为了使所排列的词汇与对外汉语教材内容衔接得更加紧密，教师可以再增加一些与内容有密切关系的重点词，用括号括起来，以与其他生词相区别。

(2) 按词群排列。

词群实际上就是意义上有共同特点且相互联系的一群词汇，如“叔叔”“阿姨”“姑姑”“姨妈”“哥哥”“姐姐”“弟弟”“妹妹”“表哥”“表姐”“表姨”“表外甥”等就是一组表示亲属关系的词群。在词汇教学的过程中，教师可以按照词群的性质，将生词予以归类排列，以便加强学生对这些词汇的

了解。例如，某篇课文的生词如下：

天气　冷　热　下（雨）　下雪　季节　春天　夏天　运动

秋天　冬天　暖和　游泳　凉快　郊游　滑冰爬山

根据这些生词的意义特点，我们可以将它们分成多个词群。如：

跟季节有关的词群：春天　夏天　秋天　冬天

跟天气有关的词群：冷　热　暖和　凉快

跟春天有关的词群：春天　暖和　下（雨）　郊游

跟冬天有关的词群：冬天　冷　雪　滑冰

跟夏天有关的词群：热　游泳

跟秋天有关的词群：凉快　爬山

根据以上词群，将生词板书在黑板上，具体排列如表 4—1 所示。

表 4—1　生词排列板书示意

季节	天气	运动
春天	暖和　下（雨）	郊游
夏天	热	游泳
秋天	凉快	爬山
冬天	冷　下雪	滑冰

这样的词汇排列设计，无论是行还是列，都可组成一个词群，如第一列是季节，第二列是天气，第三列是运动；第二行是春天的情况，第三行是夏天的情况，第四行是秋天的情况，第五行是冬天的情况。如此排列，对学生理解、记忆这些生词都很有好处。

（3）按字的偏旁排列。

假如在一篇课文中，同一个偏旁的字出现了多个，我们就可以把它们集中起来进行教学，这样能帮助学生更好地领会汉字偏旁表义的功能，从而更深刻地领会汉语词汇的特点。例如，某一篇课文中出现了“信封”“收拾”“地址”“商量”“迎接”“打扫”“椅子”“桌子”“衣柜”“地板”“放”“棵”“树”“满意”这些生词，教师就可以选出带有“扌”和“木”旁的词汇按以下顺序进行教学：

扌　木

一棵　树

打扫　椅子

收拾　　桌子

迎接　　地板

放　　　衣柜

在按偏旁排列好这些词汇以后，教师可以告诉学生带提手旁的字一般与手部动作有关，同时告诉他们“收”和“放”的反文旁也表示与手部的动作有关，然后再结合情景、动作具体讲解这几个动作的特点。带木字旁的字则可以就按上述的顺序教。教完以上生词，再教其余的。

2. 词汇展示的方法

在充分备课、排列好生词的顺序的基础上，教师就可以在课堂上展示具体的词汇了。一般情况下，教师常用的词汇展示方式主要有以下几种。

（1）领读。

领读就是教师将当天所要学习的生词，按照一定的顺序展示在黑板上后，对每个生词做示范朗读，学生跟着教师念，以帮助学生掌握生词的正确读音的一种方法。

（2）听写。

听写就是教师念出生词，学生将这一生词写出来的过程。这一方法既可以是教师念一个词让学生写一个词，也可以是教师说一个词的意义，让学生写出该词。例如，可以是教师念“勤劳”，学生写“勤劳”，也可以是教师说“努力劳动，不怕辛苦”，学生写“勤劳”这个词。

（3）认读。

认读就是教师请学生集体或轮流认读黑板上的生词，同时适当向学生说明词的形音义的过程。认读时，教师可以请学生集体或轮流按顺序认读黑板上的生词，也可以打乱顺序认读，以检查学生是否真正掌握了词的读音。

（4）用实物或图片、图画展示词汇。

用实物或图片、图画展示词汇就是以实物、图片、图画等方式来展示具有较强形象性的生词的一种方法。例如，在学习表示颜色的词汇时，教师可以利用相关的色彩卡片来帮助学生理解“红”“绿”“蓝”“白”“紫”等的含义；在学习“大”“小”，我们可以在黑板上画大小两个圆，旁边分别写上“大”“小”两个字。要注意的是，用画图的方式展示生词，画的应该是简图，切勿让图画喧宾夺主。

（二）词汇讲解法

词汇讲解法就是通过向学生讲解词汇的意义及其用法来帮助学生掌握具

体词汇的含义，并使其学会使用该词汇的一种方法。因此，在对外汉语词汇教学中，常见的词汇讲解法主要通过对词汇的词义及其用法的讲解得以应用。

1. 讲解词汇的词义

一般情况下，对外汉语词汇课堂教学中解释词义主要有四种途径：一是非语言法（形象法），即用非语言的方式对词义进行形象说明；二是母语法，即用学生的母语进行翻译或解释；三是汉语法，即用汉语对词义进行说明和解释；四是猜测法，即通过教师的引导让学生猜测词汇的意义。例如，在学习的入门阶段，从对外汉语学生的角度来说，他们在面对一大堆自己不认识、不熟悉的汉字时，必然会产生畏难情绪，在这种情况下，教师可以运用学生的母语来解释词汇的含义，使学生较快地掌握一些简单的、与母语含义没有差别的词汇，减轻他们在学习上的焦虑和紧张情绪。

此外，对于一些表示具体事物的名词如“黑板”“门”“粉笔”“窗户”“书”“大楼”等，就可以通过实物、图片、幻灯或肢体语言等形象化的展示来让对外汉语学生理解它们的含义。此外，教师还可以通过尽可能地利用学习者学过的相应的同义词进行解释，以淡化他们对生词的生疏感来讲解词汇，如解释“漂亮”，就可以直接用它的近义词“好看”解释。既然同义词解释可以行得通，那么反义词解释也可以运用于词汇讲解的过程中，如“高”和“低”“上游”和“下游”“软件”和“硬件”等。但需要注意的是，不能直接在反义词前面加“不”来解释一个词汇的含义，如“饱”和“不饿”并不是完全相同的。汉语中的“我不饿了”的意思，与“我饱了”是不一样的，二者有着程度上的差异。“不饿”只是肚子不空，不是非常想吃东西了，还没有达到“足够”的程度，而“饱”则是已经吃够了，不需要再吃了。这种情况直接说两个词是反义词就已清楚了，学生也容易理解。

2. 讲解词汇的用法

进行对外汉语词汇教学，除了要让学生明白词汇的含义，还需要让他们明白相关词汇的用法。具体而言，让学生了解词汇的用法可从以下几方面人手。

（1）词汇搭配。

让学生明白词汇的用法可以通过向学生讲解词汇常与哪些词搭配、怎么搭配让学生了解词汇的用法。就汉语词汇的搭配关系来看，词汇常见的搭配关系主要有两种。一种是像讲“吃”这样的动词时，可以引导学生一起与名词搭配成“吃——吃饭、吃力、吃惊、吃苦、吃醋、吃食、吃亏”等。为了避免学生出现错误的搭配，教师可以将与吃有关的错误搭配先写在黑板上，告诉学生这种搭配方式是错误的，以防止他们出现相关的词汇搭配错误。另一种是词与词之间的呼应搭配，如“白花花”“金灿灿”“胖乎乎”“黑黝黝”“慢腾腾”“沉甸甸”这样的等一些带有双音节词缀的状态词，必须与“的”呼应搭配，比如“这孩子胖乎乎的”“这个人慢腾腾的”“他的心里沉甸甸的”。

(2) 句法功能。

句法功能也就是以词汇充当句子成分的能力或者与别的成分搭配的能力。例如，名词一般可以在句子中充当主句，形容词可以充当句子的定语，副词可以充当句子的状语等。

在对外汉语词汇教学中，通过向学生讲解词汇的句法功能也是帮助其更好地掌握词汇用法的一种较为实用的方法。例如，“突然”和“忽然”，因为“突然”是形容词，所以它在句中就可以充当谓语，比如说“这件事很突然”；“忽然”是副词，只能充当状语，不能充当谓语，不能说“很忽然”，只能说“忽然下雨了”。

需要在注意的是，以上的关于“突然”和“忽然”句法功能的区别在初级阶段是不必详细讲给学生的，其中的一些术语也不必教给学生，但作为教师要心中有数，可有意识地通过举例引导学生练习，使他们在实践中掌握所学词汇的用法。

(3) 感情色彩。

汉语词汇也带有一定的感情色彩，有的词表示褒义，如“英雄”“君子”“高大”“聪明”“能干”“豁达”“坚强”“善良”等；而有的词则带有贬义色彩，如“小人”“鼠辈”“嚼舌根”“猥琐”“毒辣”“懒惰”“废物”等，还有一些词是中性词，如“电话”“房子”“道路”“记忆”等。

在对外汉语词汇教学的过程中，教师应引导学生了解词汇的这些感情色彩，以免影响学生正确使用该词，出现这样的句子：

老头子，请帮一下忙。

没想到偷东西的竟然是位大学生。

(4) 语体色彩。

语体色彩主要指向词汇使用的环境和场合，汉语词汇的语体色彩主要有口头语和书面语两种风格。在对外汉语教学的过程中，教师应引导学生了解在什么场合应使用书面语，在什么场合应使用口头语。例如，同样描述清晨阳光升起的场景，书面语和口头语就有所不同，具体如下：

书面语：清晨的阳光洒满院子，暖洋洋的甚是舒服。

口头语：太阳出来后，院子里就暖和起来了。

（三）词汇练习法

词汇练习法一般是在学生初步掌握了词汇的音、形、义的基础上予以实施的，是通过让学生反复练习、实践词汇的用法，最终熟练掌握词汇。在对外汉语词汇教学中，词汇练习大体可以分成三类：识别词汇的练习、辨别词汇的练习和应用词汇的练习。

1. 识别词汇的练习

识别词汇的练习是帮助学生识别、记忆词汇的读音、意义和书写形式的练习。主要有以下方法。

（1）利用实物、图片或者动作让学生说出具体词汇。

在对外汉语词汇教学过程中，教师可以在课堂前先准备好学生已经学习过的某些具有较强形象性和指向性的词汇的事物、图片、动作等，然后在课堂上通过对这些实物、图片或者动作的展示，组织学生练习说出具体的词汇，帮助学生记忆。例如，练习汉语数字的识别，教师可以通过做出不同的数字手势，让学生根据教师的手势说出数字。

（2）说出同义词。

在对外汉语词汇教学过程中，教师可以先说出一个词汇，然后让学生说出这个词汇的同义词，以便让学生对汉语中成组的同义词进行联想，加深记忆，培养他们对汉语词汇的联想能力，扩大词汇量。例如“美丽”—“漂亮”，“爸爸”—“父亲”等。

（3）说出反义词。

在对外汉语词汇教学过程中，教师可以先说出一个词汇，然后让学生说出这个词汇的反义词。这一联系可以和说出同义词的练习同时进行。教师可以将词汇写在黑板上或卡片上，练习时，首先让学生说出黑板上或卡片上的词，然后让另一个学生说出同义词或反义词。例如，“安全”—“危险”，“开”—“关”等。

（4）听义说词。

在对外汉语词汇教学过程中，教师可以用汉语说出词汇的意义，或者讲述一个情景，让学生说出表示该意义的词汇。例如，练习“老大爷、司机、理发师”等词汇，可以用以下方法：

教师：年纪大的老年人我们可以怎么称呼他？

学生：老大爷。（老先生、老爷爷、老师傅）

教师：开车的人可以怎么说？

学生：司机。

教师：理发店给你剪头发的人可以称呼他——

学生：理发师。

(5) 听词说义。

在对外汉语词汇教学过程中，教师可以先说出一个词汇，让学生用汉语解释它的意思。一般来说，教师可以说出一个句子，然后让学生解释句中某个词汇的意义，比如要练习“饮料、开夜车、打（的）”，可以：

教师：“他喝了一杯饮料。”“饮料”是什么意思？

教师：“过几天就要考试了，他最近经常开夜车。”“开夜车”是什么意思？

教师：“他是打的过来的。”“打的”的“打”是什么意思？

一些熟语也可以采用这种方式，教师说一个熟语，让学生用汉语解释熟语的意义。

2. 辨别词汇的练习

辨别词汇的练习就是结合学生已经学过的词汇知识，对教师所给的语言材料进行辨别、分析，最后让他们做出选择或判断的练习。常见的练习方式主要有以下几种。

(1) 选词填空。

选词填空主要用于近义词或容易混淆的词汇的辨析练习，是让学生根据句子的具体语境和词汇的不同用法，在所列举的词汇中选择最恰当的词汇填空的练习。在具体的运用过程中，教师可以事先将题目写在黑板上，然后让学生选词填空。例如：

①生命是十分宝贵的，我们都需要______它。

A. 爱护　　B. 保护　　C. 珍惜

②接连忙了三个月，小明回家后一连______三天。

A. 睡觉　　B. 睡眠　　C. 睡

(2) 给词汇分类。

给词汇分类可以通过让学生根据词汇形音义的特点对词汇进行分类来加深他们对词汇形音义的印象。在具体的运用过程中，教师可以按词汇的特征写出一组同类词汇，其中故意写上一个非同类的词汇，然后让学生辨认，并说出为什么该词不属于同类。例如：

苹果　　李子　　香蕉　　葡萄　　西红柿

喜欢　　讨厌　　喝茶　　憎恨　　厌烦

(3) 修改病句。

修改病句可以用来检验学生是否真正掌握了词的意义和用法，一般是教师给学生一组病句，让学生修改。练习时，可以全班一起讨论，找出我，并说明原因，也可以由学生自己独立完成。例如：

老师，我和小明明天有事，咱们不能来上课（“咱们”改成“我们”，因为“咱们”包括听话人在内。）

他最近越来越肥了。（“肥”改成“胖”，因为“肥”一般指动物。）

3. 应用词汇的练习

应用词汇的练习就是通过词汇的实际运用来帮助学生掌握词汇用法的练习。常见的联系方式主要有以下两种。

(1) 词汇搭配。

在对外汉语词汇教学中，教师可以先说出一个词汇，然后让学生说出可以与这个词汇搭配的词汇。例如：

教师：发生

学生：发生意外　　发生变故　　发生口角

教师：喝

学生：喝茶　　喝西北风　　喝醉

教师：菜

学生：买菜　　炒菜　　择菜　　种菜　　野菜

(2) 用指定的词汇造句。

用词汇造句是词汇练习最基础的训练方法之一，它可以帮助学生尽快掌握具体词汇可以应用于何种语境中，并最终理解相关词汇。但需要注意的是，用制定词汇造句又是一种非常难组织的课堂教学方法。如果仅仅给学生一个词，没有任何情景，学生可能一时想不出句子来，课堂容易冷场，即使有的学生造出句子来了，也很容易出现各种各样的错误，有些错误，教师一点即明，有些错误却可能一时很难讲清楚，这时如果纠正，可能会浪费时间，不纠正，又等于肯定了学生的错误。因此，在造句练习时，教师最好给出一定的提示，以便学生按照教师提示的思路造句，而不用花过多的时间确定要说什么。例如，教师可以根据假设情况或学生的真实情况提出问题，然后请学生用指定的词汇做出回答：

①你什么时候回国？（打算）

②你对北京的印象怎么样？（觉得）

③身体感觉不舒服，应该怎么办？（得）

④他的意见很不合理，让大家很难接受。（难以）

⑤中医看病的时候，首先要仔细地看病人的脸色。（观察）

二、对外汉语词汇教学的技巧

在词汇教学的过程中，词汇的记忆及其使用常常会给学生带来很大的负担。但是词汇在汉语应用中又是十分重要的，且不同的情境与场合下，常常需要运用不同的词汇。因此，在对外汉语学习中，学生们一方面迫切地想学会更多的词汇，另一方面又为汉语词汇的丰富和难用而烦恼，因而觉得词汇学习十分辛苦。在这种情况下，教师若能掌握一些对外汉语词汇教学的技巧，就能充分调动学生学习汉语词汇的积极性，大大提高他们学习的效果。具体来看，对外汉语词汇教学的技巧主要包括以下几方面。

（一）营造良好的课堂教学氛围

对外汉语词汇教学本身是以诸多汉语词汇为教学内容的学习，学生对于汉语词汇的认知及其了解相较中国人而言要弱得多，若教师在教学过程中，一味向学生传授相关词汇知识，很容易让学生产生疲惫感，因此，营造良好的课堂教学氛围是十分重要的，如果课堂气氛是轻松愉快的，处在这种环境中，教师就会精力集中、思路清晰，有时甚至是妙语连珠；学生则积极思维，热情参与，即使一些沉默寡言的学生也会主动配合。

具体来看，要想在对外汉语词汇教学中营造良好的课堂教学氛围，教师首先要有生动的表情，在课堂上要能表演，要手舞足蹈，用手势、动作、表情、语调传神，不要温文尔雅，死板板地站在讲台上，也不下来走走，这样的教师是不会成功的。例如，在讲解“好吃”和“难吃”这两个词时，有的教师就拿出了两份对比鲜明的食物，先吃了好吃的东西，做出陶醉的表演，然后再吃难吃的东西，做出勉强和难受的表演，当学生看到老师的表演后，都发出了会意的笑声，并且很快就记住了这两个词。

其次，教师要表现时需要有适度的夸张，以吸引学生的注意力，引起他们的重视。例如，在讲解“难怪”这个词时，教师可以找班里一个高个子的学生，问他“你的父母个子高吗？”待得到肯定的回答后，教师便可以做出

"果然如此"的表情和动作，同时配合点头等的肢体语言，回道"难怪你的个子这么高"，并且在回答时故意将"这么"这个词念得很重。这样一来学生便会被教师的表现所吸引，明白"难怪"这个词一般适合用于的情境环境，并且认识到在使用"难怪"这个词时，句子中会出现"那么"这个词。

最后，教师要有幽默的语言，若教师能以幽默的方式和语言将所学传到的词汇知识传递给学生，便能在课堂上营造一种轻松愉悦的氛围，让学生下意识地放松自己，参与到教学活动中来，进而取得良好的教学效果。例如，在讲解"追问"这个词的含义时，一位教师先讲了这样一个笑话：小明的爸爸为了鼓励他好好学习，许诺他如果考了 90 分，就给他买 90 块钱的礼物；如果考了 80 分，就给他买 50 块钱的礼物；如果考了 70 分，就只能给他买 70 块钱的礼物。小明听后，马上追问爸爸："如果我考了 50 分，你是不是给我买 50 块钱的礼物?"爸爸一怒，竟然想着考 50 分，于是把小明痛揍了一顿。课堂中的学生听到这个笑话都哈哈大笑，笑过之后，他们也明白了"追问"这个词汇的含义。

在这里需要注意的是，开玩笑是常见的一种幽默方式，但一定要注意不能过火，并要尊重别人的民族的习惯，而且开玩笑的对象一定得是平时比较活跃、性格较外向的学生。

（二）巧妙利用课堂游戏

学生要在短时间内学习记忆大量的词汇，一定会感到很疲惫。如果我们在课堂教学中只是讲解、做练习，很快学生就会产生厌倦感。因而，进行一些课堂游戏是很有必要的。课堂游戏既可以调节气氛，也可以帮助他们练习和记忆。例如，在学习了一组描写外貌的词汇后，就可以让每个学生在纸条上写出自己的名字，由教师打乱后分发给学生。每个学生对自己拿到名字的那位同学进行口头或文字的外貌描写。最后让全班同学来猜"他是谁"。还可以请大家来评议，看谁写得最好，最像。又如，在总结归纳了很多反义词之后，也可以和他们玩"反着来"的游戏。如老师说"大"，他们用肢体语言表示"小"，老师说"哭"，他们用表情表示"笑"。依此类推，很多反义词都可以这样进行记忆练习。

（三）创设和学生关系密切的语境

在对外汉语词汇教学中，创设与学生关系密切的语境时一个常用的技巧，教师可以根据所要教授的词汇内容，结合该词汇具体的使用环境、方式等，在解释词汇含义、展示词汇用法等过程中创造具体语境。具体来看，在对外汉语词汇教学中，创设与学生关系密切的语境可以从以下三个方面入手。

首先，教师可以使用某些环境中会使用的一些道具创设具体的语境。例如，在学习“时……时……”这个表示不同现象交替发生的词语时，教师可以利用教室里的电灯，通过连续开关电灯，创设一个语境，让学生回答刚才教室里的电灯发生了什么事，学生便可以做出“时亮时灭”“时明时暗”这类的回答，从而不仅了解了这个词语的语义，而且知道他们跟着意义相反的单音节动词或形容词。

其次，教师可以利用课堂中发生的某些事创设具体的情境。例如，在学习“再”和“又”这两个词汇量的时候，课堂上正好出现了一位经常迟到的学生，这时教师就对这位学生说：“你上节课迟到了，这节课又迟到，如果你下节课还迟到，你就要接受我们大家的惩罚。”然后让大家讨论该怎样惩罚这位学生。这种方式不仅直接调动了学生的积极性，活跃了课堂氛围，而且也让大家明白了“再”和“又”这两个词汇的含义和用法。

最后，教师可以结合学生的具体情况创设情境。例如，在学习“成功”这个词时，班级里正好有一个学生在找兼职工作，于是教师就对大家说：“兼职是一个很好的方法，但是怎样才能成功获得兼职机会呢?”然后让大家讨论一下成功获取兼职机会的方法，就这样教师便创设了一个关于“成功应聘”的情境，学生通过讨论与分析，也会明白“成功”的意义。

（四）帮助学生拓展词汇

随着学生学习的不断深入，他们对词汇的要求也日益增加。所以教师在词汇教学时，也要掌握一些拓展词汇的技巧，以此帮助学生更好地积累词汇。有以下几种技巧可供参考。

1. 联想法

人脑平时储存多种语言信息，在一定的新信息的刺激下，人脑机制就会调动起关于这一信息的存储信息。这是一种联想反应。例如，人们在谈到婚礼时，常常会想到“婚纱”“戒指”“鲜花”“宴会”等词汇。所以，教师完全可以在设计情境的过程中，利用联想法，引导学生发挥自己的想象力，联想出与这个情境有关的所有词汇，也是拓展词汇量的一种方法。

2. 归纳法

在学生掌握了一定量的词汇后对一些附加语素进行指导性的归纳和总结是非常必要的。例如，学习了一组带后缀“化”的词汇：“现代化”“绿化”

"美化""丑化""机械化"等，教师不仅要讲解这些词汇的含义和用法，同时还要指出，"化"可以看作是动词兼作名词的标志。这样既可以举一反三，使学生掌握更多词汇，而且还可以帮助他们逐步掌握汉语的构词规律。

3. 衍生法

汉语的词汇和词汇之间存在着密切的联系，同一个语素在词汇中的位置是非常灵活的，因此教师可以利用语素的结合衍生让学生进行联想，以此来拓展学生的词汇量。例如，教师利用学生已经熟悉的"词头接词尾"的方式，让学生开动脑筋，说出大量的词汇。像"间接—接受—受苦—苦难—难过—过节—节日—日历—历史—史诗—诗歌—歌唱—唱片—片断"等。在进行这个活动的同时，既练习记忆了新的词汇，又复习巩固了已学过的词。这样用自然的方法引导学生掌握词汇，既不生硬，也不枯燥，更不会使学生产生厌烦心理，从而也就提高了词汇拓展的效率。

4. 扩展语素法

遇到构词能力很强的语素时，就可以联系过去学过的词汇，扩展出同语素的词汇。例如，教"亲眼"这个词的时候，可以同时回顾以前学过的"亲口""亲手""亲笔""亲身""亲耳""亲自"等词汇，这样学生就可以在回忆的同时学会一串词。

总之，教师在进行课堂词汇教学的整个过程中，各种方法技巧都会用到。而且每一种技巧都不是孤立的，而是密切结合在一起。只要随时注意提高自己的基本功，熟练运用教学方法和技巧，相信不仅学生词汇量会得到提高，其运用汉语进行实际交际的能力也会进一步增强。

第五章　对外汉语语法教学研究

运用汉语进行社会交际能力的核心之一，便是对现代汉语语法系统的掌握。如何让外国学习者尽快掌握汉语语法系统的基本特征，获得汉语语法规则的系统知识和运用能力，是对外汉语教学的最基本和最核心的任务之一。长期以来，面向对外汉语教学的语法研究和语法教学研究，一直是汉语语言学家和汉语教学工作者关注的一个焦点，也是取得研究成果最多、最为系统的一个领域。

第一节　现代汉语语法的基本特点与教学内容分析

一、汉语语法的基本特点

（一）语法的概念

语法主要指语言中组词造句的一整套规则，在成句的基础上，还有一整套连句成篇的规则。这两个层面的规则组合在一起，便成为语言系统的语法规则。比如，现在有这样一些词："牛肉""我""吃""了""明天""完""要"。我们可以选用这些词按照语法规则组成如下不同意义的句子：

（1）我吃牛肉。　　　（指饮食习惯）

（2）我要吃牛肉。　　（指意愿）

（3）我吃了牛肉。　　（指事件发生）

（4）我吃完牛肉了。　（报告事件结束）

（5）我明天吃牛肉。　（指生活安排）

（6）牛肉我吃。　　　（谈论食品价值）

（7）牛肉吃完了。　　（报告食品状态）

这七个词之所以能组成七个意义不同的句子，就是运用汉语不同的语法成分和语法规则造句的结果。当然，这七个句子所表达的语义不同，因而连句成篇的方式也就不同。比如：

(1a) 我吃牛肉，你呢？

(2a) 我要吃牛肉，你怎么不买？

(3a) 我吃了牛肉，不好吃。

(4a) 我吃完牛肉了，可以走了。

(5a) 我明天吃牛肉，你去买点来。

(6a) 牛肉我吃，羊肉我不吃。

(7a) 牛肉吃完了，还有别的吗？

可见，不同的句子在连接成段（篇）的时候有不同的语篇选择要求，它是语法规则在篇章层面的表现。从对外汉语语法教学实践来看，仅仅教给外国学习者组词造句的规则还是远远不够的。对外汉语教学语法应当包括连句成篇的规则。

(二) 基本特点

对外汉语教学最根本的特质在于，教学对象为来自世界各地的成年外国人，他们已经完全掌握了母语的语法系统，便会用母语的眼光来观察、认识和理解汉语的语法系统。这就反过来要求我们对现代汉语语法的基本特点有一个比较清楚的认识，从而能够在面对不同的教学对象时做到心中有数、有的放矢。

概括而言，现代汉语语法的基本特点表现在以下几个方面：

1. 语法形态手段较少

从世界语言类型的角度看，汉语是分析型语言，它对语法范畴（性、数、格、时、体、态）的表达，一般不依靠或不必强制性地依靠固定的句法形态（如动词变位、词尾等）。汉语中除了“了”“着”“过”等少数时体成分外，几乎没有什么严格意义上的形态成分。由于汉语是一种形态较少的语言，有些外国人就认为汉语没有语法。这一点在对外汉语语法教学中应当受到特别的重视，汉语不是没有语法，而是有一套完整的、不同于印欧语言系统的语法。

2. 词序对语义表达具有重要的作用

汉语语法关系的表现，一般不依靠印欧语言那样的形态手段，也不依靠日语那样的格助词，而在很大程度上依靠词序。相同的词语，按不同的顺序排列组合，就会表现出不同的语法关系和语义关系。例如：

(8) 谁都认识小王。(所有的人认识小王。)

(9) 谁小王都认识。(小王认识所有的人。)

(10) 小王谁都认识。(a. 所有的人认识小王。b. 小王认识所有的人。)

3. 虚词是重要的语法手段

汉语里有大量的虚词，介词、连词、副词、助词、语气词等。这些虚词在语法关系和语义关系的表达中起着重要的作用。尤其是汉语的副词，不仅数量多，而且相互联系紧密，差别细微，是汉语语法研究和语法教学的一大难点和重点。虚词不仅意义复杂，而且用法灵活，何时必用、何时可用可不用，有各种条件的制约。汉语虚词的隐现（“的”的隐现、“了”的隐现）问题是汉语语法灵活性的表现，也是汉语语法教学的难点之一。

4. 词法和句法具有高度一致性

现代汉语词汇以双音节复合词为主。而由词组合成的短语，在结构上一般又往往与复合词具有平行一致的关系。这就使许多短语，尤其是陈述、支配、补充型短语，加上一定的语调就自然实现为句子。这样，汉语的词、短语和句子的结构就在一定程度上具有平行性。

这种现象，对于外国学习者掌握汉语的句法结构规则具有正、负两方面的影响。从积极的方面看，词法的掌握必然会有助于句法的学习，句法结构的理解会帮助认识词语内部的结构关系，加深对词义的理解；从消极方面看，有时也会造成学习者对汉语词和短语难以区别的局面，从而导致句法错误的出现。

复合词	短语	结构关系
眼红	眼睛红肿	陈述
看病	看电影	支配
人心	人民心愿	偏正
说明	说清楚	补充
上下	上下左右	联合

5. 主题比主语更为突出

汉语的主语与印欧语言的主语不是同一概念。印欧语的主语往往与谓语有性、数、人称等一致的语法关系，因而充当主语的成分是有一定限制的，甚至要有所谓的形式主语。而汉语则不同，各种语义角色，比如施事、受事、与事、工具、方所、时间等，只要能成为被陈述的对象都可以占据主语的位置，几乎没有什么语法关系的限制。从这个角度看，汉语句子的主语也往往更多具有主题的色彩。比如：

(11) 我和小王昨天用这把刀在砧板上切了一斤肉。

这句话里的许多成分都可以移到句首做主题（话题）：

(12) 我和小王切了一斤肉。

(13) 这把刀我和小王切了一斤肉。

(14) 这块砧板我和小王切了肉。

(15) 这斤肉我和小王切了肉丝。

这样的句子格局，充分体现了汉语主题优先的结构特征。它对于外国学习者来讲，完全掌握并不容易。

同世界许多语言比较起来，汉语的确有其自身的独特之处。从本质上认识、理解和把握汉语语法的基本特征，必将有助于不同母语背景的学习者掌握汉语语法的学习规律，从而提高对外汉语语法教学的水平。

二、语法教学的基本内容

对外汉语语法教学的基本内容，应当围绕培养外国学习者组词造句、连句成篇这个基本目标来进行。一般来说，汉语语法教学的基本内容，应当是语素、词、词组、句子和语篇这五级语法单位。这其中，词、短语和句子是语法教学最基本和最核心的内容。

(一) 语素

随着语法教学研究的不断深入，人们逐渐认识到，语素在汉语语法教学中具有独特的价值，因而有学者开始强调语法教学要向语素层面延伸。一方面，由于大量的汉语词汇是由有限的常用语素通过复合法或派生法构成，并且这些常用语素有的本身就是单纯词，如“山＋水→山水”“学＋者→学者”。另一方面，汉语的复合词又同大部分的短语具有基本一致的语法关系，如“心软—心慈手软”。这就为在有限的语素和有限的构词法基础上有效扩大学习者的词汇量，让学习者较为透彻地理解汉语的句法规则提供了有利的条件。因此，把语素教学纳入汉语语法教学的系统之中，应当是十分必要的。

(二) 词

词是语法教学的核心内容之一，是组词造句的基础，因此有人主张“词本位”。在词层面，主要的教学内容应当是词类问题。词类问题包含三个方面：词类划分、词性确定和兼类词辨认。词类是划分词在句子中的功能类别。汉语的词可划分为名词、代词、数词、量词、形容词、动词、助动词、副词、介词、连词、助词、叹词和象声词共 13 类。词性是确定某一个词的功能类别，如“人民”是名词，“热爱”是动词，“永远”主要是副词。由于汉语的词没有形态变化，很多词所能担当的句法功能并不单一，因此词性的确定就一直成为语法研究和语法教学中的一大难题。汉语的词还存在不少兼类现象，如名词和动词兼类（如“锁”）、形容词和副词兼类（如“实在”）、动词和介词兼类（如“比”）等。汉语词类问题是语法教学中一个不可回避的问题，在对外汉语教材或工具书中标不标词性、怎样标词性、标什么词性等，也都颇费斟酌。不同的词类有不同的语法特征和语法要求，这对外国学习者理解和掌握汉语的结构规律都是至关重要的。

（三）词组

在汉语语法教学体系的建构中，有不少人主张“词组本位”，足见词组在汉语语法结构系统中的重要地位。词组是词与词组合而成的语法单位，它不仅可以自由地充当句子成分，而且汉语的大多数词组加上一定的语调就能实现为句子。可以说，汉语的词组在整个语法系统中处于中心地位。汉语词组从结构关系上看，可以分为联合词组、偏正词组、补充词组、动宾词组、主谓词组、方位词组、数量词组、介宾词组、“的”字词组、复指词组、连动词组、兼语词组、固定词组等。如果从词组的句法功能看，可以把它们分为名词性词组、动词性词组、形容词性词组等类型。研究汉语词组的结构关系、功能类型及其成句条件，特别是不同句型对不同词组的选择要求，是对外汉语语法教学的重要研究课题。

（四）句子

句子是语言里最基本的表述单位，一个句子表达一个相对完整的意思。对外汉语语法教学最直接的目的，就是教会外国学习者学会说出并理解汉语的句子。对句子的组成规则、句子与句子之间的关系以及句子与语篇的关系这三方面的研究和教学，便成为对外汉语教学语法的重要任务。我们可以从句子功能、句子成分和句子结构这三个方面来认识汉语的句子。

1. 句子功能

我们从表达功能的角度，把句子分成四类：陈述句、感叹句、疑问句和祈使句。

陈述句是说话者报道一个事实，一般用降调。如：“我们去了上海。”

感叹句是说话者表达一种强烈的感情，一般用高平调或低降调。如：

"黄山太美了!""我可真倒霉!"

疑问句是说话者对听话者提出问题，有四个小类：一是是非问，如："他在看书吗?"二是特指问，如："你去哪儿?"三是选择问，如："他读文科还是读理科?"四是反复问，如："你昨晚有没有看球赛?"汉语的疑问表达形式繁多，疑问等级差别细微，是较难把握的表达功能类别。

祈使句是说话者对听话者提出某种要求，如商量、请求、命令或警告等。如："我们明天去爬山吧!""小心汽车!"

汉语句子的功能类别由于有语调和标点符号的标示作用，基本是清楚的。但在有些情况下，也会发生功能错位，如用疑问句的形式表达祈使句的功能。这是需要特别注意的地方。

2. 句子成分

句子一般都由主语和谓语两部分组成，它们构成句子的基本成分。而句子的连带成分则有宾语、补语、定语和状语。

主语是句子所陈述的对象。在汉语中，主语是一个模糊的概念，不仅有许多句法成分都能够充当主语，而且由于汉语的主语和谓语之间实际上往往构成的是一个"话题—述题"的表达框架，因而主语的语义角色相当复杂。

谓语是句子中对主语进行陈述的部分。汉语句子谓语的特殊之处在于，能够直接充当谓语的句法成分，除了动词、形容词之外，还有部分名词、疑问代词、数量词组、主谓词组、介宾词组等，从而构成汉语的特殊谓语句式，如名词谓语句、主谓谓语句等。对于外国学习者来说，汉语句子谓语的复杂成分是学习中要特别加以注意的地方。比如，汉语的形容词短语可以直接做谓语，如："她很漂亮。"可是外国学习者往往会加一个"是"，说成："*她是很漂亮。"

宾语是动词的连带成分，表明与动作行为相关联的事物。汉语句子的宾语和动词的语义关系十分复杂，有不同的语义类型：有的表示动作行为的对象（如"吃面包"），有的表示动作行为的结果（如"盖房子"），有的表示动作行为的处所（如"住宾馆"），有的表示动作行为的工具或方式（如"打毛线"），有的表示动作行为的存现主体（如"放着书"），等等。这些都是外国学习者难以理解之处。另外，汉语的双宾语也是语法教学的一个重点。

定语作为句子里修饰、限制主语或宾语的成分，总是放在主语或宾语的前边。定语和中心语之间基本上构成限制性和描写性两种语义关系。结构助词"的"是定语的标志，它的隐现也是非常值得研究的。另外，当多项定语同时使用时，有排列顺序的问题。

状语是句子里修饰、限制谓语的成分，因而也是谓语的连带成分。状语和谓语之间的关系，基本上可以分为限制性和描写性两大类。状语的标志是结构助词“地”，“地”的隐现问题、多项状语连用时的顺序问题，都是语法教学中的难题。汉语里有一些语义关系，既可以用状语也可以用补语来表达，那么这时候两者的区别是什么？诸如此类的问题，都是对外汉语语法教学所要面对的。

补语作为谓语的连带成分，概而言之是表示动作行为产生的结果。根据形式和意义相结合的原则，我们可以把补语分为八个小类：结果补语、程度补语、趋向补语、可能补语、时量补语、动量补语、数量补语、介宾补语。结构助词“得”是程度补语的标志。补语是汉语句子成分中在形式和意义上都最为繁复的一类，也是汉语句法特点最突出的体现者。这其中，补语的语义指向问题、各补语小类之间的相互关系问题、与其他句法结构的配合使用问题等，都是汉语语法教学的重要任务。

3. 句子结构

从结构上我们可以把汉语的句子分为单句和复句两大类。单句是一个意义相对独立的句子，复句是由两个或两个以上的单句（分句）按照某种内在的逻辑关系组合起来的句子。例如：

(16) 小王早上没吃早饭。

(17) 小王现在很饿。

(18) 小王早上没吃早饭，(小王) 现在很饿。

(19) 小王现在很饿，(小王) 他早上没吃早饭。

句子（16）和（17）都是单句，把句子（16）和（17）连接起来构成更大的句子（18）或（19），就成为复句了，因为句子（18）和（19）内部前后两个分句之间在逻辑上具有明确的因果关系。由于复句主要讲的是意义关联，因此我们这里只着重谈谈单句的结构问题。

单句，根据句子主语和谓语的有无，可以分为主谓句和非主谓句。只有主语或谓语的句子是非主谓句。非主谓句有三种情况：无主句、不完全主谓句和独词句。

(20) 下雨了。

(21) 你去干什么？——打电话。

(22) 谁呀？——我！

句子（20）没有明确的或习惯上不需明说的主语，是无主句；句子（21）中“打电话”的主语“我”在语境中被省略，是不完全主谓句；句子（22）的问答都是独词句。非主谓句结构比较简单，对语言习惯和具体语境的依赖性较强，在语法教学上比较容易处理。

主谓句是完整地包括主语和谓语两个部分的句子。一般的句子都是主谓句。主谓句按谓语的语法成分分成四个小类：动词谓语句、形容词谓语句、名词谓语句和主谓谓语句。

（23）我们都吃饭了。

（24）我们都很着急。

（25）今天星期一。

（26）小刘身体很虚弱。

句子（23）是动词谓语句，句子（24）是形容词谓语句，句子（25）是名词谓语句，句子（26）是主谓谓语句。形容词谓语句、名词谓语句和主谓谓语句都是汉语句子结构中比较特殊的类，具有特别的表达功能，当是汉语语法教学的难点所在。

从汉语教学语法的角度看，句子是语法教学最中心的环节，处于语法教学的核心地位。长期以来，汉语的句子得到了较为系统而深入的研究。这集中体现在句型的统计与分析上。我们已经建立了一套针对对外汉语教学特点的科学而实用的句型系统，这对教材编写和课堂教学都是极为重要的。但仅有句型系统还不够，还需要建立基于语义的分类系统、基于语用的分类系统等，这些对深化汉语语法教学是非常有意义的。

在结构分类的句型系统中，我们常说到汉语的特殊句式，如连动句、兼语句、“有”字句、“是”字句、“是……的”句、“把”字句、“连”字句、被动句、存现句、比较句、重动句、双数量句等。这些特殊句式在汉语语法系统中具有特殊的句法、语义和语用价值，因而也是语法研究和教学的重点与难点所在。

（五）语篇

语篇指在言语表达中由一个明确的中心思想贯穿、在结构上相互关联而意义上密切联系的一组句子组成的或大或小的段落、篇章。一个语篇中，句子与句子之间有并列、选择、总分、解说、因果等各种语义关系。结构上有直接组合和关联组合的不同，语篇内部是有层次的。我们来看下面这段小小的语篇：

（27）对我们这些身边工作人员，总理一贯要求严格，然而他非常尊重每个人的劳动，细微周到地关心每个人的生活，不管是秘书还是警卫，是服务员还是炊事员。（张华林主编《在中南海的日子里》）

这个语篇实际上只是文章中的一个小段落，它的中心思想是周恩来总理爱人民，各句之间通过各种语义关系连接起来。

外国学习者在初中级阶段对汉语句子结构的掌握可以达到较好的水平，但在语篇掌握方面，即使到了高级阶段也往往问题不少。这一方面是由于汉语语篇研究本身相当薄弱，拿不出多少可以直接用于教学的理论知识，也就是说，我们对连句成篇的规则和手段知之甚少；另一方面，长期以来我们忽视了语篇教学，致使学生得不到系统的语篇结构和连接手段的有效训练。对于外国学习者尤其是高年级学习者来说，汉语语篇教学的确是非常必要和重要的。

（六）语块、构式和话语

近年来，在对外汉语教学中，一些基于整体观念的新概念逐渐为人们所认识并在实践中加以应用，这其中，尤以“语块”“构式”和“话语”为重点。

1. 语块

现代语言学的语块理论认为，在人们的语言生成机制中，并不是所有的句子都是由一个个词汇单位在语法规则的作用下生成的。语言系统中存在着大量的“词汇—语法”预制单位——语块（chunk），这些语块可以作为人们组词造句的单位而直接使用，从而提高语言生成的速度和准确性。我们所说的“语块”，一般指以下四种类型的单位：（1）单词和聚合词，如“铁石心肠”“随你的便”；（2）搭配词，如“跳得欢”“蹦得老高”；（3）固定表达，如“顺便说一下”“不见不散”；（4）半固定表达，如“向……致以……敬意”“要是……的话，就……”。语块在对外汉语教学中的应用，能够深化我们对汉语“词汇—语法”关系的认识，也有利于创造更为有效的语法教学方法。

2. 构式

“构式（construction）”越来越成为汉语语法研究和教学的一个热门词。人们认识到，并不是所有的语法结构体的语义和功能，都能从其构成成分的分析中获得合理解释，换句话说，语言结构体的成分之间，往往具有“1加1大于2”的效能，比如“一个人住一间房”这种结构，具有数量配比的语义，那么这种语义不是靠“一个人”“住”“一间房”三个成分之间的简单排列就能得来的，而是由汉语存在的“数量短语”＋“数量短语”所形成的特定构式所带来的。研究表明，汉语中存在大量的构式，如“有的是 NP”（数量多）、“连……也/都 NP/VP”（序位化）、“把 NPVP 得”（表惊羡）等。构式不仅是一个具有完整意义的结构单位，更是一个“形式一意义一功能”三者统一的匹配体，一个构式必定有特定的形式、特定语义和特定的语用功能。由于汉语缺乏形态，很多语法意义都要靠整体的构式去完成，因而在对外汉语教学中，重视和加强对汉语构式的研究与教学，是符合汉语特点和规律的正确方向。

3. 话语

对外汉语语法教学基本上一直局限于句子层面，人们以为教会了学习者说出一个个句子，语法教学的任务也就完成了。实践表明，外国学习者对汉语语法的完整理解和应用，必须要到比句子更大的话语（discourse，或曰“篇章”）层面去检验。汉语语法教学，特别是中高级汉语语法教学应该引入话语分析。话语主要指在现实的会话场景中，由发话人和听话人围绕某一特定交际意图而共同完成的一段自然、准确和得体的会话。在对外汉语话语分析和教学中，话轮、会话交际意图、话语推进与连贯的进程，应当成为我们关注的重点。

电视剧《父母爱情》第一集中，安杰（女主角）准备参加舞会，下人力车时不小心崴了脚，姑娘们在旁边议论：

①姑娘 A：什么臭毛病！有公共汽车不坐，偏要剥削人。

②姑娘 B：就是！

③姑娘 A：这种地方，就不该让她这样的人来。

④姑娘 B：你看人家不还是来了吗？人家长得漂亮，又会打扮，是个美人。

⑤姑娘 A：是美人又怎么了？美人有什么用啊？长得美又不值钱。

⑥姑娘 C：资本家的女儿不值钱。

这段话语基本可以分为两个话轮：①②③为一个话轮，主要是两个姑娘一唱一和对安杰正面表达不满，意思层层推进得出结论；而④⑤⑥为一个新的话轮，主要是三个姑娘换了一个角度连讽刺带挖苦地对安杰表达鄙夷的情感。这两个话轮之间的会话意图又是统一的：都表达对安杰的不友善态度。

像这样的话语分析，过去在对外汉语语法教学中是很少关涉的，那是因为人们可能以为，从单句到话语是一个自然习得和进步的过程。但现在人们已经认识到，事实绝非如此简单，外国学习者即便对单句掌握得已相当好，但要在真实的会话场景中自然、准确和得体地生成话语，这中间还有很长的路要走。

第二节　现代汉语语法对比、偏误分析与语法习得研究

人们逐渐认识到，仅仅了解汉语语法教学的基本内容，仅仅把目光关注于汉语语法事实本身还是不够的。更为重要的是，既要充分认识汉语语法结构系统的特点和规律，又要充分认识外国学习者汉语语法学习的特点和规律，就必须进行汉外语法的对比研究，进行外国学习者汉语语法的偏误分析和语法习得过程的研究，这样我们才能深化对教学语法研究和教学规律的认识，从而提高语法教学的针对性和科学性。

一、汉外语法对比

20 世纪 70 年代后期以来，在吕叔湘先生的大力倡导之下，在王还先生的带动之下，汉外语法对比研究逐渐成为对外汉语教学语法研究的一个崭新领域。人们把汉语同英语、日语、法语、俄语、德语等各语言，从词法、句法的各个层面进行了大量的对比研究。汉外语法对比，主要集中在句法结构和虚词方面。比如有人对汉语和英语的时体表达系统进行对比。语法对比研究，不仅进一步深化了人们对汉语语法结构系统本身内在规律的认识，而且也提高了针对不同母语学习者的教学针对性。

二、相关语法项目比较

人们认识到，要想对汉语语法自身的特点和规律有一个清晰的认识，除了要进行汉外语言的语法对比研究之外，还要在汉语语法系统内部进行相关语法项目的比较研究。汉语语法系统中存在大量在句法、语义或语用上既相互联系又相互区别的语法项目，如汉语中的同义句式，真正搞清楚它们之间的联系与区别并非易事。

同义句式指句子的语序不同或构造不同而表达的内容基本相同的一组句子。在语言表达中，因不同的语用需要而对它们灵活地加以选用。这对汉语母语者来讲也许是习焉不察的完全自动化的过程，却成为外国学习者非常艰难的语言学习过程。请看下面的句子：

（28）我丢了钥匙了。

（29）我钥匙丢了。

（30）我把钥匙丢了。

（31）钥匙我丢了。

（32）钥匙被我丢了。

这五个句子的实词相同、实词与实词之间的语义关系相同、句子的基本意思（内容）相同。那么，在什么时候、在怎样的条件下，需要选用哪一个句式来表达最为准确、恰当呢？这就要求我们对这些同义句式进行比较研究。

汉语语法系统中，类似的现象是大量存在的，尤其是跟虚词相关的语法项目。如比较句的否定形式“没有”“不比”“不如”，如虚词“一连”和“连连”，等等，都需要我们认真比较，详加辨析，才能真正找出它们之间的联系与区别，解决外国学习者汉语语法学习中的一个个实际难题。

三、语法偏误和语法习得

对外汉语语法教学最重要的基础之一就是要掌握学习者学习汉语语法的基本规律。在对外汉语教学的起初阶段，我们对此认识不足，也没有做过系统的研究。从 20 世纪 70 年代末开始的病句分析，到 80 年代中期兴起的偏误分析，再到 90 年代以后逐步发展起来的中介语研究及语法习得规律研究，使得对外汉语教学语法研究的领域逐步扩大。

广大对外汉语教师从 20 世纪 70 年代就开始了对外国学习者汉语学习的病句和错句进行收集、整理与研究。《外国人学汉语病句分析》（佟慧君，1986）和《汉语病句辨析九百例》（程美珍等，1997）是这方面的代表。外国学习者掌握汉语语法的过程是一个不断学习、不断发生错误、不断修正错误的过程，这其中必然会有大量的语法偏误产生。了解外国学习者的语法偏误，也有助于进一步理解汉语语法系统和汉语语法教学的内在规律。根据鲁健骥（1994）的考察，母语为英语的汉语学习者，其语法偏误主要有遗漏、误加、误代、错序四大类。比如：

（33）＊他有照相机，也［有］录音机。（遗漏“有”）

（34）＊从前我每星期都看［了］一个电影。（误加“了”）

（35）＊这个故事我没听懂，所以我［不能］听见。（用“不能听见”误代“听不见”）

（36）＊我洗干净了［把衣服］。（“把衣服”错序）

外国学习者学汉语时类似的语法偏误是多发的、有规律的。不同母语背景的学习者也会有不同的语法偏误发生。

随着语言学习理论研究的不断深入与中介语语料库的建设开发和利用，人们已不再满足于对外国学习者语法错误做一般的病句分析和偏误分析，而开始把目光转向系统地探讨外国学习者汉语语法习得顺序及语法习得过程的研究，开始探讨某一语法项目或某一语法系统，从最初出现到初步掌握再到完全掌握全过程的内在演进轨迹和制约因素。如王建勤（1997）对汉语否定副词“不”和“没”的习得过程的研究，施家炜（1998）对现代汉语22类句式习得顺序的研究，就是这种研究的示范。

汉外语法对比也好，汉语内部各相关语法项目的比较也好，病句和偏误分析也好，汉语语法习得顺序研究也好，都是为了更加全面、深入地认识汉语语法的结构系统，认识汉语语法学习的内在过程和规律，从而更加科学地把握汉语语法教学的基本规律。

第三节　现代汉语语法教学的基本理论问题分析

一、语法教学的目标、原则和研究观念

1. 语法教学的基本目标和基本原则

对外汉语语法教学的总体目标，是要培养外国学习者用汉语组词造句、连句成篇的汉语表达能力。这种能力的培养是一个长期而艰苦的过程，并且这种能力的构成也不是单一的，它涉及句法、语义和语用三个方面。教学语法体系的一个重要方面就是要很好地处理初、中、高级三个教学阶段与句法、语义和语用三个方面之间的互动关系。赵金铭（1996）对此做出了全面的阐述。他认为，习得者在学习汉语的过程中，首先得解决正误问题，就是得把词语的位置摆对；其次要解决语言现象中的异同问题，要涉及深层而具有隐性的语义理解；最后要解决高下问题，就是语言的得体性问题。这样的过程反映在语法教学的阶段划分上，便正好是初、中、高级三个阶段。三个阶段的语法教学主旨各有侧重。初级阶段，所讲语法为形式语法，讲究句法结构，掌握汉语的句型和词序，是一种语法模式教学。中级阶段所讲语法侧重语义语法，注意句中成分的语义关系及语义搭配，因此语汇的意义（包括词汇和语法意义）及使用的教学，占据相当的位置。高级阶段所讲语法侧重

语用功能语法，着重语用的选择和词语的应用，目的在于表达得体。整个语法教学过程历时两年，自始至终贯彻语言格式和词语的用法教学，特别注意例外的出现，因此，语汇的教学比以往更受到重视。这是一种不同于教母语为汉语的学习者的一种教学语法框架。

总体上说，汉语语法教学的基本目标，如果分解开来，就是要围绕句法的限制性、语义的正确性和语用的选择性这三方面来进行。现在的语法教学研究在句法的限制性上已经有了相当多的可资利用的成果，但是在语义的正确性，尤其是语用的选择性方面，研究还相当薄弱，需要我们下大功夫。

2. 教学语法研究的基本观念

现在，人们对对外汉语教学语法的性质和目标有了更为深入的理解，树立了一套不同于一般理论语法的研究观念，其核心是对外汉语教学语法的研究取向，主要是四个基本观念：第一，汉语作为第二语言的教学语法观念，即对外汉语教学语法是教学语法而非理论语法，而且是教外国人的语法而非教本族人的语法。第二，组装语法的观念，即对外汉语教学的语法主要是从意义到形式的组装语法，而不能完全是从形式到意义的分析语法。第三，注重用法和讲求条件的观念，即要在大量语法事实调查描写的基础上，在研究语法规则的同时，更要重视研究语法项目的用法及其使用条件。第四，注重语法对比的观念，即不仅要在语际对比中研究语法，而且还要在汉语语法系统内部对相关语法项目进行比较研究。

二、对外汉语教学语法体系

1. 教学语法体系的建立

对外汉语教学语法体系，指专门为外国学习者编写的教材中所使用的语法教学系统。现行的对外汉语教学语法体系是在《汉语教科书》（1958）的基础上建立起来的。该书共有196个语法项目，其语法体系由词类的划分、句子的分类、句子成分、时间和情貌、几种动词谓语句和表达共六个部分组成。该书从整体上看是重结构形式的，同时编者也注意到语言交际中表达意念的各种方式。作为一本语言教科书，《汉语教科书》在语法点的选择、切分和由易到难循环前进的编排方式上都与教本族人的语法完全不同，每课的语法点和生词量都有控制。在安排语法项目时，巧妙地对相应的语法项目进行汉外对比，对汉语内部相关的语法项目进行比较，较好地体现了外国学习者汉语学习需求的针对性。

《汉语教科书》所确立的这套教学语法体系，对后来各种对外汉语教材都产生了直接的影响。20 世纪七八十年代陆续编写出版的《基础汉语》《汉语课本》《基础汉语课本》和《实用汉语课本》，在语法项目的选取和编排上基本都参照了《汉语教科书》。这样的体系，在后来出版的几种重要语法大纲（如王还主编的《对外汉语教学语法大纲》、孙瑞珍主编的《中高级对外汉语教学等级大纲（词汇一语法）》以及刘英林主编的《汉语水平等级标准与语法等级大纲》等）中也都基本上得到了继承。即使是像刘月华等编著的《实用现代汉语语法》、房玉清编著的《实用汉语语法》这样的语法参考工具书，也没有改变这一基本格局。

《汉语教科书》所确立的对外汉语教学语法体系，沿用至今数十年而没有发生根本性的改变。人们逐渐认识到这一体系所存在的理论基础单一、体系陈旧等问题。20 世纪 80 年代末以来，有不少学者开始呼吁改革对外汉语教学语法体系，并就改革的理论问题进行了探讨，提出了设想，规划了蓝图。

2. 语法项目的选择、切分与编排

一个完整的对外汉语教学语法体系，不仅要包括教学语法项目的基本内容，而且还应当体现对以下基本问题的处理方式：语法项目的选择及等级划分，语法重点与难点的确定，语法项目的编排、描述与解释，等等。这些问题其实也最能体现对外汉语教学语法的基本特点和性质。

一般说来，对外汉语教学语法体系是针对某种具体的教材和课堂教学过程而言的。由于学习者的学习目的、学习要求和学习方式、年龄、母语背景、水平等级、学习时间等不同，因而在对他们进行汉语语法教学时，首先要根据这些因素的差别进行语法项目的选择，就是要确定教哪些项目不教哪些项目、先教哪些项目后教哪些项目、重点教哪些项目等。比如，对日本学习者和欧美学习者，他们所要学习的语法项目是否应当有所差别，差别在哪儿；短期汉语进修生和长期的本科生的语法项目在教学要求上是否有所区别；阅读课程和听力课程的语法项目是否有所不同。这些问题都应当促使我们在教材编写和课堂教学过程中认真、细心对待。

要想根据教学对象的不同需求来进行有选择、有针对性的语法教学，就必须进行语法项目难易度的等级切分。汉语语法项目数以百计，一方面，这些不同的语法项目之间由于各自复杂程度的不同，对学习者来讲会呈现出难易度的差异。比如，汉语“把”字句和连动句对外国学习者来讲是难易度不等的两个语法点。另一方面，就某一语法项目内部的不同方面来讲，也有难易程度的差别。比如，汉语的趋向补语是一个大的语法项目，其内部既有简单趋向补语和复合趋向补语的差别，也有实际的趋向意义和引申意义用法的不同，这就要求我们对每一个语法项目及各自内部的不同方面进行认真细致的描写和分析，从而为语法项目的等级切分打下基础，这也就能够根据教学对象的实际情况，来确定语法项目的重点和难点。一般来说，汉语的“了”“把”补语、主谓谓语句等，都是教学中的重点和难点，需要特别加以重视。

语法教学中，语法项目具体内容的选择、等级的切分、重点和难点的确定等，最终都要表现在教材和课堂教学过程中人们对语法项目的系统编排、描述与解释上。任何一部教材或一门课程，都不可能把汉语语法项目全部搜罗，穷尽列举，它只能根据各自的需要和特点有所选择、有所突出。这就需要我们对所选用的语法项目进行科学系统的编排，使它们构成一个相对完整的体系。总体来说，语法系统的编排要处理好易和难的关系，处理好基础项目和生成项目的关系，处理好重点与非重点、难点与非难点的关系，使各个语法项目之间形成有内在逻辑联系、相互支撑、相互依存而又便于使用的教学系统。比如说，如果补语这个项目学习者尚未接触就学习“把”字句，这显然是不协调的。汉语语法系统本身是一个非常庞大而复杂的系统，语法项目的选择编排也就不是那么容易的事情。

如何对具体的语法项目进行描述和解释，是对外汉语语法教学的重要方面。显然，我们既不能大量使用语法学的术语和概念，也不能像教小学语文那样完全进行汉语表达技能的训练。外国学习者的特点给我们进行汉语语法项目的描述与解释提出了难题。由于语法研究和语法教学之间的差异，必然有一个把语法研究成果转化为语法教学内容的过程。这种转化过程直接表现在语法项目的描述与解释上。比如，汉语的“把”字句，从语法研究的角度说有“处置”“致使”“位移”“变化”等不同的语法意义，无论采用哪种意义解释，都不宜把这些术语直接搬到教材或课堂上用以描述和解释“把”字句。我们所要做和所能做的是，以此为基点寻找适应外国学习者易于理解的表现方式和手段，来呈现“把”字句的语法意义，特别是要呈现其用法规则。我们要能从学习者的角度，用便于他们理解和接受的方式，把汉语语法项目描述和解释出来，从而实现已有汉语语法研究成果向语法教学内容的转化，这是教学语法所要研究的重要方面。

三、语法项目的认知解释

如何解释汉语语法项目，这是一件“八仙过海，各显神通”的事情，但我们更倡导语法项目解释的认知原则。卢福波（2018）提出了汉语语法教学的八个基本原则，其中就有以认知为核心的语法解释原则。她认为，解释原则指对所学语法项目做出合理的、恰当的、理据性分析和认知性解释。解释原则的核心理念是认知理念，语法教学之所以要突出认知理念，是因为人类的能动性本能和人类认知新语言与认知世界的相同原理。因此，汉语教学时不能把人当作机器，简单地“刺激—反应”式地重复模仿，应让学习者理解性地、创造性地根据实际语境的需要，适宜地、合理地、灵活地进行表达。从语言学习的角度看，语言是一种受规则支配、具有诸多可变因子的复杂体系，不是简单不变的习惯体系，所以语言学习是一种有意义的控制性过程，它要求对所学语言进行高层次的决策和处理，能够使用特定的方式去调用认知能力，有认知性的理解和把握，有符合认知理据的能动的创造性运用。因此，以认知理念为基础的第二语言教学重视对事物类属、相关及综合、输入与提取的全面处理，将学习过程与认知过程统一起来。“渗透认知理念”的提法实际上是一种教学思想、教学方法的体现。我们主张，在认知解释的大原则下，结合具体的语法项目创造各种具体的语法教学方法，都应当能达成良好的教学效果。

第六章　对外汉语听力教学研究

听力是个人的听话理解能力，在对外汉语教学中，听力教学是必不可少的。在对外汉语听力教学实践中，要取得理想的教学效果，必须要对对外汉语听力教学活动有一个系统且深入的认识。本章内容将对对外汉语听力教学活动进行较为全面的研究。

第一节　对外汉语听力教学的任务与模式

一、对外汉语听力教学的任务

（一）提高学生的快速反应能力

在真实自然的交际中，言语信号是快速连续呈现的，是转瞬即逝的。这就要求接收解码高速进行。为此，必须提高听觉器官的灵敏度。通常师生之间为了保持正常的沟通和交流，教师是允许放慢语速的。但是，教师不是为了适应学生而无限制地放慢语速，该慢则慢，该快则快，还是应该尽量保持语速的自然、流畅。否则，“学生只能听懂本班教师说话，听不懂其他人说话”的情况永远解决不了，对提高学生的听力无益。

提高学生的快速反应能力，可以通过一定的设计练习来进行，让学生多听正常语速的听力材料，练习学过的词语，经过反复的刺激和提取，可以大大提高解码操作的熟练程度。然后要让学生进行快速回答，通过大量、有效的练习来提高快速反应的能力。

（二）提高学生的辨别分析能力

提高听力首先是提高对声音信号的辨别分析能力。因为在教学的过程中，听力课本是由大量的语言材料组成的，把握好这些语言材料是分析辨别的关键。

人们利用听觉器官对言语信号接收解码，首先是对收到的言语信号进行分析、辨别、归类。在分析的过程中既要注重共性的分析，也要注重个性的分析。分析的内容包括声韵调、停顿、重音、语气等等。一般来说，其中的一个要素出现不同，句子的意思就会发生变化。听者理解语言的逻辑顺序是从感知单词开始，然后感知整个句子，最后感知成段话语，所以，分析辨别语音形式的排列组合，首先是分析辨别单词，其次是句子，最后是整段话语。

（三）提高学生的听后模仿能力

听后模仿是一种把感觉记忆转入短时记忆的能力。语言学习就是通过听后模仿进行的，模仿的对象包括语音、词汇、语气等。听后模仿能够延长言语信号在大脑中停留的时间，这就使理解更为准确。

听后模仿首先是听准，其次是说对。听后模仿的练习宜从音节开始，包括声母、韵母和声调。理解句子的意思时首先应该辨别词语，然后对句意进行整体把握。模仿完词语之后再对句子进行模仿，如果听后能够模仿整个句子，就可以增加这个句子在大脑中停留的时间，而提高理解的深度和广度。最后是对语言声音信号的处理，从重音、停顿、语气等方面去理解它是否存在其他方面的意思。

（四）提高学生的记忆存储能力

俄国生理学家谢切诺夫说过："一切智慧的根源都在于记忆。"可见记忆多么重要。美国教学法专家琼·莫莉把"听力理解"解释为"听加理解"，认为"听""思考""记忆"三者是密不可分的关系。事实上，记忆和理解的关系是相辅相成的，在理解的基础上记忆效果会大大提高，而记忆的东西越多，理解的能力就越强。

语言教学的传统做法是，学生课前必须要做好预习准备。学生预习得越好，课堂教学越顺利。尤其是听力教学，在课前预习好生词，对听力理解是有很大的帮助的。这是因为，词语教学是帮助学生把一个一个的音义结合体（词汇）输人大脑，成为经验成分，并且通过大量反复练习，使其在大脑中达到熟练的程度。如果缺少这一环节，就会出现学生什么也听不懂的情况，教学就无法进行。

（五）提高学生的边听边记能力

听力理解不只是学生听懂就可以了，它还要求学生进行记忆。由于声音信号本身具有瞬时性的特点，所以听力记忆的能力就显得格外重要。俗话说："好记性不如烂笔头。"为了克服遗忘，应该把听到的信息及时转化成文字记录下来。边听边记是学习过程中必备的一个环节。对于简短的信息可以存储在大脑中，但是对于较长的信息就有必要通过书面笔记记录下来了，当然记录关键词和短语即可，自己明白就可以。

在听力课上教师要训练学生养成边听边记的习惯，而且要教学生记什么和怎样记。这就要求教师要把握好课堂的重点，在教学设计上多花心思，做好板书记录。每个练习的最后一部分都是学生整理笔记，教师要认真检查指导。这样从简单到复杂，日积月累，持之以恒，学生一定会提高边听边记的能力。

（六）提高学生的检索监听能力

在实际生活中我们都会有这样的体验：如果我们渴望得到某方面的信息，我们就会把整个的注意力都集中在那上面。这种自觉地对材料进行过滤、筛选的行为就是检索监听。检索监听是带着问题去检索内容，具有很强的目的性，只要听到了自己想听到的内容就能记住。

检索监听会提高听的效率，避免受到无关紧要的材料的影响。检索监听是一种重要的能力，必须经过专门的训练才能提高。训练检索监听能力，主要是对听力材料关键信息的提取。学生要善于抓住关键词语，把注意力集中在一个方向上，克服影响注意力的消极因素。

（七）提高学生的联想猜测能力

在听的过程中，人们会把感知到的言语信号与大脑中储备的言语信号联系起来，从而形成理解。在这一过程中，言语信号与大脑中储备的言语信号都有可能出现各种各样的问题，导致理解无法完成。这就需要具备联想猜测和跳跃障碍的能力。联想和猜测是人类共有的心理活动。联想是指在接收到某一个信号之后，可以把它与相关的信息建立联系。猜测是指根据现实的感知和以往的经验凭想象对将产生的新形象做出推测、估计和预想的心理过程。

在交际中，双方处在相同的语言环境中，使用共同的代码，他们只使用极简单的句子，甚至个别单词表达思想，尽管只是只言片语，听者也能理解对方的意思。这说明交际双方共同参与了编码解码的活动，听者不是完全消极被动的，他们会一边听，一边主动积极地去思维，即使有些地方不明白，也会根据语境和上下文的内容去猜测，有时听到后边对前边的词语自然而然地就理解了。

有时候受到外界环境的干扰，句子中的个别词语可能没有听清楚，但一般不妨碍理解，这时学生需要有跳跃词语障碍的能力。教师要不断总结规律，并且要教会学生掌握这些规律，使学生跳跃生词障碍跳得准，跳得巧。

(八) 提高学生的概括总结能力

在教学中，学生们听完整个内容之后，常常只是记住了一小部分内容。这就在很大程度上影响了他们对整体内容的把握。因此，培养提高学生的概括总结能力就很重要。这就需要学生在听的过程中能够抓住关键信息。就一个句子而言，其中语调、语气的变化常常就是整句话的要点。如果别的词都听懂了，而恰恰是这个要点的部分没听懂，那么整个句子就无法理解。相反如果听懂了句子的关键部分，其他个别词语不懂，也不会妨碍对整个句子的理解。因此教师需要教会学生使用抓住关键词的方法去理解整个句子的意思。所谓要点包括两个方面，一是语言材料的主要内容，二是主要内容所蕴含的深层意义，即中心意思或主题思想。抓要点的练习可以从单句训练开始，再过渡到成段的话语，最后训练学生概括总结全篇的主要内容和中心意思。

在听力教学的高级阶段，概括总结能力的训练更为重要，而这种能力是需要在长期的训练之后才能获得的，因此，教师要培养学生养成良好的听话习惯，训练他们提取中心意思的能力，而且要循序渐进，从易到难。

二、对外汉语听力教学的模式

听力教学的模式有很多种，在这里我们主要介绍两种模式，即自下而上模式和自上而下模式。

(一) 自下而上模式

自下而上模式是美国心理学家 P. B. Gough 提出的一种阅读模型，用以描述从看到文字符号时起到理解意义为止的整个过程。这个模型是从信息加工的观点来解释阅读过程的，也就是从小单位不断到大单位的加工过程。由于听力活动和阅读活动具有相似性，因此，我们在听力教学中也可以借用这一模式。另外，从教材的角度来说，很多的教材都是由生词和语法、听力文本、练习组成的，练习主要包括判断正误、选择填空、理解句子含义、回答问题和按故事发生的顺序排列句子。这种教材编写方法和练习安排方式表明听力教学可以使用自下而上的模式。从教学法的角度来说，在听力教学中，我们采取的一般步骤是词汇语法训练、听课文、做练习，这也是自下而上的模型的应用。

（二）自上而下模式

自上而下模式是 K. S. Goodman 提出的一种阅读模式。其主要的观点是，人们在阅读过程中，根据自己的知识经验对文章进行加工。他还指出，阅读是一种选择的过程，即在读者预期的基础上，对那些从直觉中选择出来的、最少的语言线索进行加工，形成暂时的预测和判定。这些预测和判定会在接下来的阅读过程中得到证实或者是否定。听力教学同样也适用于这种模式。尤其是在预测方面的应用更加广泛。预测可以分为有意识和无意识两种。学习者在听力活动中，会根据已有的语义信息进行无意识的判断，并在此基础上预测词语搭配模式。采用自上而下模式主要训练的是让学习者有意识地使用预测策略。这主要体现在两个方面。

第一，听前预测。听前预测是建立在已知的信息结构基础之上进行的。如果预测的信息在听力文本中出现了，那么学习者就能够断定自己预测的内容是正确的，从而增强自己的信心。这样学习者就可以把被动的接收信息的过程变为主动的思考和接收信息的过程。听前预测可以使听者在听力过程中重建文本信息时成竹在胸。

第二，听力过程中的预测。听力过程中的预测主要是根据学习者已经听到的内容，去预测后面可能会出现的内容。这样一方面可以加强学习者对文本的思考，另一方面也可以培养他们运用汉语思维的能力，真正实现学生在被动的听力活动中的“主体”地位。

第二节　对外汉语听力教学实践

一、对外汉语听力课程的设置存在的问题

听力课设置是整个课程设置中的一环，听力教学是听力课程中最为核心的一个部分，在整个的教学过程中，听力教学也是非常重要的一部分内容，因此，听力课程存在的问题实际上就不是听力课一个方面的问题了，它涉及诸多方面，具体如下。

（一）初、中、高级的配合问题

汉语和口语教材，一般从初级到高级，都自成体系特别是汉语教材、口语教材也在朝自身的系统化方向努力，但目前的听力教材就其本身来说，还

尚未形成系统。初级目前还是用外校所编教材，中级使用自编教材，初级和中级之间的衔接已经出现了断层。高级还没有开设听力课。因此，如何有系统地提高学生的听力水平，加强不同级别课程之间的联系，建立听力课自身的体系，还需要进一步的研究。

（二）与汉语课、口语课的配合、设置问题

人们一直以来都关注口语课与汉语课的配合问题，事实上，听力课与汉语课、口语课的配合问题也应该引起人们的关注。听力课现存诸问题中，最主要的问题就是听力课与其他的课程配合不紧密。目前，我们还没有与所用汉语、口语教材配套的听力教材。教学计划、教学环节游离于主课之外。

有些学校不重视对外汉语教学中的听力课程，无论是在课程设置上还是在课时安排上都给予了较少的关注，从而影响到了学生听力能力的提高。听力能力是需要经过长期的训练来提高的，学校减少学生听力训练的机会，完全不利于对外汉语中的听力教学。当前，对外汉语课程在设置时也更倾向于口语交际能力中心化。口语交际能力中心化倾向是指各类课程大多以口语交际能力为出发点或落脚点，最大限度地以口语交际能力为教学重点，或者采用口语与其他知识技能结合的教学方式，各项练习也大多集中于或最终落实到口语练习上，从而给听力课安排的课时少之又少。

（三）教材的问题

一些听力教材注意到了听力课的特点，能够从多个方面把握听力课的构成，培养学生辨别语音切分语流的能力；帮助学生储存一定数量音义结合体的心理词典；了解目的语的语言知识；了解听力的微技能和学习策略。同时，能够注意到语言的真实性，内容的趣味性，有一定的特色和长处，但是仍然存在着生词量大、课文篇幅偏长、文化含量偏高的缺陷，不适合学生使用。此外，在听力教学中，越来越多的熟语和成语成为关键，许多学生受到定势思维的影响去推断，从而导致理解上的偏差。这些词语形式简短，来源广泛，内涵丰富，在言语活动中使用频率较高。对于有典故出处、有深层含义的熟语和成语，许多留学生还不能完全掌握。

二、对外汉语听力教学实践的改革

对外汉语教学是第二语言教学，应符合语言学习，特别是外语学习的规律。在外语学习过程中，“听、说、读、写”四种能力，听是最基本最重要的能力。作为第二语言教学或者外语教学首先应该培养的能力是理解，尤其是听力理解。汉语作为一种非普遍教授的语言，在教学方法、教学理论等方面还不很成熟，需要借鉴和吸收先进的教学方法和教学理论，以完善和提高对外汉语教学。所以，对外汉语听力课程改革是必要且可行的，改革的可行方案有以下几种。

(一) 改变课型的措施

（1）和汉语课合并，以读带听。如人大汉语中心的初级课程，汉语课和听力课的课时安排分别是 6 节和 2 节。教材是严格配套的，听力课教材紧紧围绕汉语课教材编写。由一个教师担任，完全可以保证进度上的一致。

（2）充分利用仪器设备，将学生的多个感官调动起来。设置“自助餐式”的听力室，变听力必修课为自学辅导课，同时要保证一定的听力作业量，做到按时检查、认真监督。

（3）和口语课合并，变听力、口语课为听说课。听说内容紧密结合，以“听”打头，以“说”压尾。

(二) 不改变课型的措施

（1）学生人数要有所控制，不能超过两个班。听力课学生过多也会带来一系列的问题：一是学生的差异性比较大，二是学生太多不方便教师去了解所有学生。这都将直接影响到课堂气氛和教学效果。在条件允许的情况下，听力课同样也要尽可能地采取小班授课的方式。

（2）必须加强与汉语课和口语课的配合，不仅在教材方面要做到配合，而且在课时安排上也要做到紧密配合，教学进度合拍同步。同时加强听力课自身的系统性，建立从初级到高级的听力课体系。

（3）对听力课本身进行改革。在维持现状不变的情况下，可以对课堂的自身情况进行变动，如可以充分利用设备采用多样化的教学方法，但又不为设备所困。同时加强与学生的沟通以及不同班的学生之间的交流，建立良好的课堂气氛。同时，教师还可以对教材内容有选择性地利用，并且根据学生的实际情况，适当地增删材料，包括视听材料，力求内容具有趣味性、实用性。

(三) 增设新闻听力课的措施

新闻听力，准确地说是广播听力，因为语料来自广播，它涉及广播的各个版块，有政治、经济、文化、科学、生活、法律、体育等方面的新闻内容，也有广播剧、小说连播、配乐散文等形式的休闲内容，它是一个开放的系统，把社会各方面的内容熔为一炉，给学生打开一扇窗子，接触语言世界，在离开课堂后仍能随时学习到新的语言文化知识。

新闻听力是对听力较高层次的掌握，它不同于普通的听力课程，是独立存在的一门课程。新闻听力课的目的是有自己的一套体系，大运动量地给学生输入语言信息，增强学生的语言思维能力，从这个角度来说，它的作用是其他课程所不能替代的。到了中、高级阶段，如果听力课的设置离不开主导课的限制，就会妨碍学生的进一步发展，压制他们的积极性。因此开设新闻听力课就是给学生一把钥匙，让他打开一扇自学之门，进入一种自觉学习的境地，这是非常有意义也是有必要的。

1. 新闻听力取材遵循的原则

(1) 要坚持内容的精选性，听力材料的选择应该是精挑细选的，方音过重影响听解效果的、节目质量不高的、音质传输效果不好的一般不予采用，而且选材时语料在句法表达和词义理解上的难度不超过 50％时才使用。

(2) 要注意内容的实用性和趣味性，选材时要充分听取学生的意见，了解他们的听解愿望，可以对学生想要听取的材料进行了解，然后根据材料的受欢迎程度进行排列，选取受欢迎程度较高的材料以激发学生的兴趣。

(3) 要突出内容的鲜活性，除了每次课都给学生听当日的新闻联播内容提要以外，还特别注意扩大学生的生活语言词汇量，比如他们在模拟的语境下能听到各种语料，其中像“活见鬼、公子哥儿、苦命、瘪三”等在课本上很难见到的词语，生活中又比比皆是，听时有语境的烘托，学生很容易就理解了，这样学生每次来上课都怀着一种期待的心情。

(4) 确保录音的清晰性，背景音或方言的干扰过大，无疑会挫伤学生的听解信心，给学生心理上带来不良影响，因此，切忌背景音喧宾夺主，造成纯粹的听力障碍。

2. 新闻听力课的教学实践要求

(1) 教师要在听力课开始之前准备大量的工作，虽然有些语言材料是现成的，但仍要跟原文对照一遍，所有的生词、惯用句式都要逐一查阅资料，以便能够准确地将其讲解出来，因为新闻听力课的课时较少，因此要处理好授课时间与练习时间的关系、生词和语法讲解在教学中所占的比重等问题，尽可能把八成到九成的时间留给学生，给学生营造一个良好的听力环境。

(2) 要让学生大量地听，给学生提供充足的语言材料，同时还要保证材料具有一定的重复性，使学生能够真正地掌握材料，在课上的训练注意题材的多样性，把各类新闻、专题报道和其他题材的内容穿插编排，经常变换形式，使课堂的内容变得丰富多样起来，这样可以使学生始终保持兴趣。全部听的过程中不做过多的讲解，目的是提高单位时间里听解的利用率，达到“过度学习效应”。

(3) 要逐渐提升新闻听力的难度。新闻的信息量相当之大，且新闻的语速也非常快，许多学生在开始听的时候都感到非常紧张，这是一个很正常的反应，都需要有一个适应的过程，这一时期，教师不应该对他们要求太高，只要他们能听出关键信息就可以，听的时间不能过长，然后转入比较生活化的听力内容，让语速相对慢一些，这样学生有一个缓冲的时机，可以调整大脑的接受状态，便于继续学习，这样的方式重复几次后，便可逐渐加长时间，提高要求，引导学生一步一个台阶向上走。

(4) 高级班学生的词汇量和语言运用能力还是比较强的，因此教师对生词的处理最好还是不要先加注释，让同学们自己学会消化理解，这也是强化语感的过程，这样做的好处是有利于改善他们听得懂生词、句子却不能理解整体含义的局面。

(5) 为了使学生的听解过程更加有效，可以在听力之前给学生提供一个整体的概念，不论听力材料有多长，第一次都是让学生完整地听完，不要为了让学生理解听力材料而将其分段，只有在完整地接受新信息之后，学生才可能根据自己的听解和判断，对听不懂的部分进行有效地预测，这种预测能力的训练是符合听力思维发展规律的。

(6) 在听力课上讲语法内容要有别于其他课型，因为重点是听，不应在语法讲解上花费太多时间，一些出现的句型点到即可，不需要在上面，不需要做大量的联系，但应特别注意对不规范、不合语法的地方要给予指明，要从正确的方面引导学生听，避免错误的东西对他们的误导，如主持人主持某一专栏节目，表达方式是口语形式的，比较随意，因此会出现口语中常有的重复、颠倒、错句、表达不准确以及口语冗余现象等，这时候教师要及时指明。

(四) 增加有声作业的措施

在对外汉语教学中，光是依靠课堂的教材是远远不够的，还要在课下为学生安排一定的任务。听力教学也是如此。但是从目前的听力教学来看，往往只重视课堂上的教学而忽视课堂后的安排，这样势必会造成课堂教学与课后练习的脱节。因此，需要重视对听力课之后任务的安排，受听力教学自身的特点影响，布置书面形式的作业显然是不合适的，因此主要的作业形式还是以有声作业为主。所谓有声作业就是要求学生在每次上完听力课后，自己录制一段五六分钟的录音，以配合教师的课堂教学，它是课后作业的一种形式。有声作业的目的非常明确：即着重练习学生的听说能力，它可以作为课堂上使用的辅助听力素材，并以此来丰富课堂教学的内容。

在听力教学实践中，教师可以从以下几方面来指导学生完成有声作业。

1. 单向式命题有声作业的指导

单向式命题有声作业主要是指教师出命题，然后学生根据要求来完成，独立录制五六分钟的录音，教师对其认真倾听并且给出合理的意见，在肯定其成绩的同时要重点纠正不正确的语音语调、错词错句及不符合汉语思维习惯的错误。这种作业形式具有以下优点。

（1）避免了听力课堂上不同学生之间的相互干扰，为学生进一步开发自己的潜能提供了较大的空间。成年人往往有很强的自尊心，爱面子怕丢人是阻碍学生进步的一大绊脚石。

（2）可大大提高学生的自学能力。虽然只是几分钟的事情，但是想要把它做好却并不是一件容易的事情。为使自己的表达更为准确、流畅，不查字典，不请教别人，恐怕是难以做到的。由此看来，这种方法对扩大学生的词汇量具有重要的帮助。

（3）学生可将教师的录音点评作为听力材料来听，达到师生交流的目的。教师将学生的有声作业作为课堂教学的素材，能够让学生感受到自己存在的问题和不足，对他们纠正自己的错误习惯有较大的帮助。

单向式命题有声作业的具体做法是教师为每个学生建立一个“录音档案”，把对学生所录内容的评价和对错误的修正意见录在录音的后面，并配上书面的批语，以便学生可听可看。这样听和读也就有机地结合了起来。

2. 双向式命题有声作业的指导

双向式命题有声作业中，学生可以充当“记者”，采访除任课教师以外的中国人。这是因为在课堂上师生之间的沟通可能没有障碍，但是一出了课堂，可能情况就并不是这样。“外人”讲的汉语有很多听不懂，自己讲的“外人”也听不懂。这是因为长期的教学使教师积累了一定的经验，知道学生使用怎样的语言要表达怎样的意思。为了改变这种现象，教师可以让学生去采访“外人”，为防止学生采访时的盲目性，教师应适当地加以引导，为学生规划一定的采访范围。

需要注意的是，双向式命题有声作业是让学生自己去充当“记者”，受录音时间的限制，学生们在采访之前就应该精心挑选好相关的问题，这样对提高学生的概括总结能力会有很大的帮助。

3. 无主题有声作业的指导

无主题有声作业就是给学生充分的自由，没有什么题目的规定，让他们自己充分发挥，也就是在一定的时间之内“想说什么说什么”。这样做的目的是让学生在有限的时间内摄取更多的信息，以此作为听力材料，主要练习学生的记忆储存能力和概括总结能力。

在无主题有声作业中，教师可以采用以下方法对学生进行指导。

（1）猜测法。听完学生的说话后，可以让学生猜一猜说话者的身份、年龄、职业、爱好以及他们有没有习惯用语等。通过这种练习，可以锻炼学生比较敏感的鉴别和判断能力。

（2）纠错法。学生在听完之后首先让其指出其中是否存在错误，如果有错误，要指出具体是什么错误，并对其进行改正。有时候一些错误自己找不出来，教师就要帮助学生把错误改过来，并使其了解自己所犯毛病的原因，避免以后一错再错。

（五）运用图式理论的措施

1. 听前阶段图式理论的运用

在听之前教师可提示材料的背景、范围、功能，激活学生内在的相关词语、句式以及其他已知信息，具体方法有预测和利用关键词。

在缺乏环境直观因素的条件下，“听前预测”对整个听力理解所起的作用尤其重要，它使学生能够带着明确的目的在听力材料中去寻找答案，同时，它还可以引发学生的好奇心，调动他们的学习积极性，活跃课堂气氛，因此，教师引导学生进行听前预测，不仅有助于学生理解材料，而且还有助于学生存储信息。

需要注意的是，预测不是“瞎猜”，它是在一定的依据之上展开的。人们表达的思想往往具有内在的逻辑性，遵循着思维逻辑，可以找到与之相对应的词语；任何一个民族的语言和该民族的文化是相联系的，熟知目的语国家的文化背景，有助于有关内容的听解。

预测有不同的方式，对于常见的生活题材，可让学生结合自己的经验进行讨论，调动他们内在的欲望和积极性，并引起听的兴趣。对于一些具有文化特性的题材，学生常常因为不熟悉目的语的文化背景而缺乏认知，教师通过可提供与材料有关的图片，阅读有关知识材料等方式帮助学生建立一种新的图式。

2. 收听阶段的图式理论的运用

经过听前阶段的准备工作，学生的已有知识即图式已被激活，并进入紧张的解码、筛选、检索的心理状态，教师应引导并训练学生把握录音材料的主题意义，学会跳跃障碍或筛选，从而有效地提高听力理解的程度。

W.F. 麦基说："语境能够帮助我们猜出词的意义，……随着语境的增加，新词的意义也越来越清楚。"短时记忆不仅保存的时间短，而且记忆的内容有限，听者在检索所输入的信息时应该尽量减少跳跃性的障碍，否则短时记忆会由于负荷过重而流失信息。因此在听的过程中我们应敢于放弃某些信息的听辨并能"容忍知识的模糊和不完整性，对成功的听力者来说尤其是这样"。

学生在检索、解码、筛选、重建信息的过程中会遇到一些干扰，这种干扰可能来自于以下两个方面。

一种是文化观念的干扰，如学汉语的留学生听到农村发家致富的新闻"少生孩子多栽树"时，学生们感到莫名其妙，他们认为"少生孩子"与"多栽树"是没有什么必然联系的，不能理解为什么二者会联系在一起，这时教师就应该给他们介绍我国的国情和计划生育政策，而"少生孩子多栽树"正是我国农村控制人口、致富的一种办法。

另一种是字面意义的干扰，如汉语听力中有一个句子："本来么，这届大学生都是招生制度实行重大改革后考进来的，谁没有三拳两脚的。"句中的比喻"三拳两脚"留学生认为可能这是与学生的体育素质有关，他们只是按照字面的意思来理解，然后进行解码，因而出现干扰，此时教师就应该加入一些这方面的训练，增加学生的语感，减少听解中解码的错误。

3. 听后阶段图式理论的运用

经过收听阶段的解码、检索，学生已基本听懂录音材料，在之后的阶段就需要对听到的信息进行重组，教师可让学生把听到的记录整理起来，一些短时性的内容先做关键性的记录，然后再作口头报告（复述），因为学生在听懂、理解了课文并有了一个更新了的旧图式时也就有了一种想表达的愿望，最后可让学生再听一遍录音以加深理解、记忆，降低遗忘率。

（六）运用话语分析理论的措施

1. 猜测语段中生词的意义

为避免语段听力教学中一遇到生词就停下来讲解．需要培养学生猜测生词的意识，让他们根据句法和语言规律的特点猜测词语可能要表达的意思。要对学生进行猜测语段中生词的训练，可以从三方面入手。

第一，可以用指代词猜测前面名词的人或物；用同义或近义结构猜测前后出现的生词；用个体猜全体的词义，用词义的对比猜测，如“鸽子—鸟”“差劲—很好”等。

第二，可以利用“词汇套”增强生词的预测能力，或是让学生熟记一些“动词—名词”的常用搭配，如“邮局—寄信、打电话、发电报等”，“保持……势头”“持……观点”等。

第三，可以利用语段信息句末重心的特点，运用语音重点找信息点，如一个成分的“分量”可以从音节长度和语法结构的复杂程度来确定，一般是副词比名词重，短语比单词重，介词短语比名词短语重，音节较多的一般也重于音节较少的成分，单词数较多的一般也重于单词数较少的成分，结构复杂的通常也比结构较简单的成分重。

2. 掌握语段的语义结构

语段能够从多个角度去表达意思，它既包括主要的观点，又包括相应的事实依据。学生理解起来难度也比较大，因为这既需要短时记忆信息，又必须跳跃语言的障碍，同时还需要对文中的内容进行推理、判断。因此，想要让学生掌握语段的语义结构，可从以下两方面来进行。

第一，要根据学生来源不同，了解学生的不同文化背景和思维方式。

第二，根据语段不同的语义内聚关系，教师可以通过说出语段中心意思，对语段进行层次划分的方式，培养学生能够在长段语料中把握信息的能力。较大的语段或几个小语段构成的语篇通常都有开头、中间、结尾等部分。学生应该根据不同语段之间的内容衔接来预期上下文内容。

3. 辨别语段的语法结构

理解语段的意思，关键是分清复句之间和段落之间的关联词语和掌握一些段落间常用的联系词。语段常用一些能把一个意思加到另一个意思上去的短语或句子，比如：“这样、但是、一方面……一方面……、换句话说、首先……另外……再有一点”等等。熟记这些语段联系词，对判断语段表达的逻辑关系、理解句义非常有利。但是由于语段单位的语义性，在形式标志上往往不是很明显，常用零标记或意合法。如：

持中国威胁论观点的人是别有用心的。（　）他们有意回避了这样一个事实，（　）中国仍旧是一个发展中国家，根据世界银行统计，中国人均收入水平排在一百多个国家的第98位。（ ），中国人口占全世界的1/4，（ ）中国不发展（ ）很难养活如此庞大的人口，不知持中国威胁论观点的人有没有想过？（ ），（ ）中国发达了，会不会（ ）对世界构成威胁呢？

如果让学生听过语段后，填出联系词，就能帮助他们分出层次。对于这种情况，教师要在学生听懂了上述语段的基础上，给出全部联系词和重点词语，让学生复述原文，帮助学生形成一定的语感，在今后的语段中能举一反三。

4. 认识语气情态和语境

在进行听力实践时，要引导学生学会从预期中判断信息，这样可以了解说话人的目的。语境是十分复杂的，很多语段听力理解上的障碍都是由于语境造成的。学生只有对目的语有一定的了解和掌握之后，才能把听到的话和语境自然结合起来，同时，词、句总在一定的语段环境中，因此，还可采用集中提问的方式，引起学生对语境的注意。如："这句话是谁在何时、何地、何种场合发出的？""话发出后交际的双方（或一方）期待着什么？""发话者说这句话的目的、动机是什么？"等。

（七）运用认知结构理论的措施

认知结构是指一个人长期积累的知识经验。在言语理解过程中，认知结构在知觉前所起到的作用是预测，在知觉时所起到的作用是消化，在知觉后所起到的作用是补充。在听力教学实践中，教师可以根据认知结构理论来组织实施教学。这主要表现在以下几方面。

1. 利用预测作用做好听前指导

在学生听听力材料之前，教师需要利用认知结构所具有的预测作用做好听前指导工作。教师可以从以下三方面来着手进行。

第一，教师导人新课时，要让学生明确本课的教学目的和要求。采用预测手段让学生猜测可能要学到的知识、内容。例如在学新课时，教师先引导学生听课文的题目。然后教师提出本课要达到的教学要求，这样做的作用有两个，一是可以让学生明确本课的交际任务；二是可以让学生了解本课要进行的各项听的技能训练。

第二，教师要指导听的方法，同时还要指出在预测的过程中可能出现的问题，消除学生紧张、害怕困难的心理。听力课上，语音、词语、句子、对话和短文等练习都可进行听前预测。在每一项的训练中，教师要指出容易出错的地方。

第三，教师要布置具体任务和次数要求，让学生带着问题、集中注意力去听。每项训练的具体任务要明确，包括两个方面：一是要明确问题是什么，作好听前提示。如果是对话或短文，要提示学生：说话者、时间、地点等。例如有时某段课文里有个关键词，教师就可以提示学生，请学生找出这个词。诸如此类，课文中出现的某个重要人物、时间、地点和某个重要句子都可以采用这种方法。二是要明确地告诉学生听完以后做什么。例如采取边听边填空、边听边问、听后模仿、听后回答问题、听后选择、听后转述或概述大意、听写练习等。完成这两项任务，还要告诉学生听的次数，是泛听还是精听，在听第一遍的时候应该注意什么，听第二遍的时候应该注意什么，听完以后做什么，以此类推。如果教师的指导有效，学生的学习主动性充分调动起来，预设准确，接收到的信息就容易消化吸收，听并理解的目的就达到了一半。

2. 利用消化作用做好听时指导

在播放言语材料的过程中，教师也要抱着学习的态度和学生们一起来听。如果言语材料的难度不大，学生会在已有的知识经验的基础上对内容进行消化。如果言语材料的难度较大，教师可通过以下措施帮助学生进行消化。

第一，调节语速，降低难度。听力材料中一些生僻的词语、长难句都是比较难以理解的，这时候就需要教师将其语速放慢，降低听材料的难度。给学生提供一个消化吸收的捷径，避免学生因输入的信息难度过大而拒绝接收。

第二，间接提示。教师可以提供一些与听力材料相近的知识经验，全力调动学生的认知结构，将新信息赋予意义，便于学生消化并吸收，新信息也变成了可懂输入。例如，学生听不懂“看你说到哪儿去了”这句话的意思，教师可以举例：

A：听说汉语水平考试考了8级？

B：谁说的！

问：“谁说的！”是什么意思？

学生就会说出是“你说得不对的意思”？再把“看你说到哪儿去了”替换到对话中，学生马上就掌握了其意。

第三，重点部分反复听或做板书提示。课文中涉及汉语的一些习惯用语，如话中话、弦外音、暗示语，以及反语、讽刺语、委婉的告诫语等，可以用重复键反复让学生听几次或做板书提示，便于学生理解消化。

3. 利用补充作用做好听后指导

在经过听时练习的消化过程后，学生对信息有了具体的知觉，教师就要利用补充作用做好听后指导工作。主要是通过一些练习来把握学生对信息的掌握程度、对学生理解错误或者是听不懂的地方要及时给予纠正或解释，听后指导要灵活处理。比如一段课文学生昕完一遍后，教师通过检查发现学生听的效果不好，可以在对学生进行一定的指导之后，让学生带着问题再听一遍。

总之，认知结构在听力理解中的这三种作用相互之间有着密切的关系。其巾，也是最重要的就是预测作用，它是整个听力的基础。消化是预测的延续和验证。补充是对预设和消化的总结。三种作用互相促进，互相依赖，形成听前、听时、听后一个良性循环的过程，使言语理解者能够准确、完整地完成理解活动。

三、对外汉语听力教学实践应注意的问题

（一）教师备课时应注意听读结合

读和听虽然都是输入信息的过程，但是二者还是有一定的不同，前者是主动的，是语言信号平面性的输入，而后者是被动的，是语言信号线性的输入。听的时候，只能顺着语流“走”，而教师在阅读时常常意识不到自己在跳读或者反复阅读，这样就很难从“听”的角度去发现问题。因此听力课教师在备课时，要注意对文本不仅仅是阅读，而且还要听录音。教师要把自己练习的情况记录下来，课后与学生所作练习的情况进行比较。只有通过不断的比较和总结，才能把握学生听的难点。

（二）听录音前教师要进行必要的讲解或说明

上听力课，不是让教师什么都不说然后就开始放录音。教师在放录音之前，应该对要听的内容进行一个简单的解释和说明，以便使学生能够集中注意力，带有更加明确的目的性，这样听的效果才会好。

在语音阶段，教师要对题型进行说明，让学生明白他要听什么，做什么。在语法阶段，为了让学生了解这节课的重点，教师要准备一些有代表性的材料先让学生熟悉。在短文阶段，教师要围绕所听材料的主题提些问题，让学生对将要听到的材料有个大概的了解，让学生带着问题听，就会帮助学

生理解文章的主旨。

（三）对听力材料的选择要慎重

听力教学的原则就是学生接受的信息是可以理解的。要想提高学生的听力水平，听力材料的选择就尤其重要。除了材料的难度以外，还要注重材料的可信性和有效性，不要故弄玄虚，给人一种人为痕迹相当明显的感觉。

（四）问学生问题时要注意方式和技巧

做听力练习时，针对一篇听力材料，应该将问题划分出不同的层次，提出的问题尽量是从易到难，并且带有启发性，如："你们觉得会不会是……?""你们想可能不可能是……?"教师要善于抓住学生的表情，通过解读他们的表情和眼神来猜测听力材料的难易程度。切忌总是问"大家听懂了吗?""还有谁不懂?""××，你懂了吗?"等，这样的问题学生一般或是会用沉默来回答，或是会因为碍于面子而不懂装懂，也会使课堂气氛变得沉闷。况且，这样的问题并不能真正地检查出学生听的质量到底怎么样。

此外，教师还是尽量使用一些幽默的语言，调节课堂气氛，使学生抛开顾虑，勇敢地开口回答问题。但要注意的是，任何好的教学方法都害怕重复，使用多了自然而然会失去原本的效果。

（五）课堂教学中要注意优化教学气氛

教学气氛作为教学活动的背景起着非常重要的作用。相比知识记忆而言，情绪记忆有时候会持续得更加长久，故营造一种轻松活泼愉快的教学气氛十分有利于学生的学习。

优化课堂教学气氛要求教师本身的课堂教学就富有感染力，教师不仅要语言幽默，而且教态还要得体、大方，能够变换教学方式来调动学生的积极性。同时，学生的性格千差万别，除了教师本身的因素，还可以利用学生的幽默、积极性来活跃课堂气氛。此外，教学材料的趣味性也是决定课堂教学气氛的关键，现在的听力教材在选编听力文本时都很注意材料的趣味性，但教师平时还应该注意多搜集一些报刊杂志上的幽默小故事，穿插在教学过程中，这对活跃课堂气氛很有帮助。

第三节 对外汉语听力能力的训练途径

言语能力包括听、说、读、写这四项，不同的人获得这四项能力的过程不同，所使用的训练途径也不相同。在学习过程中，这四项能力常常是互相影响、互相促进的，基本上不存在单项的能力训练。听的过程是语言输入的过程，在这个过程中学生处于被动接受的状态，为了发挥学生的积极主动性，必须将听与说、读、写结合起来。所以，对外汉语听力教学能力训练的途径也是从这几个方面着手的。具体来说，主要包括以下几种。

一、听说结合法

在人类交际活动中，比例最大的就是听，接受和理解是表达和应用的基础和前提。但听力教学在加大输入的同时也不能忽视输出的作用，它们是人类语言习得过程中不可忽视的两个方面，输入的最终目的是输出。在对外汉语的教学实践中，我们会发现那些听力好的同学一般口语水平也都不错，而听力差的学生口语水平一般都不会太好，这从一个侧面证明了听和说的不可分割性。

学习者在经历了对语言知识和材料的输入和记忆后要进入输出阶段，才能最终完成学习过程。语言只有在输出之后才能检验输入的效果，否则输入就是失败的输入。所以，对外汉语听力训练要将听和说这两种言语技能紧密结合。听说结合法可以分为听后模仿、听后总结和听后回答三个主要类别。

（一）听后模仿

听后模仿，是指收听者对听到的言语信息进行模仿，然后再复述出来。在语音阶段，主要是对汉语声母、韵母、声调的听后模仿，在语法阶段，除了句子本身，听后模仿还包括对句子的停顿、重音、语气和语调的模仿。

听后模仿还可以加入一些主动性成分，从而形成替换性模仿和添加性模仿。

1. 替换性模仿

替换性模仿是指先让学生听一句话，再听一个词，要求学生用这个词替换句子中可对应的词。如：

学生听：这是丽丽的书包。——杯子

学生说：这是丽丽的杯子。

学生听：衣服

学生说：这是丽丽的衣服。

2. 添加性模仿

添加性模仿是指学生要将听到的言语信号依据一定的语法规则添加适当的成分再说出来。如：

学生听：我，骑自行车，学校，上课

学生说：我骑自行车去学校上课。

这种模仿与简单复述相比，多了一些学生主动性的参与，并且有助于增加学生对语法的记忆。

需要指出的是，在进行听后模仿时要做到以下几点。

第一，学生复述时不要看文本材料，这样他们就会在大脑中尽量存储言语信息，为了复述，还需要尽量理解信号的意思，使大脑的积极性充分地发挥出来。

第二，听和复述可以有适当的时间间隔，听后马上就复述可能学生还处在比较蒙的状态，间隔一定的时间之后，学生可以在大脑中整理听到的信息，并且有时间对听到的材料反复默记，这就加长了信息在大脑中停留的时间并增加了信息在大脑中出现的次数，对于内化输入信息有很好的作用。

第三，听了集体模仿之后，也要注意个体的模仿。为了更好地检查听的效果，教师可以在了解学生水平的基础上，让个别学生来进行听后模仿，以便检验该学生的水平。

（二）听后总结

听后总结，就是用自己的话对材料的内容进行概括，从语法阶段就可以逐渐引入这种方法，在听比较难的句子时，可以让学生先说出材料的关键词，然后再说出材料的主干句子，最后在说出材料的主要意思。

（三）听后回答

听后回答就是听材料后回答问题，这是语法阶段和短文阶段听力教学最常用的方法。在语法阶段听后回答的顺序是：听—提问—回答。在短文阶段听后回答的顺序是：提问—听—回答。教师所提问题的难度必须要能体现出听力能力训练的重点。

二、听做结合法

听做结合即根据听到的言语指令，做出所要求的动作。在听力教学中，听做结合法可以活跃课堂气氛，调动学生参与课堂内容的积极性、加深对知识的印象，能够促进对语言要素的理解等。而且在学习某些语言要素时，这两种方法的结合也是必不可少的。如在学习“过来”“过去”“上来”“上去”等词时，教师除了进行动作演示外，也可以让学生根据教师发出的指令来做相应的动作。这样不仅可以检查学生的学习情况，还可以加深学生的理解能力。

三、听读结合法

听和渎都是输入言语信号的过程。把这两种同属语言交际中接收理解型的能力结合起来，会加强接收的效果，促进理解的深入。听读结合法主要有两个内容，一个是听后朗读，一个是听后阅读。

第一，听后朗读。听后朗读主要是练习对言语中语音、语调、语气的把握。

第二，听后阅读。听后阅读主要是通过语音信号、视觉符号的双重刺激促进言语信息在大脑中的储存。

需要指出的是，听读结合法在使用时应该把重心放在听上面，要以听来带动读，用读来强化听，因为在听的过程中可以消除来自读和其他等方面因素的影响，读的作用主要是对听的补充。

四、听写结合法

听和写也是输入和输出的关系。“写”的过程实质上是将存储中的言语信号转化成了文字符号，对由听进入到短时记忆系统中的语言信息进行再编码，并将其输出的过程。一般认为，学生一边听一边写，可以强化存储在脑中的信息，因此，可以说听写的突出特点就是能使学生对听到的信息记忆深刻。听写中“写”的内容包括拼音、数字、符号、图表、汉字等，通过“写”使“听”的内容得以强化。边听边写还对语言要素的学习有重要的作用。听写训练除了可以提高学生听力水平以外，还是检查学习者汉字识记程度及进一步强化巩固汉字识记的基本手段之一。

五、视听结合法

随着多媒体设备的逐渐普及，听力教学能力训练中也融人了多媒体的成分，从而形成了视听结合法。视听结合法可以通过信息对视觉器官的刺激，强化在脑中的印象，并且能够对没有听清楚的信息进行弥补，从而在一定程度上缓解学生害怕的心理，也能减少持续听的疲惫。

需要指出的是，在运用这一方法时，还是要注意以“听”为中心。另外，因为视听会降低听的难度，教师在视听教学中不能只是播放视听材料，而是要以训练听力技能为目的设计各种练习，因此视听结合法只能作为听力教学的一种辅助性方法。

第七章 对外汉语口语教学研究

口语教学自20世纪80年代后期以来迅速发展并成为对外汉语教学的一个重要组成部分。在新时期，开展对外汉语口语教学，不仅要能适应时代的变迁，而且要反映口语的特点，要关注口语与书面语的差异，明确不同层次口语教学目标的不同，切实符合学习者的学习需要。本章即在分析对外汉语口语教学的性质和任务的基础上，从对外汉语口语教学的实践及口语能力的训练两方面对新时期对外汉语口语教学进行研究。

第一节 对外汉语口语教学的性质与任务

开展对外汉语口语教学，首先必须要知道对外汉语口语教学是什么，具有怎样的特性，需要完成什么样的任务，这样才能抓住对外汉语口语课程的特点，并根据这些特点制定一系列的方法与措施，完成对外汉语教学的任务。基于此，本节将对对外汉语口语教学的性质与任务进行详细分析。

一、对外汉语口语教学的性质

对外汉语口语教学是培养学生在实际生活中运用汉语进行口头交际能力的教学，即通过对对外汉语学习者实施一系列运用汉语的语音、词汇、语法以及其他各项因素表达自己的想法的训练，来让他们形成一定的汉语表达能力，能够在一定场合、面对一定对象可以运用汉语将自己的要求和思想表述出来。也因为这样，进行对外汉语口语教学的重点在于从认识用汉语“说”，到运用汉语“说”。

二、对外汉语口语教学的任务

对外汉语口语教学主要包括三个阶段，即初级阶段、中级阶段、高级阶段，每个阶段的任务各不相同，具体如下。

（一）初级阶段对外汉语口语教学的任务

对于初级阶段的对外汉语口语教学而言，教师在该阶段的主要任务是培养学生的汉语语感，具体来说，可从以下几方面人手。

首先，由于民族语言的差异，对外汉语学生在语言思维上大多带有他们本民族语言的思维与模式，因此在进行初级对外汉语口语教学时，教师应注意在语流中教授音与义的联系，促进语音链和意义链的内化。这主要包括以下三个方面。

第一，在教授对外汉语学习者的汉语发音，并对其发错的语音进行矫正的同时，教师应注意教授他们一些汉语的词语及其意义，以帮助他们在心理上建立起汉语音、形、义的联系，实现汉语的内化。

第二，考虑到对外汉语口语教学必须要将词语与词语链接规则，以及词义链接同时进行的原则，教师应做好词语链（包含词音链）及其意义链的教授，以便对外汉语学生在较大语段中建立汉语词组的意义链与语音链的联系。

第三，随着对外汉语学生的汉语词汇量的扩大，以及对汉语运用规则的逐渐了解，教师在对外汉语口语教学中，要注意帮助对外汉语学生在心理上形成一个由“实词链”到“实虚词链”的过渡。

其次，以语言可以使思维出现模式化的理论为依据，在对外汉语口语教学的语法结构和习用句式中，教师应注意帮助对外汉语学生形成汉语思维模式。

最后，考虑到语言是特定民族、地域文化的重要组成部分，其所负载的文化传统常常以观念的形式固定在使用该语言的民族心理中，因此，在进行对外汉语口语教学时，也要在语用规则中做好汉语文化传统法的教学。这可以从以下几方面人手。

第一，文化之间的差异不仅直接表现在人们的语言交际方式中，而且以思维模式的形式固定地隐藏在人们言语行为的背后，语言使用者一般没有注意到这一点，但实际上这种思维之间的差异却会对人们在一定场合的用语方式产生直接影响。例如，中国的思维含蓄隽永，因此在表达情感的场合其语言多是迂回的，而西方人的思维较为直接，因此他们会直接说出“我爱你”等语言。有鉴于此，在进行对外汉语口语教学时，教师也必须注意要让对外汉语学生了解中国人的思维，并理解这样的思维与汉语口语表达的关系，从而进一步理解并正确使用汉语。

第二，汉民族的心理中包含着一种谦虚不张扬的文化心理，这种文化心理也会使其在用语上表现出来。例如，当一个中国人夸奖对方时，常常说："你真聪明!"一般情况下，被夸奖的人都会说："哪里。"这一个"哪里"不仅充分展示了汉民族谦虚的心理，而且也因为否定的说法可以使对方减轻心理负担。因此，在进行对外汉语口语教学时，教师还应注意要让对外汉语学生理解汉语问答用语中所包含的文化观念，从而推动其对汉语的理解和接受。

第三，汉语的文化特点在对话中的正反词和正反话上也得到一定程度的体现。语言学家吕叔湘在《现代汉语八百词》中列出了这么几个例子。当一个人问"你为什么生气"时，对方可能会说："我好不容易做好的饭，被他打翻了"；而当一个人好久才到达约定的地点时，对方可能会有所抱怨，这时他有可能说"堵车了，我下来走的，好容易才到了"。这里的"好不容易"和"好容易"虽然在用语上一个有"不"，一个没有"不"，但表示的意思都是"非常不容易"，这种用语方式都属于语言学层面上的语义学范畴，因此在对外汉语口语教学中，教师也应注意这一点，以便对外汉语学生正确理解汉语。

（二）中级阶段对外汉语口语教学的任务

对于中级阶段的对外汉语口语教学而言，教师在该阶段的主要任务是要做好对学生语音、词语以及语言组织方面的训练，具体如下？

1. 做好语音方面的训练

对外汉语语音方面的教学与训练一般会从汉语因素音值、声调等语音基础知识人手。到了中级阶段，对外汉语学生已经掌握了一些语音方面的知识，这时对学生语音方面的训练便需要转为对其汉语语气、语调等方面的超音位的语音训练。在现实的口头交际中，句调的构成形式的改变往往可以改变句子的理性或情感意义。我们比较熟悉的是重音的位置不同句子所表示的意思也往往不同，这是句调的一个组成部分，还有另一方面即句子各部分音高的对比和变化也可以显示不同的意义。比如"好啊"这么个形式，如果把"啊"的音调提高，意思是表示"可以"；而如果加重"好"的语气并降低"啊"的音调，就往往表示批评或谴责的口气。所以，在对外汉语口语教学中应通过示范和操练让学生掌握表示某种意义的正确的语调。

2. 做好词语方面的训练

词语是语言学习与运用的基础，也是对外汉语口语教学的重要内容。到了中级阶段，对外汉语学生大致上已经掌握了一些基本的、常用的汉语词汇，这时对其进行训练就应注意教授他们一些口语化的惯用语及其表达方式，此外还可以教授他们一些在汉语口语表达中起链接作用的惯用语。比如语体的风格、上下文的呼应限制、感情色彩以及适用的情境等，避免单纯的解释或内部结构分析。

3. 做好语言组织方面的训练

对外汉语口语教学实际上就是要让对外汉语学生学会用汉语进行口语交际，因此做好语言组织方面的训练也是对外汉语教师必须完成的一个任务。在开展汉语语言组织方面的训练时，教师应注意跳出句法结构和孤立的单句的范畴，因为这也是语言能力的一个基础，掌握得越多，表达的能力也就越强。对此，应该着重解决以下两个问题。

第一，训练将一个个单句连接起来组成相对完整的表达单位的技能，比如掌握按时间的顺序、按空间的顺序、按逻辑关系或顺序组合等方式，以及掌握各种连接方式所用的连接成分。目的是要让学生掌握使言语活动有条理的技能。

第二，要从聚合的角度让学生学到那些理性意义相同的各种言语表达形式，比如表示同意或肯定的说法有“可不是嘛”“那还用说”等，可以将这些联系起来交代给学生。

（三）高级阶段对外汉语口语教学的任务

和其他课程相比，高级口语教学的盲目性和随意性状态更为突出。因此，要明确高级口语课教学任务，应该从教学目标人手。

高级口语教学着重语义交际技能的训练。吕必松《华语教学讲习》认为：“所谓掌握语言交际技能，就是在什么场合对什么人用什么方式说什么话，能够应付自如。”从这一层面来说，高级阶段的对外汉语口语教学更接近于让学生形成一定的汉语口语交际能力。因此，在对外汉语教学的高级阶段，教师应注意做好对学生口语成段表达能力的训练，即通过将对外汉语谚语技能与交际技能结合在一起，让学生能够正确地组织句子与语段，最终将语段形成篇章，完成对外汉语的交际。

第二节　对外汉语口语教学实践

对外汉语口语教学实际上就是要通过各种方式引导对外汉语学生运用所

学的汉语知识与言语技能进行口语交际，因此，它本身就带有很强的实践性，本节就对对外汉语口语教学的实践进行研究。

一、初级阶段对外汉语口语教学中的听读实践

(一) 听读实践的作用

(1) 有助于检查学生对句法、词汇的掌握程度及偏误情况，及时了解教学中的重点和难点。初级学生往往认为句子比较简单，求知心切，还有一些非零起点的学生，教师也不太了解他在中介语中的问题。学生常常对课文中的句子一知半解。在进行听读训练时，教师可以对句子中的语言点进行有重点的注意，可以随时停下来观察学生可能出现的问题，发现问题之后马上再强调，必要时还可以单独请一两位同学或分组进行听读，努力吸引学生对每个句子的注意力。这样的听读练习既紧张又活泼，以发现问题、纠正错误，达到流利诵读的目的。

(2) 有助于学生认识并了解汉语句子从接受到重建过程中会 m 现的部分信息损失及其信息偏误，认识这些现象产生的原因，并进而理解中介语的某些规律。对中介语规则和句子的结构进行对照和强化是听读过程中最重要的部分，听读前和听读后在多大程度上改进了中介语，是帮助我们了解语言学习规律的一个途径。另外，母语不同的学生在听读时发生的问题也不尽相同，也反映出听读并不仅仅是记忆的过程。

(3) 可以强化学生对课文的理解和记忆。听读可以用在课文学习之前，给学生以整体的声音形象，了解哪些内容没有得到重现，应作为学习的重点；也可以用在课文学习的过程中和学习之后，教师可以控制听读的速度以及重复听读的内容，必要时教师可以在领读之后再和学生一起读，以强化对课文的记忆。掌握了课文这样一个交际的范本，在一定的程度上就可以保证在实际交际中口语输出的速度和正确性。

(4) 听读可以作为一种测试方法，用来帮助教师观察并了解学生在听说汉语行为中的反应能力，以及他们对汉语句子的理解能力和表达水平。一般情况下，对对外汉语学生的汉语进行测试多是以成绩测试和水平测试两种方式进行的，前者主要是为了考察某一时间段内对外汉语学生对所授内容的掌握及熟练程度；后者则是为了考察一段时间内对外汉语学生的汉语口语表达的水平、在进行成绩测试时，教师一般会在测试中增加对已学习内容的听读，可以观察学生对重点句子的熟练程度；而在进行水平测试时，教师一般

会考查对外汉语学生对汉语的记忆广度的大小以及对不同速度的语流的理解、处理能力，可以测出学生听说能力的整体水平。

此外，听读的句子的长度应考虑到学生可能的语言水平和记忆力的限制。一般认为短时记忆的长度大概为七个有意义的单位，但是，记忆的单位是一个变量，短时记忆的容量还会受到长时记忆中的知识等因素的影响。在听读时句子的最大长度应该是普通操母语者所能接受和记忆的长度。另外，同样长的句子，语法和语义关系复杂的在听读时就比较困难。比如“这是王教授托我带给你的书”和“我也要穿颜色鲜艳的衣服了”这两句话长度相同，但前一句比后一句听读困难。所以，在听读时，可以先从以上的几个因素考虑给要听读的句子划分出难度等级，再结合学生听读后对句子的重现率来给出成绩。

（二）听读实践的优越性及学生在实践中常出现的问题

1. 听读实践的优越性

在对外汉语的口语交际中，听与读是密切联系在一起的，它通过声音代码的形式进行信息的传递与储存。考虑到这一点，在进行对外汉语口语教学时，应注意摆脱汉字对学生的视觉干扰，以减轻或避免汉字的视觉代码在向声音代码转换时出现一些信息的损耗或偏误，在缩短对外汉语学生的记忆过程的同时，提高信息传递的准确性和有效性。

汉字作为视觉形象比较强的表意文字，在看读时，母语为拼音文字的学生认读汉字比较困难，他们的注意力多集中在每个汉字的读音上，这样就使看读往往就变成了认字过程；对于外国学生来说，汉字形体的表意功能又成为他们的障碍，他们往往看得懂，听不懂。与看读相比，听读可以避免汉字在这两方面对对外汉语学生的影响，将听与读直接联系起来，从而缩短信息传递的流程，在对外汉语学生的记忆中建立起语言的声音形象。

具体来看，语言学习是一个由短时记忆向长时记忆发展，最后付诸实践的过程。在此过程中，记忆是语言不可缺少的重要支撑，若没有记忆，语言学习便会出现随学随丢的现象，掌握语言能力自然也就无从谈起。而从看读的过程来看，人们在进行这项工作时，是以文字为依据开展的“读”，它相比听读而言，需要将汉字的视觉形象与其语音、语义联系起来，这就需要学生必须认真将每一个单词以短时记忆的形式马上贮存起来，才能够把重复记忆的内容进行再输出。可见，听读相较看读而言，少了一个以文字的视觉形象转化其语音语义的环节，有助于对外汉语学生更便利地开展交流工作。

"听读"和"背诵"两者存在着诸多区别。背诵是语言学习的一个传统而有效的方法，它是一个记忆、输出的过程，但是，背诵的方法在实际的课堂教学中实行起来却存在很多问题。对于来自不同的社会文化背景以及不同性格的留学生来说，背诵不但过于死板，而且还可能会引起一些学生的反感。同时，背诵是一种个体行为，在课堂上进行容易加重学生的心理负担，不利于活跃课堂气氛。另外，初级阶段的口语课文大多是以对话的形式出现的，并不适合背诵。所以，相对而言，听读可以避免上述的这些消极因素，它是介于"读"和"背"之间的语言活动。教师通过集体听读、个别听读以及反复听读重点句子等方法可以在课堂单位时间里更充分地调动学生对课文的注意力。研究发现，如果把阅读过程层次化，即分为字母、音节、词、短语等层次，那么阅读的过程并不一定依照语言单位的层次顺序来进行。当一个较高的阅读层次被接收之后，阅读者就无须回到更低的层次上去完成阅读过程。这样不完整的阅读并不会影响理解。因此，学生在听读时关注、理解和记忆的是一个线性的语音流，是完整的语流结构的排列和组合，从中得出一个准确、完整的意义，然后再进行重建。应用心理语言学曾通过实验证明，句法对理解外语输入十分重要。不熟悉句法规则等于是去理解一些随机安排的单词。因此，在对外汉语口语教学实践中，我们不仅仅要强调学生听懂句子的意思，而且也要训练学生听懂语言结构，使他们学会利用句法来帮助识别词与词之间的联系，使句子在短时记忆里保持较长的时间，这样对提高口语输出的正确率非常有利。

2. 学生在听读实践中常出现的问题

（1）停顿和语调方面。

由于有老师带读，句子原应有的停顿和语调出现的问题不太多，而不该停顿的地方却常常出现停顿。比如：

①没事儿，咱们—下午去—吧。

②央央今天烧—得很厉害。

③抽烟多了—容易—得—肺癌。

④裤腿也短—点儿。

⑤那快递会不会丢了—呀？

在上面这个例子中，②③④句中的一个完整的语法结构的中间出现了停顿，原因在于学生对一些句法（如补语）和肺癌等难度较大的词还不能熟练地掌握。有鉴于此，在开展听读活动时，他们或者需要努力从自已的记忆中去挖掘这些内容，或者对这些内容不熟悉，说的时候也不自信，自然就出现了停顿。而在①⑤句中，对外汉语学生对句子末尾的“吧”“呀”等词语还未形成习惯性运用，因此在进行口语表达时也不能熟练地将其与整个句子连接起来，从而出现了停顿。还有一些情况，有的学生在听读时会忘记说，有时是在听到别的学生说了之后或者在教师的提醒下再加上的，因而出现了停顿。

(2) 语序方面。

在听读时，也常常会出现语序方面的错误。比如：

①小姨要买一张去浙江的机票。

她要订一张机票去浙江。

②小王对这个游戏也挺感兴趣。

小王也对这个游戏挺感兴趣。

③还不错，就是酸了一点儿。

还不错，就是味道有一点儿酸。

由于听读的句子一般不太长，而且听了以后马上重复，所以在较大句法层次上出现的语序问题并不多，仍然多是词法和语言点的问题。比如句②中的“也”的位置，句③中的“一点儿”的用法。这三个例句中的语序问题也说明学生在听读的过程中并不是单纯的重复，而是表现为下面这样的过程：

听 [接收] →理解 [语义上组建命题]

[句法上分解结构] + [中介语规则] →记忆→重建句子

在这个过程中，由于听读的都是课文中的句子，所以语义基本上是已知的，从而使问题集中在了句法上，学生的注意力也主要集中在了句法上。这对于课文的语言结构的学习有一定的作用。

除以上两个在听读训练中比较容易出现的错误外，虚词常常被遗漏或被替换为别的词也是较容易出现的错误，学生在听读时需要注意，这里不再详细介绍。

需要注意的是，以上在听读方面容易出现的问题往往纠缠在一起，不能截然分开。总结起来，还可以概括为下面两个普遍性的问题。

第一，错误多出现在句子的后半部分。在听读中常常会有句子的前半部分记得比较清楚，后半部分说不下去的情况。

第二，句子简单化（主要表现为句法简化）。被简化的部分正是中介语句法系统中不具备或还没有完全建立的，在短时记忆检索分析时没有被很好地识别，就丢失了。

二、中级阶段对外汉语口语教学的朗读实践

对于中级阶段的对外汉语学生而言，是否能形成科学合理的口语输出能力是其教学活动是否成功的一个重要标志。而确定对外汉语学生的口语输出能力一般多是以其是否具有较好的朗读能力为标准的，因此在中级阶段的对外汉语口语教学中，朗读也是一种常见的实践形式。

（一）朗读实践的作用

1. 朗读可以帮助学生正音、正调

朗读可以算是一种“准口语”，在开展朗读活动时，如果教师能够长期关注学生汉语表达的重音、连读、变调、儿化音等有关口语标准的技巧，并对其进行训练，就能够为学生练就一口纯正的、标准的汉语打好基础。

2. 朗读有利于培养学生的语感

一般情况下，在中级对外汉语教学中，教师提供给学生进行朗读的材料都是汉语的。而当对外汉语学生开始朗读时，他就需要将口、耳、眼结合起来利用，使所读的内容在大脑中不断得以强化。这种刺激会对学生的记忆和大脑产生刺激，当其再遇到类似的场景或情境时，脑海中便会不自觉地展现他之前所朗读过的语言材料，并以此为标准来评判自己的口语表达是否准确。

3. 朗读可以使学生更早接触语法、单词及语篇衔接手段

在进行对外汉语口语教学时，如果教师能够设计多种情境并给出适当的表达方法，让对外汉语学生反复进行朗读，并在此过程中不断锻炼自己的发音，学生就会将这些语言材料形成程序性的系列模式，一旦学生有表达的需要，脑海中就会出现某个模式，只要稍加改造就能说出符合当时语境的句子。

4. 可以培养学生形成段落分明、首尾呼应的习惯

当国外留学生学习汉语到了中级阶段之后，掌握了一定的词汇量，教师再注意选择适合学生的材料并加以体会、模仿，就能帮助学生养成注意篇章结构模式的习惯。

5. 可以帮助学生体味汉语语句的含义

对于汉语而言，其句子的意思不仅指其表面的意思，还包括一些隐含的意思。这一点对于将汉语作为第二语言的对外汉语学生而言，是非常困难的，若教师没有注意引导他们理解和体味汉语语句中所传达的各项意思，他们在语言交际中便不能真切理解说话人的意图和用意，自然也难以产生良好

的交际效果。而朗读则可以通过一些朗读材料塑造一定的口语情境，教师在这种情境下指导对外汉语学生去理解语句的意思，自然也会有较好的效果。因此，朗读可以帮助学生体会汉语语句的含义。

（二）开展朗读实践必须注意的问题

1. 科学选择朗读材料

一般来说，要想通过朗读来提高对外汉语学生的口语表达能力，就需要科学选择朗读材料。具体来说，在选择朗读材料时，可从以下几方面入手。

第一，朗朗上口的儿歌、绕口令等，如《红鲤鱼与绿鲤鱼与驴》《八百标兵奔北坡》《黑化肥》《打南边来了一个喇嘛》等。

第二，改写过的寓言、神话小故事，如《白蛇传》《沉香救母》等。

第三，包含名句的古诗词，如崔颢的《黄鹤楼》、苏轼的《水调歌头》、李煜的《虞美人》等都是不错的选择。

2. 朗读实践的注意事项

（1）教师自身在朗读时的注意事项。

第一，教师要明确一点，即学生汉语口语表达能力的提高以及朗读水平的提高是有一个过程的，因此在进行朗读活动时，一定要注意循序渐进。

第二，教师要处理好课堂时间的安排。通常，教师应将领读、跟读、齐读、自由读（时间可以是分割的）等控制在十分钟之内，课后要给学生留下大量朗读练习。

第三，教师要处理好朗读与口语输出的关系。口语是一种产生性技能，必须要伴有大量的输出练习，朗读只是其中的一个环节。

第四，教师在选择朗读材料时要遵循“可懂输入”的原则，不要仅仅将朗读材料局限于学生已经学过的词语或句子的范围内，可以出现适当范围的扩展，但必须要把握好度。

（2）教师对学生在朗读时的注意事项。

第一，教师要注意在对外汉语教学的课堂上，营造一个宽松、和谐、积极、有好的氛围，以便学生在课堂上保持轻松的状态，积极主动地开展朗读活动。

第二，在教学过程中，教师应注意帮助学生克服胆怯、害怕出错而丢面子等心理，鼓励他们在公众场合进行朗读。

第三，汉语相对于其他一些语言而言，是有一定难度的，因此一些对外汉语学生在学习汉语的过程中难免会出现急躁等心理，这时教师就应注意帮助他们克服这些不利心理，指导他们一步一个脚印地向前迈进。

第四，考虑到口语表达不同语境、不同语调的特点，教师在进行对外汉语的口语朗读课程中，除了要积极强调学生注意标准的发音和进行语调、句式、语段等的练习之外，还应引导学生根据不同的材料、不同的场景选择相应的朗读节奏。

三、高级阶段对外汉语口语教学的辩论实践

高级阶段的口语教学更侧重于学习者成段表达的技巧以及用汉语进行思维的训练，辩论是进行这种训练行之有效的方式，它可以为学习者提供一个自由的习得汉语的环境，在发挥其主观能动性上具有明显的效果。

（一）辩论实践的作用

在高级阶段的对外汉语口语教学中，辩论实践的作用主要包括以下几方面。

（1）为学生创造了自由的交流环境。成人学习第二语言的途径不仅是通过学习，也可以通过习得的方式获得，换句话说，语言知识的学习和语言技能的训练相结合，是最好的途径。留学生在目的语国家学习，为习得提供了可能。在高级阶段的教学活动中，学生在课堂活动中的主体性更加显著，这就要求我们尽可能地为学生提供一个自由的交流环境，以发挥他们的积极性。辩论的气氛虽然是紧张的，但这种紧张的气氛也会让学生产生自由、主动的情绪，会让学生敢于表达自己的观点，为了小组的荣誉，积极反击对方，大家的自信心和听说能力在不知不觉中提高了。此时，学生克服了害羞的心理，专注于本方和对方辩友的表达内容。他们不单单拘泥于已准备好的材料的复述，还能急中生智，临场发挥。这种自由的、无拘束的交流无疑提高了他们的语言交际能力。

（2）培养并加强学习者用汉语思维的习惯。在对外汉语口语学习的最初阶段，学习主体很难将思维直接与目的语联系起来，在理解和表达上往往需要一个由母语翻译为目的语的中介过程。当学习主体达到一定的水平后，便已经积累了一定的词汇量和语言规则，适当的交际环境可以为他们提供用外语进行思维的契机。在紧张、激烈的辩论中，辩论主体要尽快理解对方的意图和言语内容，对对方的问题及时做出反应，必须尝试将思维和汉语联系起来，辩论则起到了一定的督促作用。

（3）激发灵感，挖掘潜力。第二语言的学习不是对语言知识的简单、机

械的重复，而是一个具有创造性的过程。第二语言学习的主体已经具备了第一语言的语言知识、文化知识和科学的思维能力。

这为学习的创造性提供了保障。而辩论过程的自由性为学习主体发挥其创造性提供了一个广阔的空间。在辩论过程中，学生们时时有一些精彩的语句，而这些精彩的辩词常常是他们“急中生智”的成果。所以说，辩论具有激发灵感，挖掘潜力的重要意义。

（4）提高应变能力。对处于高级阶段的学习者而言，凭借自己已掌握的语言能力，在基本的日常生活交流中，面对固定的谈话对象、相对固定的谈话内容，交际过程中一般不会遇到障碍。而依据第二语言学习者的学习动机来说，无论是职业的需要，还是交际的需要，他们在日后的工作和生活中，都将面对更多不同的场合、不同的谈话对象，交际的背景和交际目的也各不相同，交际内容的复杂性和不可预测性决定了交际者在具备一定的语言知识、文化知识和交际策略的基础上，还要具备一定的应变能力，针对不同情况做出相应的反应，只有这样，交际才能成功。而辩论为学生提供锻炼应变能力的机会是不言而喻的：在辩论过程中，辩论双方都无法预测对方提出的论据材料，而要使辩论顺利进行，不仅要有准确、丰富的材料作为根据，更需要对意想不到的提问、陈述等做出适当的回应，这在无形中提高了学生的应变能力。

（二）辩论实践对主客体的要求

辩论的主体一般需要有一定的汉语水平，这个水平相当于《汉语水平等级标准与语法等级大纲》中规定的中等水平或中等水平以上，具体来说，他们应该具有一般性的听、说、读、写、译能力，具备在中国高等院校入系学习的基本语言能力。这既是对辩论主体的要求，又是在教学活动中使用“辩论”形式的前提。

辩论对客体的要求也就是如何选择辩论的主题。通常，辩论的主题应联系到实际的教学内容中，要针对所学的内容确定辩论题目。选择的辩论题目要紧紧围绕教学内容，这样既可以巩固所学内容，又可以顺利地完成用汉语沟通和交流的任务。

四、不同流派的对外汉语口语教学实践

（一）提问式口语教学

从对外汉语口语教学的基本任务来看，它实际上就是要培养对外汉语学

生的口语交际。而在口语交际中，很大一部分内容是通过言语问答的形式来开展的，其中“问”是主动发出信息，“答”是被动的反馈。为了让学生主动地学，而且在将来的言语交际中处于主动地位，在对外汉语口语教学中，应该强化学生的问。问，是言语过程的起点，是口语教学的一个重要内容。

1. 激发学生问的欲望

在对外汉语口语教学中，一定要注意激发学生问问题的欲望。通常，学习汉语的外国留学生对中国悠久的历史文化有着强烈的了解欲望，对国人的语言还有中国的社会、文化、风俗、习惯、历史乃至心理状态都有着很强的好奇感，有感必然要发，必然要问。激发他们问的欲望，关键在教师。所以，教师在开展对外汉语口语教学的过程中，一定要注意将自己的心扉敞开，以积极的态度鼓励学生发问，以免学生因害怕教师不悦而不敢提问。与此同时，教师还应注意以当前的教学内容为基础和依据，为学生创造一个恰当的语言环境，以便学生能深人情境中发问。此外，对于学生的问题，教师也要及时给予回答，并给学生恰当的鼓励，刺激学生问的欲望，提高学生发问的积极性。

2. 教会学生问的方法

生活中有千千万万的问题，有各种各样的问法，但是归纳起来，问的方法却仅仅有四种。

第一种是选择问。第二种是非问，包含有四类：一是在陈述句的末尾加“吗”；二是在陈述句后，另外加上“好吗?”或“行吗?”“对吗?”“可以吗?”等；三是用疑问语气表示疑问，其书面形式，只是在陈述句后改用问号即可；四是用“吧”的疑问句。当提问的人对某事有了某种估计，又不能完全肯定时，在陈述句尾加上“吧?”就可以了。第三种是正反问，其中含一般正反问和用“是不是”的正反问。第四种是特指问，包括一般特指问(即用疑问代词的问法）和用“呢”的特指问。

问是对外汉语口语教学的一个重要内容和重要形式，为了确切发挥出这种提问形式对对外汉语口语教学的效果，教师应注意使学生先学会以上四种问法，并要求他们每天练习这四种问法。

3. 实现学生问的训练

无论是哪一种语言技能的掌握都离不开大量的实践，通常，实现学生问的训练主要包括以下几种。

(1) 见面两问。

见面两问实际上就是让对外汉语学生在课堂教学开始之前，利用已经学习过的材料和知识，向教师提出两个问题，如果问题不存在语病，而且真实，教师就必须回答。这样不仅帮助学生复习了已经学习过的语言知识，也能够激发学生用汉语发问的欲望。

(2) 每词必问。

对每课的生词，学生也要做到每词必问。学生负责在课前将生词抄在黑板上，逐个轮流，每人一天。这是学习汉字的过程，也是对学习的促进。更重要的是，学生在抄写的过程中会发现很多要问的问题。生词的发音和组句，需要教师首先进行示范，并输入正确的语音信息，先入为主，从而给学生以正确的语感。然后让学生以教师提出的句子为依据提出问题。

此外，开展每词必问时，教师应注意引导学生对每一个问题都进行重复并回答。在此过程中，对所提的问题不仅要从声母、韵母、声调等方面进行训练，而且要从重音、停顿等方面对其进行训练，以便帮助对外汉语学生理解句子中的音强、音长、音高、节奏等问题。在这里，一个学生用一个生词组成的一个问句，全班同学都在重复，都在回答，他就会在小有成功的兴奋中轻轻松松地就掌握住了这个词。同时全班同学也都提高了这个词的使用频率，加强了学生大脑词库对这一生词的熟悉度。这样便可以大大提高言语交际中对这个词的检索水平。

这里需要指出的是，由于词与词存在着一定的差异，所以，在进行“每词必问”的训练时，方法与力度也因词而异，而且这一教学活动要与句型、课文教学融为一体。

(3) 一句多问。

训练学生说的技巧主要靠模仿，同样，训练问的能力也要靠模仿，这种模仿是搞“一句多问”的模仿。这是每课的重头戏，主要在课文与句型的教学中进行。例如“三婶昨天买了两条鱼”这个句子便可以通过以下三个步骤进行教学。

第一步：教师以正常的语速说出这个句子，然后让学生说出句子的中心词，即“三婶买鱼”。然后将这个中心语作为引子，引导学生认识“主”“谓”“宾”这个结构，之后用标准的语音、语调提出针对这个“主”“谓”“宾”结构的问题。

第二步：用填充法对“三婶买鱼”这个中心语进行填充，分别加上状语

"昨天"和定语"两条"，然后让学生模仿教师的添加方法对中心语进行扩充，之后再引导他们模仿教师正常的语调和语速。

第三步：要求学生对该句子的不同成分逐一提出问题。能够辨认句子成分，才能对同一句子针对不同命题进行多角度、不同方式的提问，而每一个问题实际上都能够使人们在语言心理机制上出现高频率的转换与倒转换，也就是说每一次提问人们的表层结构到深层结构就会进行一次转换与倒转换，这种转换的频率越高，人的言语能力也就越高。

（4）多句一问。

所谓多句一问，就是要学生从一个句子走到句群中去，从问小问题到问大问题。这种发问是在课文教学中进行的在一段以至通篇之中进行的抽象性提问，这可以让对外汉语学生的汉语能力在宏观和微观的变化与转变中得到一定程度的升华。要达到这种升华，教师可以在进行了"一句多问"的训练基础上，并注意为学生开展有价值的提问训练创造良好的氛围。

4. 考核之问

作为实现教学目的的手段之一，考核具有督促、引导的作用。所以，教师在对外汉语口语教学中可以采用考核之问。通常，传统的考核方式是教师问学生答，在这里，教师可以变革以下考核办法，可以采用学生问教师答的形式，分五组考题供学生抽签。每组包含以下四类题目。

第一类：以某一专题为中心，学生向教师发问，会话五分钟。例如有一次考试出了如下五个专题：告别、去医院看病人、祝贺生日、找旅馆和托运行李。

第二类：一句多问，要围绕考签上的题目问出五个甚至五个以上的问题。

第三类：多句一问，针对某一段话概括性地问出一个问题。

第四类：临时发问，以周围环境临时随意向教师问出两个问题。

这种考核方式从第一单元测验就得开始。学生逐渐适应后，兴趣浓厚，对教学有明显的促进作用。考核中，有以下四条问的准则来判断与衡量学生问的水平。

第一，量的准则，即每问只能有一个质疑点。

第二，质的准则，即质疑点要明确。

第三，关系准则，即内容要符合语境要求，尽量做到得体。

第四，方式准则，即问的语音、语调准确。

（二）语段、语篇口语教学

在对外汉语教学中，学生会经历一个由词到词组、单句、复句、语段乃至语篇的渐进程序。其中，词、词组、单句到复句的教学相对简单，而语段、语篇口语教学则复杂得多。在具体的教学实践中，教师一定要注意语段、语篇口语教学的重难点，根据学生的认识特点，提出建议，从而达到良好的教学效果。

1. 语段、语篇教学的重难点

（1）连贯问题。学生在进行语段、语篇表达时常犯形式连贯而语义不连贯的“假连贯”的错误。

（2）主述位结构问题。学生在进行语段、语篇表达时常出现主述位推进脱节的现象。

（3）衔接问题。学生在进行语段、语篇表达时时常出现篇章衔接不合理的情况。

2. 语段、语篇口语教学模式科学系统的构建

要想运用篇章语言学的相关理论来指导语段、语篇口语教学，构建科学系统的语段、语篇口语教学模式，可以从以下几方面人手。

首先，注重在语段、语篇层面上的相关语言要素的教学，加强学生在语段、语篇的层面上对一般词语、关联词语、句子等语言要素的认识和学习。

其次，加强汉外对比，使学生了解并掌握典型的汉语篇章表达模式，让学生对汉语篇章表达模式有清晰准确的认识，能够准确选择出汉语的表达模式及衔接手段。

再次，设计大量配套的练习，使练习形式更丰富，内容更科学，更有针对性，从而能真正达到有效地提高学生语段、语篇表达水平的目的。

最后，引入篇章语言学中相关理论，建立与基础语法的接口。

第三节　对外汉语口语能力的训练方法与技巧分析

对外汉语的口语能力训练应从发音、句型、话题、对话等方面人手，同时还要注意纠正在训练中容易出错的问题，但教师一定要掌握恰当的纠错技巧。

一、对外汉语口语发音教学训练

口语表达中，发音是否准确将会在很大程度上影响口语交际的质量，因

此，在对外汉语口语教学训练中，首先要对其进行训练的就是学生的发音。

（一）关注各国学生汉语发音的特点和难点

发音学习的成果在很大程度上与学习者的年龄、对语音的听觉敏感程度和模仿能力、学习者母语字母的发音习惯和特征、语音练习的数量以及学习者专注和参与的程度等诸多主观因素紧密相关。这些因素显然都是“行为者”（学生一端）充满了特殊性的、个体的、经验式的、历时性变化的因素，也是在教学活动中教师很难控制的因素。如许多日本学生发汉语单韵母 e、u 和复韵母 ou、iu 有一定困难，他们常把声母中舌根擦音 h、唇齿音 f 发成双唇擦音。而韩国学生则把唇齿音 f 误发成双唇音 p、b。日本、韩国学生都发不准舌尖音前音 z、c、s，舌尖后音 zh、ch、sh 和舌面音 j、q、x。欧美和澳大利亚籍的学生在发 ren 这类字词的声音时，往往都会带有一些区域性的特征，读作 ruen。这种特征也表现在汉语的词语连读声调上。韩国学生在词语连读中对于第二声的音高往往低于中国人；而来自越南、马来西亚、菲律宾等国的学生则容易把第四声读作一个降低了音高的第一声。因此，如果教师能够主动关注来自不同国家、区域或地区的学生在汉语语音学习上的不同特点和难点，还是可以给予学习者一定的帮助和指导的。

（二）变换形式反复刺激

发音训练的结果与机械重复的多寡与这种机械重复刺激的深浅有十分紧密的关系。也就是说，发音总是与说话者使用这个语音的多少、受到的语音刺激以及逐渐形成的发音习惯有关。因此，在口语教学中，教师可以通过相对集中的巧妙设计和变化语音重复的形式，来反复刺激学习者，在有限的时间内和一定程度上强化他们对于汉语语音和声调变化的记忆。

口语中不仅有单个字词的发音，还有多个字词连接在一起时声调的关系及变化，因而，词语连读总是留学生汉语语音学习中的难点之一。如把“大马”读作“大麻”，把“青菜蘑菇”读作“芹菜蘑菇”，导致日常交际中的误解和笑话。因此，词语连读教学就需要更加强调和突出连续性和重复性的特点，即教师在整个一个学期的口语教学中，始终都要注意并反复地提示更正学生在词语连读中所出现的问题，并且要为这些连读的词语设计其上下文或具体语境，这也是在课堂教学中利用重复加强学生记忆的形式之一。

二、对外汉语句型教学训练

如果说词是语言中最小的能独立运用的语言单位，那么句子就是言语交际行为中传情达意的最基本的单位。句型教学与语音教学既有联系又有区别。句型教学也需要有意识地运用重复手段以加强或刺激学习者的记忆，但是其重复的性质却应该隐含在各种不同的句型的语境之中。对外汉语口语句型教学训练应从以下两方面来进行。

（一）在模拟的语境中进行句型教学

口语教学应充分发挥“行为者”的能动性质，设置一个大致的情境及其在这种情境中合乎交际逻辑或习惯的主要句式、词汇、短语等，然后让学生在此情境中即兴生发，自主地参与创造出一些情境的延伸或扩展。因为，口语教学并不是一味被动地模仿具体的言语环境，无论虚拟的语境模仿得多么逼真，都是一种虚拟的空间。甚至包括教师带领学生进行语言社会实践的具体语境，由于被教师像科学家做实验一样的挑选出来，因而也成了某种客观语境的海市蜃楼。这种虚拟的语境具有某种现实社会语境的本质特征，即它的不可预见、不可模仿和即兴演化的性质。这种设计绝不仅仅是在调动或刺激口语者的兴趣和创造精神，而且是在试图模拟社会言语交际所置身的语境的本质特征。在这种虚拟语境的设置中，教学大纲、教师水平、教学习惯、特点和观念，以及学生接受教育的习惯模式总是在深层发挥着作用。而且虚拟语境的高度仿真，一点也不意味着教学重点的无中心、无计划和随意性，相反，它将自己的能动性体现在了课堂口语尚未开始之前。

（二）适当增加每堂课主要句型的变异形式

教师对句型教学的探索和认识，是以对口语行为的语境关系的理解为基础的。

即使是最隐微、最短暂的口语行为，其交际功能的实现也必须依赖于特定的语境。语境是口语主体间的社会契约，它保证了言语符号被适当地理解，排除不适当的“误解”。换言之，从来就不存在没有具体语境的言语，尤其对于口语来说更是如此。那些看上去似乎脱离了具体语境的字典或教科书，也不过是把人们最常碰到、因而视为自然的特殊语境预设为一般的不证自明的语境而已。因此，任何一种口语教材，都会人为地预设某种特殊的语境。口语教学的各种形式，如课堂上老师与学生或学生之间的口语练习、角色扮演练习、课堂讨论与辩论等，也都有意无意地构成了一种仿真性的汉语口语语境。

不过，在真实的社会言语交际活动中，对外汉语口语教学与实际的语言交际会在一定程度上出现某种程度不协调的现象。因此，句型教学中才总是需要而且应该设计或模拟出生活中某种具体的言语环境，特别是那种环境的本质特征——随机演化的性质。这就需要根据每堂课所教授的主要句型，设计一些在不同特殊语境下这些句型的变异形式。以“早上问候”这一常见的情境口语教学内容为例，教师的基本句型可能是“早上好”“你好”或“您好”等。但是在实际生活中，条件或语境改变了，其对问候所作的回应也有所不同。所以，教师不能只满足于在课堂上一般地讲解“早上好”这句问候语，而是在讲解了其基本意思以后，还应该具体说明和讲解一些特殊具体的语境下的变异形式，例如熟人之间的问候及其简单问候之后的延伸交谈，问候者匆匆上班或闲散地逛街时碰到熟人的不同问候形式，汉语中礼貌得体的点点头的问候方式以及根据中国的习惯，外国人应否或能否主动问候对方的问题等。

三、对外汉语口语训练话题的选择

（一）话题的选择及讨论的设计

对外汉语教学应包容多元化的文化及价值倾向，当然，涉及国家主权、政治制度、基本国策、国家机密以及民族尊严等重大问题例外。因此，传统教材中那种只宣传本国文化单一的话题，往往无力组织一堂成功的讨论或辩论课。教师认为，讨论或辩论课应该精心选择或设计那些具有内在矛盾、易于引起来自不同文化背景的人们不同反应的话题。而讨论步骤的设计，则应该从调动学生产生说话的兴趣和勇气出发，设计一系列符合学生兴趣特点的话题形式。至于话题的延伸部分，主要应该由教师来引导，它需要与主话题有一定的连续性，便于学生通过类比和联想掌握与记忆。最后，一堂讨论或辩论课上，教师所设计或所总结的新词汇及句型都不宜太多，应该重在给学生留下较深的印象，并通过课堂练习熟悉和记住。

讨论课的教学步骤依学习者的汉语水平及其他具体情况可以设计成多种不同形式。中级班的讨论教师要设计为两部分：首先以一种“角色表演”的形式进行，即由 10 位学生（也可以减少至四人，应视教学课时而定）分别扮演申请人，要求学习者参照上述各申请人基本资料的描述，想象其性格以及其他情况，然后向其余同学表演或模拟陈述整个申请的过程。其余模仿奖学金管理人员的学生，则被要求仔细倾听并询问申请人的情况和理由，最终推荐一位获取该奖学金的候选人并陈述理由。其次，根据学习者所表达的观点和倾向，将全班分成若干小组进行商议和讨论，最后以小组为单位再次进行全班的讨论，决定一位奖学金获得者，并陈述理由。而在高级班上，教师只是引进了辩论的因素，当奖学金获得者的提名逐渐集中时，教师就将全班同学分为辩论的“正方”和“反方”两组，要求他们不再根据自己的意见和喜好，而是根据辩论的需要进行立论或反驳。

这种教学步骤中“角色表演”的形式，易于给这种说话或表达的练习增加个性和兴趣因素。据课堂实践检验，参与者情绪轻松活跃而且注意力比较集中，效果比较生动。至于分小组陈述其理由，有时会引起一定的争执，但也往往将口语或讨论引向更深入也更复杂的层面。而在这个过程中，教师发现了学习者为表达意见，所迫切需要学习和掌握的那些新词汇和有用的句型。

（二）深入探索话题

对外汉语口语课的教学目的不是要统一是非、统一观点和统一标准，也不是单纯地介绍或分析中国历史或当代的情况，而是要尽可能地激发不同文化背景所造成的文化冲突，使学生积极思考、表达和解决这些冲突矛盾，并在此过程中学习和提高汉语表达的能力。因此，教师有意识地在话题中发掘或制造某种适度的对立和矛盾，使讨论更加深入，就成为引导技巧的核心之一。

四、对外汉语基础对话训练

（一）情境练习

一般情况下，口语会话都是在一定情境下产生的，因此在进行对外汉语口语教学训练时，教师也应该注意围绕会话的主题为学生设计一定的交际情境，以便让学生在具体情境中开始进行口语表达练习。

从对外汉语口语教学的实际来看，起初，外国学生掌握的汉语语料是有限的，可能只会一些简单的对话，如果不给他们设置情境练习，可能他们到饭店、车站、发廊都不知道怎么交流。因此，教师要针对学生们平时最可能遇到的情境来设计情境。例如，学生 A 在鞋店买了一双鞋，回家之后觉得小了，穿着不舒服，想去退货：

A：老板你好，我昨天在你这里买了一双鞋，穿着感觉有点儿小，走路不舒服，我想退了，可以吗？

B：不好意思，本店货物售出，非质量问题不退。但是我可以给您换一双合适的，您看可以吗？

A：好的，麻烦你帮我换一下，谢谢！

（二）提问练习

汉语的提问方式，特别是特指问句中的疑问代词比较复杂，有的学习者学了一段时间的汉语，提问能力还是不强，所以，口语课文应当加强对提问能力的训练。一般情况下，教师可以就某一主题要求学生对其从各个方面进行提问，它可以将口语会话控制在一定范围内；而自由提问则是由学生就自己所关心的问题进行随意提问，它可以满足学生的自我兴趣，也容易使课堂氛围较为轻松愉悦，但却需要占用较长的时间。教师可以根据课堂教学的氛围、主题等自由选择提问练习的方式。

（三）师生问答

人类最基本的交际方式就是问答。所以，在对外汉语口语教学的基础对话训练中，教师也要重视师生问答练习。在进行这种练习之前，教师必须要对学生的性格、爱好、日常生活情况等有一个大致的了解，这样才能在学生的隐私和比较难答的问题的基础上，提出适合学生特点的、真实亲切而又十分自然的问题，从而使学生积极主动地回答问题。良好的师生问答练习不仅能够提高学生的口语表达能力，还能够增进师生之间的思想、情感交流。

（四）情境问答练习

对外汉语口语教学中的情境问答练习是教师设置情境，让学生在情境中充当不同的角色，进行问答练习。一般做法是老师说一个情境，学生根据情境进行简单的对话。比如教师给出下面的情境让两个学生对话：

在服装百货市场里，A 看上了一件非常漂亮的羽绒服，很想买，可是价钱很高，难以接受。经过一番讨价还价之后，服装店的老板 B 降了价格，A 如愿买到了喜欢的衣服。因此，学生可以进行如下对话：

A：老板你好，请问这件羽绒服多少钱？

B：一千五百元。

A：太贵了，能不能便宜点儿？

B：你先试试看合身不？

A：嗯，挺合身的，最低多少钱卖？

B：一千三，不能再少了。

A：还是太贵了，八百卖不卖？

B：这太少了，卖不了，这是羽绒服，这个价钱要赔本。你再加一点吧。

A：那好，再加一百，九百元，最多了。

B：还是太少了，一千块，你买不买？

A：好吧，我买了。

（五）表演

对外汉语口语教学中的表演，就是说话和动作（手势、姿态、面部表情等）的结合，这也是它与问答的不同之处。在对外汉语口语教学中，表演能够加深学生对所学词语、句式、语法的记忆，并将其运用到日常交际中，从而养成用汉语来思考、自动处理语料的习惯。

对外汉语口语教学中的表演主要有三个步骤。

1. 准备

准备步骤主要是准备道具、分角色练习以及设计动作等。

2. 进行

进行步骤主要是让表演学生在其余学生面前进行表演。一组表演完了，轮换下一组。如果有的同学因为紧张把台词忘了，老师可以从旁提示一下。

3. 总结

总结这一步骤主要是教师对学生表演过程中的交际错误给以纠正，对学生的表演给以鼓励和肯定，并重复强调主要语言项目。

五、对外汉语口语训练应注意的问题

（一）教师应倾听和理解学生的谈话

教师专注、仔细地倾听学生的每一句话，根据其用汉语表意的习惯来理解其主要的意思、态度和情感，对于学生具有积极的心理作用。学生往往通过教师的反应（也可称之为口语效果）来确定他自己口语的水平和能力，因此，专注、仔细地倾听他的口语练习，特别是真正抓住和理解学生讲话的要点，并作出相应的口语反应，这种反应本身所传达的信息，能够鼓励留学生讲汉语或用汉语表达的自信与兴趣。

（二）对于不同水平的学生的引导侧重点和方法应有所不同

虽然教师提倡教学中应以学生为主体，但教师的引导作用仍不可忽视。对于不同汉语水平的学生，教师引导的侧重点和方法应不同。一般说来，初级班的口语训练，在关注学生语音、语法问题的同时，应引导学生运用基本句型来说话。中级班的口语训练中，教师仍然需要不断给予学生鼓励，保持学生在说话时某种流畅的节奏和比较自由的状态，要认真、仔细地倾听，避免过细地纠正其语句的错误，而且在其说话的过程中，不打断、不插话，用心辨析并记住学生说话时的一两处典型或普遍的错误，进行讲解或练习，在学生练习表达的基础上，通过引申的问题引导学生逐步完整、丰富或深化其想法和意见。高级班的口语课教师应加强用词的准确性和使用多种表达形式的教学内容，例如增加一些词义的辨析，以及在不同场合使用不同词汇和短语的内容，还应注意挖掘话题中隐藏的一些对立或矛盾的因素，引导学生针对其表述自己的看法。

(三) 适时地增加学习难度

适度的压力对于人们认识活动起促进作用，这一点同样适用于教学活动。教学中应仔细观察学生的接受情况，在他们已经比较适应和熟悉了教师的声音和方法的时候，适当增加一点难度，不露痕迹地给他们一点压力和刺激，以期开掘其成年人潜在的认识、联想等思维能力，并通过这些已经具备的认知能力来学习和提高汉语口头表达的能力。

例如，对于初级水平的对外汉语学生来说在进行口语训练时可以适当地选择一些难度较小的内容，如日常生活对话等；而当其汉语水平已经有了一定的提高，能认识汉字时，就可以将汉字阅读融入口语训练中，以不断刺激对外汉语学生提高自己的汉语口语能力。

六、学生口语表达错误的纠正技巧

在对外汉语口语教学中，保证教学质量的一个重要手段就是纠正学生的口语表达错误，这是口语教学的重要环节。教师在纠正学生的表达错误时一定要讲艺术、有技巧，既要纠正学生的错误，又要保护学生的积极性。具体来说，教师可以从以下几方面入手。

(一) 加以提醒

一般来说，教师在听到学生的表达错误之后，应立即让学生重述一遍，此时学生就能明白自己刚刚的表述有问题，重述的时候就会加以注意。通常，学生出现的错误多为对语言材料的不熟以及粗心，只要老师加以提醒，他们就会很容易改正，所以再问一遍是提醒并鼓励学生自己改正错误。

例如，以英语为母语的对外汉语学生在进行汉语口语表达时，常常会不自觉地将汉语表述方法按照英语表述的方法进行，如英语中的再说一遍可以用“again”来表示，而汉语中只有“再”翻译成了“again”，所以很多外国学生经常说“再说”。这时候，作为老师不能简单地说这样不对，可以适当的给学生解释一下，告诉他汉语的“再”是副词不能像“again”一样单独成句，如果要说也要和一些动词搭配一起，再说一遍，再来一次。

（二）以板书的形式对其进行纠正

归纳总结时，教师可以采用板书的形式，这样既不会打断学生的思路，也能够提醒学生注意自己的错误。不过，要注意的是，运用板书纠错不要只针对个别学生的错误，而应是全班较普遍的错误。如果只针对个别学生的错误，会让该学生紧张，并产生羞愧的感觉，会打击他学习汉语的积极性。但针对全班普遍错误就不同了，这样既能让每个学生都认识到错误，加深印象，又不会伤害学生的自尊心。

例如，在对外汉语口语教学中，教师可以先将学生分成若干个小组（每组 4～5 人），教师规定 1～2 个题目，让学生在小组中交流对话，之后再对他们的对话进行总结，在总结的过程中就可以将交流的中心、交流的焦点等以板书的形式写在黑板上，这样就可以起到很好的强调作用，同时也有利于对外汉语学生将汉语口语与汉字书写联系起来。

（三）送正误卡片

有些学生的虚荣心比较强，针对这样的学生，在他犯错误的时候，教师就不能当众点出，要照顾他的心理接受能力，可以选择把他说的错句写在一张卡片上，然后再写上正确的句子，在他人不注意的时候悄悄塞给他，这样做会更适合他的心理。对于他不懂的词，教师要加拼音，甚至给以翻译，既能加深他的印象，又能让他保持对汉语的兴趣以及学习汉语的积极性。

例如，对于初级阶段的对外汉语学生而言，他们在学习汉语之前．对汉语的语音、语法、词汇等都是不了解的，因此很难准确讲出一些汉语词汇或句子，这都是很正常的，教师完全可以细心地对其加以纠正。但是在此过程中，部分学生在连续“说”的过程中，可能都是错的，在这种情况下，依然一遍一遍地教他们正确的说法，很有可能会引起他们的逆反心理，这时教师就可以运用送卡片的方式，将记载着正确说法的卡片送给他们，以减缓他们的尴尬和厌烦心理。

第八章　运用类推法进行对外汉语教学的理论研究

第一节　对外汉语习得中类推存在的必然性和作用的重要性

一、第二语言习得中类推存在的必然性

（一）由语言的特点决定

1. 语言系统自身的特点为类推的实现提供了可能

①语言系统具有无限性。每种语言都是句子的集合。含有有限个元素的集合叫作有限集合；含有无限个元素的集合叫作无限集合。自然语言集合是一个含有大量元素的无限集合，元素间的组合数目难以统计。

②语言系统具有离散性。从物理学角度看，人们说话时，声学参数如音高、音强等在时间上是连续不断的。但从心理学角度看，句子可以分割为一个个不连续的成分，这些成分在时间的纵向链条上还可以反复出现。正是因为句子具有离散性，我们才可以用字母或者文字来记录它们。每种自然语言都可以使用数目有限的字母构成数目无限的字母序列，也可以使用数目有限的音位构成数目无限的音位序列。

③语言系统具有层次性。无论长短，句子总是由一些可以分割的单位组成。单位和单位之间呈现的是两种关系：线性关系（各单位依次排成序列）和层次关系（大的单位→较小的单位→更小的单位→……）。

正是由于上述特点的存在，语言具有了生成性、多产性和规律性的特点。其中，规律性既是交际的需要，也是交际工具必须具有的特征。在语言发展的漫长过程中，规律性趋势和抵抗这种趋势的反作用之间的矛盾虽然如影随形，但其主流态势依然是有规律和有条理的。而在规律化和条理化的进

程中，类推起着举足轻重的作用。

要实现语言类推，必须要先有个“模型”，这个模型就是“类”，类是推的依据和出发点。在语言系统中存在着从语素到句子的许许多多的模型范畴（类）。英语中性、数、格、体、态等语法范畴就是这样的模型范畴（类）。

李宇明认为，现代汉语近10年来新产生的大多数词语都有一个现成的框架背景，这框架就像是造词模型（简称“词语模”）一样，能批量生产新词语，并使其所生产的新词语形成词频。

李仕春认为：“人们在认知上通过隐喻的方式找出不同的事物之间的相似性后，必然会把用于某一事物的名称类推到与该事物具有相似性的其他有命名需要的事物身上，这就是类推在新词语流传过程所起的作用。”

新词新语的形成是语言类推的结果。语言的结构模型就像一个个潜在的磁场，以类推的方式把那些暂时游移却具有内在关联的语言现象聚集在了一起。类推在新词语产生和流传中的这些作用，体现了语言的经济性原则，是词义丰富发展的需要，也能减轻语言学习中认知、储存、记忆的负担。

2. 由学习者对母语的利用和依赖决定

学习本族语和学习外语区别很大。首先，学习外语的人已经掌握了本族语的基本词汇和句法规则；其次，他们能阅读本族语并能理解陈述的命题。因此，这些学习者是带着已经固定在自己的思维系统和语言系统中的本族语来学习外语的。认知心理学认为，学习者特别是成年学习者，在学习任何一种第二语言之前，头脑中已存在了许多图式（即认知结构），他们的学习过程并不是在白纸上作画。德国英语教学法教授 Butzkam 有一个很好的比喻：“母语不是一件外衣，学习者在踏进外语教室之前可以将其脱下，弃之门外。”

以汉语为第二语言学习的学习者总是不可避免地受到母语的影响。徐子亮对60名来华汉语学习者的汉语学习策略进行了调查和分析。“在接受信息——听或读时，翻译成母语再理解的学生占调查总数的75%；在表达——说、写时，先用母语构思再翻译成汉语的占调查总数的85%。”徐子亮认为：“借用母语是外国学生所运用的一种很主要的汉语学习策略。”

以韩国学习者学习汉语为例。汉语普通话有21个声母，39个韵母，4个声调；韩语有19个辅音，21个元音，没有声调。从声母看，可以发现汉韩两种语言存在这样一些一一对应关系，如表8—1所示。

表 8—1　汉韩两种语言在声母上的对应关系

汉语	b [p]	p [p']	d [t]	t [t']	g [k]	k [k']	n [n]
韩语	ㅂ [p]	ㅍ [p']	ㄷ [t]	ㅌ [t']	ㄱ [k]	ㅋ [k']	ㄴ [n]

从单元音韵母看，存在这样一些基本对应关系，如表 8—2 所示。

表 8—2　汉韩两种语言在单元音韵母上的对应关系

汉语	ɑ [ɑ]	o [o]	i [i]
韩语	ㅏ [ɑ]	ㅗ [o]	ㅣ [i]

这样，借助自己的母语，学习者可以很快掌握和韩语相同、相近、相似的汉语发音。学习者利用母语进行汉语学习主要有如下方面。

①利用母语注音；②利用母语释词；③利用母语理解、掌握汉语的语法形式、结构等；④把母语作为理解的中介：在理解汉语时，先将汉语转化为母语，而不是直接理解；⑤把母语作为表达的中介：在用汉语表达前，先用母语构思和准备，再“翻译”成汉语。

学习者对母语的利用和依赖具有阶段性。初级阶段的学习者往往较多地、多角度地借用母语。到了中级阶段，对母语的利用程度大为降低，主要体现在解释词语、对比语法、语义、语用规则等方面。高级阶段的学习者已经可以用汉语直接进行一般性归纳和思维了。

此外，以类推为主要发生形式的语言项目学习中的迁移内容，也来自学习者的自主选择。有研究表明，母语向目的语的迁移具有选择性，这种选择基于学习者对母语典型性的心理认知，在其不自觉的情况下发生和进行。Kellerman (1977) 的典型理论假说认为：“学习者对母语结构有一种直觉，这种直觉告诉他们一些结构具有潜在的可迁移性，而另一些则不可迁移，这种直觉影响他们实际迁移的形式。”“二语学习者不迁移非典型的母语形式和语义，因为他们相信‘语言的合理性’‘力求保持习得二语的透明性’——这是母语迁移的原则。” Kellerman 等的研究显示，学习者对哪些母语特征可以迁移、哪些不可以迁移有着一个衡量的尺度，直觉告诉他们一个范畴中的非典型成员或有标记特征的往往不可迁移。

学习者对于母语的利用和依赖，也使类推成了必然。

（二）由学习者的特点决定

1. 由学习者的思维方式决定

思维是指以比较、分析、综合等途径来认识世界的方式。事物存在的“有序”性实际上就是事物内在的规律性。人类的思维是人脑对客观事物的本质属性及其内在规律的反映，也就是说，思维就是人类探索和揭示事物内在规律性时的心理活动。

思维具有间接性。了解事物的本质属性和规律，思维必须借助一定的中间媒体和相应的知识经验。思维间接性的存在，使人类摆脱了对一事一物认识的局限性，帮助人类的认知能力突破了时空的限制。

思维具有概括性。思维对事物的本质反映总是全面的、整体的。具体表现在两个方面：思维总是把某个事物或者某类事物的所有的共同的本质特征全部抽取出来加以综合地反映；思维也反映事物之间内在的联系和规律。

一切科学的概念、定义、定理、规则都是思维概括的结果，是人脑对客观事物的概括的反映。通过某一媒介物，人类可以掌握那些未经亲身体验的事物，还可以推测事物发展的进程、结果等。

认知心理学研究表明，在人们的思维活动中，类推因为受前提制约的程度较小，应用简洁、高效、实用，在科学发展、技术发明、文学艺术等领域显示出了其卓越的创造性功能。

语言与思维不可分离，思维是语言的基础，语言是思维的载体。因为类推具有如上所述的优点和功能，人类在构建语言系统时就积极地吸纳了类推这一思维模式。这种情况在第二语言系统构建中同样存在。在汉语学习中，成年学习者利用自己的归纳推理能力，发挥类推的正面作用，往往能取得事半功倍、举一反三、一通百通、百通一通的效果，迅速提高自己的汉语水平，并能够获得较大的成就感。

以对外汉语教学中反义属性词的教学为例，学习者在掌握了一定数量的单音节反义词后，就会开始创造，如由“发短信”创造出“发长信”、由“高级汉语”创造出“低级汉语”、由“他很低能”创造出“他很高能”等。

孟凯（2009）等针对此类问题进行了一次反义形容词的问卷调查，调查对象为来华的汉语学习者。调查问卷包括如下两种题型。

(1) 请在（　）内写出反义词（如果你认为有两个或多个，请都写出）

①大——（小）	快——（慢）	母——（父）
新——（旧/老）	老——（新）	西——（东）

(2) 请在（ ）内写出句子中画线词的反义词（如果你认为有两个或多个，请都写出）

②叔叔和姑姑是（父系）亲属，姨妈和舅舅是母系亲属。

③大量的学习用品不断地涌向市场，其中，只有（少量/＊小量）质量不合格。

④麦克得的不是慢性胃炎，而是突然发作的（急性/＊快性）胃炎。

⑤西式服装不太适合东方女性，（中式/＊东式/＊亚式）的旗袍更符合中国人的审美观。

⑥我们分析了课文中的正面人物，下面我们再看看（反面/＊负面/＊后面/＊背面/＊侧面）人物的表现。

⑦你的行为正面影响一点儿没有，（反面/＊负面/＊后面/＊背面/＊侧面）影响却不小。

⑧口头表达很重要，（书面/＊纸上/＊书试/＊笔试/＊文书/＊口尾）表达也应该重视。

括号中的内容为被调查留学生填写的答案。题①，大部分被测试的留学生都能准确写出测试词的反义词；题②到题⑧，出题者给出了语境以帮助留学生更好地理解词义，“可以看出，在构造双音反义词时，留学生明显地利用了构词语素的反义关系进行了类推。类推词对错皆有，甚至有汉语中根本不存在的非词二字组（如题⑤中的‘东式/亚式’），类型也各不相同。可见，在汉语作为第二语言的学习过程中，在尚未建立起目的语语感的情况下，类推机制在留学生生成反义复合词时起着不可忽视的作用。”

错误类推、过度类推、无效类推，同样是学习者积极的语言实践，只要能得到及时纠正，学习者就会建立新的类推模式，继续进行尝试。习得第二语言的过程是不断进行假设并检验的过程。在这个过程中，学习者通过不断地假设、求证，以及大量预测、类推、检验，对该项目使用规则、条件等的印象会更加深刻。这种主动的思考，也是变被动学习为主动学习，将枯燥的语言学习转化为主动创造的过程。在这个基础上，学习者会渐渐形成对目的语的全面认识，使中介语不断接近目的语。因此，教学中类推性原则的把握和体现非常重要。

2. 由第二语言学习者的特点决定

第二语言的学习通常具备3个特点：①学习者往往以成年人为主；②学习行为主要出现在课堂教学环境中；③学习时间有限。

以上这些特点使得成年第二语言学习者对可类推、可扩展的语法规则具有更为明显的心理期待。在有限的时间里、用有限的规则说出更多的句子，是成年二语学习者普遍的学习需求。根据学习者的这种心理期待和学习需求，第二语言语法教学的根本任务就是在最短的时间内帮助学习者掌握语法规则、运用语法规则，形成第二语言交际能力。

具体到对外汉语教学，其教学对象主要具有以下特点。

①学习者至少掌握一种语言结构。这一种或几种语言结构的存在会对汉语习得造成不同程度的影响，主要体现在 3 个方面：正负迁移、中介语系统、汉语使用偏误。

②学习者多为成年人。这些成年汉语学习者具有较为成熟的母语语言能力、认知能力、逻辑思维能力、理解辨别能力、分析处理能力，这些能力能够保证学习者在汉语学习过程中迁移、类比、类推等学习能力的实现。如张博（2007）认为，学习者头脑中存在着一些抽象的语义关系范型，比如：

$$\frac{+\text{词义}}{+\text{词义}} \leftarrow \frac{+\text{词素义}+\text{X}}{-\text{词素义}+\text{X}}$$

这是一个看起来完全对应的语义范型：其中的 X 表示“同一语言成分”；右侧构词形式为“单音节反义词+同一语言成分”；左侧用来表达复合词意义的对立。属性词的词义多由语素义加合而成，很少产生引申义，所以，反义属性词的词义结构也通常就是反义语素义和同一语素义的加合，非常符合上述范型。“因此，学习汉语的留学生在类推反义属性词时，很可能也受到了这种具有普适性的语义范型的潜在影响，在反义属性词语义与构词的显著对应性与语义关系范型的共同作用下，留学生便产生了大量正确的反义类推词。”（孟凯，2009）

③过度警觉。在汉语学习中，过多的规则和限定使学习者的心理始终处于警觉状态，学习者总是努力运用他们自认为“最安全”的语言形式来避免“出错”“犯规”。这些“最安全”的语言模式很可能被学习者用来“过度类推”，形成偏误。

汉语学习者的这些特点，使类推在教学中的作用凸显了出来，主要表现为如下方面。

①教学中类推原则的体现可以激发学习者归纳、类推的学习能力。

②类推原则的运用可以帮助学习者运用有限的规则进行大量的语言实践。

③类推教学法有益于学习者学习信心的培养。汉字系统不同于拼音文字系统，一字一音，一字一形，需要孤立记忆的项目很多，容易导致学习者出现畏难、焦虑情绪。运用类推法进行汉字教学，学习者将在教师引导下，自觉探索汉字规律并有效地利用这些规律进行进阶学习，这种方法可以在很大程度上缓解学生的焦躁情绪，增加学习兴趣。

④积极有效的类推可以提高学习效率。日本学生从汉字字型猜测语义；英语为母语的学生利用汉语语法和英语语法在语序、主要句型上的相近较快地习得部分语法项目；韩国学生利用汉韩语系辅音和部分单元音的对应关系掌握汉语发音……这些都是类推效率性的体现。

二、第二语言习得中类推作用的重要性

（一）类推是二语学习者积极语言学能的体现

语言学能（Language Aptitude）是指学习第二语言所需要的特殊认知素质。根据卡罗尔（J. Carroll）的观点，语言学能主要包括 4 种能力，其中之一就是归纳能力，即从不熟悉的新的语言素材中归纳句型和其他语言规则的能力。这种语言学能使学习者在已掌握的目的语规则的基础上能动地、创造性地形成超出已有规则的假设，当遇到现实的交际需要时，学习者就有可能按此假设生成此前没有学过、从未听到过的话。这些话中有对有错，正确的推论可以保证语言交际正常、高水平地进行，错误的推论就构成了由过度类推而带来的偏误。

（二）类推是二语学习者有效学习策略的体现

“学习策略（Learning Strategies）是语言学习者为了有效地掌握语言规则系统，发展语言技能和语言交际能力，解决学习过程中所遇到的问题而采取的各种计划、步骤、方法、技巧和调节措施。”作为学习策略的最早研究者，茹宾（J. Rubin）归纳了 6 种认知学习策略，推理就是其中之一。推理就是“学习者通过原有的知识（包括第一语言知识）以及新获得的语言知识，进行概括、推理或演绎推理以及分析、归纳等思维活动，以内化规则”。

语言习得是边学边用、边听边说的过程，学习者不可能先学会、掌握了全部语法规则再去说话运用，因此，在汉语习得的初期阶段，学习者往往体现出以下学习特点。

①大量类推。学习者会以学到的一个最简单、最典型的汉语规则为类推原型，创造出很多词、短语和句子。这种类推往往是不自知的，一部分是母

语规则的转化使用，一部分是汉语规则的盲目使用。

②以词代句。学习初期，学习者还不能使用复杂的语法结构，为了尽可能完成交际，传递自己的意思，很多学习者以词代句，形成了大量不连贯的表达。

无论类推是否过度，学生的类推过程，都是一种应用，也可能是一种创造。因此，学习者的汉语学习过程从某种意义上说也是一个创造新的语言各级系统的过程。在这一过程中，学习者首先假设性地使用自己已掌握的语言形式，在语言实践中进行验证。如果发现偏误，就进行修正。这种修正是另一次假设，也要进行验证……学习者的每一次假设、类推、验证，都是其采取的积极的学习策略，在不断的假设一验证一修正的良性循环中，渐渐趋向于正确的汉语表达。举例来说，在课堂教学中，教师讲授一个语法项目涉及的可能只是一种使用条件，而在具体运用中，学习者却有可能创造性地发挥和发展出了其他使用条件。

(三) 类推是教授者重要的教授方法

在第二语言习得中，反复的记忆和强化被视为提高语言能力的有效手段之一。建构主义者进一步认为，主动地建构“意义”，并在此基础上形成对“意义图示”的记忆才能长期储存。建构主义者主张，学习不是一个被动吸收、反复练习和强化记忆的过程，学生也不是外部刺激的被动接受者和被灌输的对象。学习应该是一个以学生已有的知识和经验为基础，通过个体与环境的相互作用主动建构“意义”的过程。“意义”是指事物的性质、规律，以及事物间的内在联系，“建构意义”就是对当前学习内容所反映的事物的性质、规律，以及事物间的内在联系达到较深刻的理解，将这些“性质”“规律”“联系”长期存储就形成了当前所学内容的图式。

建构主义者主张“通过问题解决来学习”。学习应该通过学习者的高水平的思维活动来实现，而不是简单地沿着记忆的流程进行。知识的建构是通过新、旧知识经验的相互作用而完成的，在“问题解决”这种高水平的思维活动中，学习者要不断地围绕当前的问题解决获取有关的信息，同时又要不断地激活原有的知识经验，来解释当前的有关现象，形成新的假设和推论，并通过一定的方式对此做出检验。在这种活动中，新、旧知识经验的相互作用得以充分展开，为知识的建构提供了理想的途径。

这种以学习者为中心的教学理念应用于对外汉语教学的课堂组织和教学内容的传授则具体体现为：①深入分析教学对象的特点和需求；②充分调动

教学对象的语言学习潜能。

类推是学习者语言学能的体现，是对外汉语教学中积极的学习策略，作为教师，当然要把握这一良好的教学生长点，培养、拓展、鼓励学生努力完成对所学知识的积极建构。类推成为汉语教学的重要教学方法是以发挥学习者语言学能的积极作用为前提的。

第二节　类推法在对外汉语教学中的教学原则

认知心理学认为，人从外部世界获取信息时，海量的信息不可能同时被接受。在信息输入神经系统之前，大脑一定会过滤或衰减掉一部分信息，只选择其中一部分进行更进一步的加工。神经容量超载会产生两种结果：拒载和泛化。拒载是由于神经系统因过量活动而处于封闭状态，学习者往往表现出昏昏欲睡、无精打采的精神状态；泛化是神经系统因为混淆了不同的知识而处于混乱状态，学习者表现出来的常常是无法辨别、无法掌握。要保证教学的“质”，首先要注重教学的“量”。

一、重视基本项目教学

（一）注重基本概念、基本项目的教学

布鲁纳认为，所掌握的内容越基本、越概括，则对新情况、新问题的适应性就越广，也就越能产生广泛的迁移。在教学中，他强调要掌握每门学科的基本结构（即基本原理、基本概念等)，因为领会基本的原理和概念是通向适当的训练迁移的大道。正因为基本知识（如基本概念、基本原理)、技能和行为规范具有广泛的适应性，其迁移价值较大，让学生掌握每门学科的基本知识和基本原理，就可以使得学科更容易理解，也就可以得到广泛的迁移。同理，在进行汉语教学时，应该鼓励学生对核心的、基本的概念进行抽象或概括，在反复的类推使用中使其成为稳定的、能发挥交际作用的类推原型。

卢福波在《语法教学的基本原则与操作方法》一文中提出了汉语语法教学的八项基本原则，其中之一就是实用原则。卢福波认为，语法教学应该教授最具教学价值的语法，这些语法包括：①最基本、最常用的——规范的、典型的、普遍的；②最容易发生偏误的；③语法项用法上具体的适用条件和限制条件。

赵金铭认为教学时要从整词人手，再从词中选取出现频率最高、构词能力最强的字，分析其义项、构词及用法，引导学生进行系联构词，形成“整词——析字——析连扩展”教法。“这是一个有实验依据、有理论支撑的可行的做法”。

需要注意的是，学生获得了基本概念和原理，并不能保证这些概念和原理在可能运用的时候都能应用。原因主要包括如下方面。

1. 教学大多是有限的、有控制的类推设计

学习者在课堂练习和作业中，通过教师和教材设计的有限定和控制的练习内容，往往容易形成“掌握假象”。一旦接触到设计以外的语言材料或者出现了真实的交际需要，则容易出现过度类推或者类推不当。

2. 练习的设计脱离语言生活，实用性不高，实践中运用机会少

围绕基本概念和原理，教授者语言材料的选择非常重要。语言项目应该尽量出现在实用性强、实践性强的语言环境中，帮助学习者在模拟真实的语言环境中掌握这些语言项目。教师还要依据学习者思维发展的水平，提供较多的演示或典型例证去丰富他们的具体经验，不断提高学习者对词汇、语法等的理解水平，避免脱离语言实际、事实材料空谈词汇、语法。空洞的、无生命力的概念或原理，不容易引起学习者的共鸣和学习愿望，不仅难以理解，而且也会影响到类推的广度与效果。学习者只有牢固地掌握基本知识、基本原理，才能形成基本技能，获得解决问题的能力，触类旁通，达到良好的类推效果。

3. 教师对语言项目没有限定解释或者解释不足

(1) 没有限定解释。

以动词“结婚”“吃醋”等词为例，如果教师仅向学习者说明词义而不说明此类离合动词的特点和用法，学生就会根据母语用法或者所理解的一般汉语动词的用法造出如下句子。例如：

*迈克结婚玛丽。

*他吃醋小王。

教师可先阐述离合动词的总体特点，再对这两个词的具体用法加以说明。适于给出公式的最好给出公式。例如：

A 和 B 结婚

A 吃 B 的醋

还要对第 2 个公式进行进一步的解释说明。

A吃B的醋

(A是因为嫉妒而生气的人)

(2) 解释不足。

在进行中级班口语教学时，笔者曾经有过这样的教学经历。例如：

主要动词：传

主要句型：把+东西+传给+人

笔者给出了一些语言材料，例如：

球	教练
作业	坐在最后的人
接力棒	下一位运动员
水	我

学生根据句型和语言材料进行练习，非常顺利地说出了如下句子。

把球传给教练。

把作业传给坐在最后的人。

把接力棒传给下一个运动员。

把水传给我。

接下来，笔者向学生解释，“东西”也可以是抽象的内容，学生很快理解了“把爱传给每一个人”“把信心传给大家”这样的句子。

在作业环节，这个用法却出现了问题，有学生造出了这样的句子。

*请你把消息传给他。

*请你把比赛结果传给他。

在特殊的交际环境中，上述句子可能是正确的。但通过和学生沟通，笔者了解到，学生希望表达的意思是“请转告他这个消息”“请转告他比赛的结果”。这种偏误的出现是学习者对该语言项目的使用条件过度类推造成的，进一步深究，是笔者对该用法的限定解释不足造成的。

(二) 重视学习项目的类推空间

重视学习项目的类推空间有两层含义。

1. 学习项目应该根植汉语语言使用实践，其呈现也应依托语言实际

建构主义迁移观认为，所谓学习迁移实际上就是认知结构在新条件下的重新建构。这种建构性的学习旨在使学习者形成对知识的深刻理解。由于对知识意义的理解主要反映在对知识的应用上，因此，知识的“意义情境”主要指知识的“使用情境”。在日常语言交际中，人们对于语言的理解常常要

依靠语言的使用情境，即语境来完成，要使学习者对所学语言知识理解深刻，呈现这些语言知识的时候就要努力把其置于真实的、复杂的语境中，通过应用来达到深层理解，进而使学习适应不同的语言情境，在语言实践中能进行更加广泛的类推。

以下案例为笔者进行的中级班口语教学的内容。

教学内容：学习打电话，做到问候、约定、告别得当合体。

教学形式：2 次课后作业

作业 1：纸上练兵

作业 2：实际操练

具体流程：

(1) 完成第 1 次口语作业。作业内容如下。

中国传媒大学的留学生李小龙，现在要在学校附近租一套公寓。请根据下面的出租广告（图 8—1），设计一段电话对话。

①向“孙小姐”咨询一下公寓的详细情况。包括：具体位置，楼层，面积，设施（家具、家电等），交通情况，周边情况（有无超市、市场、学校、幼儿园等），租金（多少钱，月付还是年付），物业费和暖气费由谁支付等。

②约定看房的时间。

> 出　租
>
> 中国传媒大学附近一套公寓出租，有意者请和孙小姐联系。
>
> 电话：136××××××××

图 8—1　出租广告

大部分学生顺利地完成了这一情景口语的设计，作业的问题较多地集中在问候、约定、告别等寒暄交际中。

(2) 根据学生问题，集中讲解作业。将判断继续放入情境中。

表示问候：李小龙应该怎么问呢？

A：请问，是孙小姐吗？

B：你好！我是留学生李小龙。

C：你好！我看了你的租房广告。

商量价格：李小龙可以怎样问呢？

A：太贵了！可以打折吗？

B：还可以商量吗？

C：太贵了！便宜点儿怎么样？

约定时间：李小龙怎样问礼貌呢？

A：我明天有时间。

B：您什么时间方便呢？

C：太好了，我们约定时间吧！

电话告别：怎样说合适呢？

A：明天见！

B：今天的交谈很愉快，明天见！

C：那就这样吧。明天见！

这一部分，除了鼓励学生自主选择出正确的答案外，也请学生一起分析为什么别的答案不合适，这些答案适于在什么情境中使用，拓展教学内容。这种由语言表达逆向类推语言交际环境的练习方法事实上是一次深加工过程，在这个过程中，学生依靠自己的努力将一组近似的表达放入了不同的有意义的语境中，通过比较，体会感受它们之间的不同，完成了一次深刻的学习。

(3) 完成第 2 次作业，鼓励学生将“纸上练兵”掌握的打电话的基本技巧运用于实践。第 2 次作业内容如下。

这周的作业是一份调查报告。

第 1 步：打电话给中国大学生；

自我介绍；

说明目的；

约定采访的时间和地点。

你的联系人是：＿＿＿＿＿＿＿＿ （传媒大学文学院 2007 级对外汉语教学专业学生） 他（她）的电话：＿＿＿＿＿＿＿＿

第 2 步：采访并且记录（略）。

第 3 步：完成采访报告（略）。

第 4 步：上交采访报告（略）。

第 5 步：课堂报告采访所得（略）。

联系人和电话都是笔者提供的真实信息。将课堂上学习到的语言交际知识和技巧应用于具体实践，也是一个语言交际知识的类推使用过程。

2. 学习项目应该在汉语实践中有反复类推使用、不断强化类推原型稳定性的机会

教材呈现的语言项目应该以实用性为第一原则，在这样的教学指导方针下，教师应该根据具体的教学对象、教学对象的学习目的和需求等，对教材呈现的语言项目进行有目的和有针对性的取舍及调整。这些语言项目应该在学习者的语言实践中有反复类推使用的机会。只有这样，这些项目的学习才有意义；才能在语言实践中通过不断地反复类推使用增加其可利用性；才能树立学习者的学习信心并增加其学习兴趣。

传统的汉语教学将基础语音教学集中在初级阶段的半年时间内完成。语音教学程序按照由易到难的教学顺序编排，最难的语音项目安排在最后阶段。在教学中，这些“难音”的训练往往最为薄弱，主要因为：语音训练缺乏趣味性，学习者难以保持对语音学习自始至终的热情；教学时间不充足，教师往往减缩这一部分的练习。这些没有经过大量模仿、练习的“难音”，连同学习者语音学习中其余的发音问题、发音缺陷，一并构成了学习者汉语发音中难以攻克的“中介音”和“化石音”。到了中高级阶段，阅读、文化、写作等学习任务日渐繁重，学习者对正音既无暇顾及，也因为没有正确的指导而不知如何“顾及”，这些“中介音”和“化石音”渐渐稳定下来，在日常交际中一次次地得到错误“强化”，有的甚至伴随学习者学习、使用汉语的始终。

解决这一问题，笔者有两点建议。

①语音讲授不必面面俱到，学习者学习无障碍的内容可以少讲甚至忽略，尽量让难点音的教学提前进行。难点音出现的频率高，得到纠正的机会就多，就更容易成为准确、稳定的语音类推原型。

②正音课教学贯穿汉语学习始终。在教学中笔者发现，无论是初级、中级还是高级阶段的汉语学习者，对自己汉语普通话的语音面貌都有很高的心理期待，在教学中也有很强的需求。正音课教学可以根据不同阶段学习者的语音特点和需求，制定初、中、高阶段不同的正音教学计划和安排。这种做法的最大意义是将学习者的语音发展始终置于教师的掌握和控制之中，遇到问题能及时解决和纠正，避免了错误语音在日常交际中的不断“复制”。学习者的汉语学习过程，应该是一个完备的，包含语音、语法、词汇、语用等多个方面的学习过程，这个学习过程不仅应该给学习者提供大量可供类推的语法、词汇类推模型，也应该使学习者掌握尽可能多的、各种搭配的汉语音节的发音类推模型。

（三）重视新旧知识的内在联系

教学中教师要有意识地引导学生利用已经掌握的基础知识和原理，尽可能地强调新旧知识之间的共同点，凸显其内在联系。

徐子亮认为："大脑对语言的记忆，像一张网络。网络上的一个一个结节代表概念或事件，网络上的一条一条线则表示有意义的联系。我们教学就像往学生的头脑中编织这张巨大而复杂的网络，每一堂课都要往学生记忆网络上增添几个结节。好的设计是紧紧抓住由结节延伸出来的各条线，让结节处在各条线（即有意义的联系）的中心，而不是孤零零的一个结，这就容易编码了……也就是在这些结节之间建立意义上的联系，通过提问、练习、举例等教学手段揭示和强化这些意义和联系，让新知和旧知、已知和未知关联起来，学生凭着教师所提供的种种线索进行编码，就能有效地把它们储存进记忆库。"

这一点在对外汉语的各个教学阶段中都有体现。在初级阶段的语音学习中，学习者如果能够意识到汉语某个发音只是和母语相似相近而非雷同时，就会有意识地注意该音的发音，进而趋向于准确。如果学习者直接套用母语或者之前学习的某种语言中相近的发音，就可能带来混淆。在中、高级阶段的近义词辨析中，如果学习者能够从词性、用法、出现语境、语气等多个方面，利用多种线索对一组近义词进行辨析，就能够较为准确地掌握此组词语的用法。

二、重视教学过程的细化处理

（一）教学尽量细化到小类的选择和讲解

陆俭明（2005）指出：对外汉语教学的实际需要和学习者提出的或出现的种种问题迫使汉语本体研究要进一步深化。语法教学时如果类属、规则、意义等关系太抽象概括，学习者的类比和推衍就容易出现问题。例如：汉语动词可接处所宾语的问题。汉语可以说"吃食堂"，但学习者类推成"吃面馆/坐食堂/学教室"就都错了。卢福波对上述非常规"动＋处所宾语"也做过尝试性认知解释，进而提出：语法教学应尽量细化到小类的选择限制及意合关系，从而有效地杜绝学习者的类推、类比偏误。

在进行《魔力汉语——中级汉语口语（下）》第 3 课《恭喜恭喜》一课的教学时，笔者计划在"结婚"一词的基础上，引入"娶""嫁""过门儿"3 个动词并进行讲解。为了使学生理解并掌握这 4 个动词的用法，采用了以下教学程序（表 8－3）。

表 8—3 《恭喜恭喜》一课的教学程序

课程安排	主要词汇	主要方法	教学目的
第 1 次课	结婚	错句辨析：他结婚她	帮助学生澄清、掌握这一离合词的用法
	娶	用 PPT 图片展示“娶”“嫁”使用时不同的人物关系	建立对这两个新动词的初步印象。能够模仿、复述例句即可
	嫁		
第 2 次课	结婚	两个虚拟人物，请学生用 3 个动词介绍他们结婚的事实。例如： 1. 玛丽和迈克结婚了 2. 迈克娶了玛丽 3. 玛丽嫁给了迈克	加深学生对这 3 个动词的印象，为进一步细化讲解做准备
	娶		
	嫁		
	过门儿	第 1 次引入。在上述练习的基础上，直接告诉学生们该词的用法：玛丽前天过门儿了。说明该动词的使用条件：表示女性嫁到男方家；女性结婚	帮助学生掌握这一口语惯用语。只有一个新词引入，并且有相关词汇作为铺垫，学生掌握会更容易
第 3 次课	结婚	4 个动词的用法进行比较、辨析、讲解。 结婚：一般用词，说明结婚事实，结婚双方； 娶/嫁：突出宾语，宾语常具备不同于一般结婚对象的特点。常用“把”字句； 过门儿：专指女性结婚。口语、方言、老年人中常用	将 4 个动词的讲解尽可能细化，可以避免如下一些问题。 1. 错用； 2. 避免部分学生为故意使用新词汇而忽视语用环境的要求
	娶		
	嫁		
	过门儿		

（二）摈弃无用的限制条件

语言习得研究者发现，无论是第一语言还是第二语言的时（Tense）、体（Aspect）习得都呈现出一种普遍倾向，即无论孩子还是成人都能本能地区别状态和过程及瞬时和持续的语义，这种区别似乎是人脑的先天能力，这种能力具体表现为时体习得有顺序性。杨素英等（1999）的研究也发现，汉语作为第二语言体标记的习得也在某种程度上反映出这种普遍倾向：第一，数据显示出汉语作为第二语言习得者对情状类型有本能的区别能力；第二，学生对不同类型情状的完成体的习得顺序也是“终结”和“强调结果”先于“活动”和“状态情状”。这类研究至少表明，在诸如静态与动态、状态与活动、瞬时与持续等语义方面，不同民族、不同国家的人有着共同的认知基础，因此，才会在时体标记上表现出基本一致的顺序。

孙德金列举了两个例子说明了这些看法。

一例是关于"VV"式动词重叠的。"对外汉语教材和语法书中有时会见到这样的描述：一般是动作行为动词可以重叠，非动作行为动词不能重叠，如不能说'是是''有有'。根据笔者的经验，从未发现学生出现这样的错误。既然如此，我们就应该考虑这样的语法描述到底有什么意义。事实上，只要通过恰当的教学方法让学生体会到'VV'重叠式所表达的语法意义，哪怕是比较模糊的，一般不会出现'是是''有有'一类的问题，而只会出现下面例子反映的问题。

例如：

*我送送你一下儿。

*他知道那件事，可以给我们讲了讲。"

一例是关于动结式的可能形式的。"语法理论研究中为了阐释或论证某些规则，可以展示一些实际语言中不存在的实例。如要说明动结式的可能形式（如：说得清楚/说不清楚）的认知基础是说话人主观上要达到某一目标，因此结果补语只能是正向意义的，不能说'说得糊涂/说不糊涂'。但在对外汉语语法教学中，当教师指出动结式的可能式所表达的语法意义时，如果学生理解了'是否具有出现某种情况的可能性'，并通过一些实例帮助学生理解，其认知能力应该能够使他得出补语成分一般是正向意义的这样一个认识，不需要教师特别指出这个条件。"

陆俭明提出，在对美汉语教学中，对于中英文里共有的语法现象，如典型的"主—动—宾"句式（即施—动—受）句式，只需略为点一点就行了，不必多讲。有些语法现象，汉语和英语不完全一样，但学生并不难掌握，如定语的位置，在汉语里定语都放在中心语前面，在英语里定语则有前有后，这种差异教师只需强调一下"汉语里的定语一律放在中心语之前"就行了，也不必花很多时间去讲解。再如，数的表达法、日期和地址的表达法等，中英文并不相同，但只要老师稍加指点，学生不难掌握，不怎么会出错。

（三）清晰讲解"例外"

对于某一项目的普遍性应用，教授者应该充分发挥类推的正面作用，帮助学生通过大量反复的练习进行巩固。对于该项目的"例外"，应该讲解清晰，运用对比等手段，给学习者留下深刻的印象。

以下例子来自笔者的教学实践。

教学目的：表达自己的看法

教学内容：在+人+看来（学生已知）

依＋人＋看（新内容，新知）

教学环节：

第 1 步：引导学生造句——用已知句型表达看法

在我看来，这件事是你的错。

在你看来，这件事是他的错。

在他看来，这件事是我的错。

第 2 步：引导学生发现规律

在“在＋人＋看来”句型中，第一、第二、第三人称都可以出现。

第 3 步：给出大量例句，引导学生发现新句型“依＋人＋看”的特点。

依我看，这件事是你的错。

依我看，运动是最重要的。

依我看，这件事可能要吹。

依我们看，这是个两全其美的办法。

依你看，这件事怎么办好呢？

依你看，这是谁的问题？

依你们看，什么时候出发好呢？

依你们看，什么是两全其美的办法？

大部分学生能够从例句中发现“依＋人＋看”使用的限定条件。即：一般不用于第三人称；用于第二人称的时候，多为询问别人的意见、看法等。

第 4 步：进一步对比“在＋人＋看来”和“依＋人＋看”两个句型的同异点，突出对“依＋人＋看”限定条件的讲解、辨析。

在具体语言环境中，“在＋人＋看来”和“依＋人＋看”这两个句型用法的使用情况和条件要复杂得多，教师还需要在之后的进阶学习中，根据学习者的程度和需要，不断地发现并清晰讲解其他“例外”。

三、重视教学程序的编排

(一)：主重宏观教学和微观教学的双重阶段性

教学程序主要包括两个方面：一是宏观方面，即整体安排，教学中应将基本的知识、技能和态度作为教学的主干结构，并依此进行教学；二是微观方面，即每个单元、每一节课教学程序的安排。在具体的教学过程中，教师要根据教材的难点、重点，以及本班学生的智力特点、知识程序，考虑 3 个方面的问题：①把具有最大类推价值的基本知识、基本技能的学习放在首位；②尽量突出概括性高、派生性强的主干内容；③教学程序循序渐进的原则。

（二）注重教学过程的重复递升

短期记忆的容量非常有限，长期记忆的容量却几乎是无限的。长期记忆存有学习者记住的以往的全部经历。这些语言信息和非语言信息既包括学习者母语文化中的社会行为规范，也包括其他第二语言的行为规则。学习者所懂语言的语法结构、发音规则等也都储存在长期记忆中。此外，还有学习者所熟悉的主题、经常打交道的各类讲话人，以及经常遇到的交际场合。所有这些，学习者在识别话语的字面意义时都可以利用，理解第二层次上的间接意义时也能利用。正是长期记忆中储存的信息使听话人不仅能够正确理解讲话人的意图，而且能够做出切题的、得体的回答。在语言学习中，短时记忆的信息如果不能及时传送到长时记忆，就可能出现遗忘。对于学习者而言，必须寻找和创造一切机会对短时记忆中的语言信息进行加工。对于类推原型及其限定条件，应进行反复的强化与巩固。经过应用过程中的多次刺激，原型才能被有效地记忆。大脑中的信息网络是由多种线索构成的，语言学习中的线索既有目的语线索也有母语线索。从提取的角度来看，这样的良性刺激可以使提取速度大大加快，提取线索的准确度大为提高，而线索越多提取就越方便。

因此，在教学过程中注重“重复递升”，把短期记忆中的语言项目不断地“输送”到长期记忆当中，是一项非常重要的工作。“重复”是指一个语法项目应该在不同的教学阶段进行重复。“递升”是指教师在进行该语法项目的重复教学时，不应一成不变，而应采用多种形式，在复杂度、难度上不断递增。

四、重视学习者汉语类推学习体系的建立和类推能力的培养

（一）体系的建立

类推就是根据两个（两类）对象之间某些方面的相同或相似推出它们在其他方面也可能相同或相似的一种思维方法。类推是一种简单而又具有极大灵活性和创造性的思维方式。汉语教学中的类推可以从各个方面、各个角度展开。

（1）从语言结构角度：教师可以帮助学习者从语音、语义、格式等角度展开类推。

（2）从多种途径角度：可以是直接类推，也可以是间接类推。

(3) 从语言单位角度：可以从词、短语、句子、篇章、语体、语调等多个方面展开类推。

(4) 从形式范围角度：可以是一对一、一定范围内的封闭式类推；也可以是 A 到 B、B 到 C、C 到 D 的延伸式类推；还可以是由本体向多个方向的辐射式类推。

(二) 类推能力的培养

越来越多的研究者对学习者的主观能动性，尤其是主动迁移的意识予以关注。主动迁移意识实际上是学习者认知的自我调节的一种表现。有效的学习者能够通过强烈的内部动机来调节自己的语言学习活动，具体表现在：主动识别先前的语言学习与目前任务的相关性；识别恰当的语言使用性和语言类推性；主动提取可利用的资源等。这些都是语言类推得以产生的必要条件。实际上，语言类推之所以难以产生，一方面与学习者本人的自我调节能力水平较低有着一定关系，另一方面可能与教学中忽视培养学生的自我调节能力有关。

五、尽量避免因为教法、讲解不当造成的学生类推过度、类推不当

分科教学中需要注意的突出问题包括如下方面。

(一) 语音教学：：注意教法的阶段性

以下举例说明。

1. 单元音韵母教学中容易出现的讲解不当

汉语有 10 个单元音韵母，其中 ɑ、o、e、i、u、ü、ê 7 个是舌面元音韵母，另外 3 个是舌尖元音韵母－i（前）、－i（后）、er，也称特殊元音韵母。7 个舌面元音韵母可用舌位图表示，如图 8－2 所示。

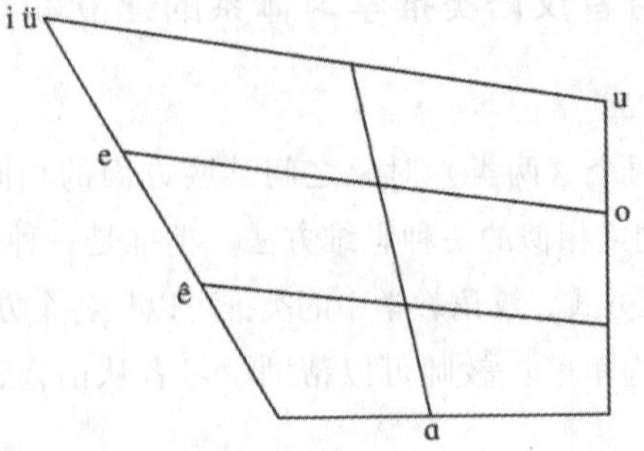

图 8－2 7 个舌面元音韵母的舌位分布

在汉语单韵母中，圆唇和不圆唇是构成音位对立的条件。如图 8－2 所示，同是舌面前高元音，圆唇为 ü，不圆唇为 i；同是舌面后半高元音，圆唇为 o，不圆唇为 e。因此，在学习比较难的音如 ti 的时候，教师常常引导学生从简单的 i 音入手，通过唇形的圆展变化发出 ü。在语音学习之初，这种“以音代音”的类推学习方法是正确有效的，但是当学生已经掌握了 ü 音的发音位置、音质特点后，教师再强调 i 和 ü 之间的联系就容易使学习者出现“找音”的习惯：在发 ü 音之前，习惯性地把 i 作为出发点，从而出现一些发音偏误。如发“雨”听起来像“一雨”，单音节变成了双音节。o 和 e 也存在同样的问题。类推教法的科学性和阶段性应是教师同时注重的方面。

2. 上声教学中容易出现的讲解不当

留学生在汉语上声的学习中都有同样的问题：上升段过长，而使上声听起来接近阳平。原因之一是在教学中，一些教师告诉学生“3 声是先降后升”，学生按照这样的模式类推发音而成。事实上，在汉语普通话中，上声发成“先降后升”的情况是很少见的，绝大多数情况下，上声发成“半上”，其语音特征体现为“低”“降”。如果我们能够以这两者为主要特征进行上声教学，就可以避免学习者出现上述问题，逐步建立起正确的上声发音模式。

3. 音节声韵母配合关系教学中容易出现的讲解不当

汉语学习者常常认为，拼音就是把每个音拼起来。如发汉字“住”的音，美国学生常常先发一个 zhi，再发 u。这种简单拼合的认知习惯导致部分汉语学习者的语音呈现出结合松散的发音特点，听起来不自然，甚至不准确。如上例，学习者往往在发声母音的时候，带出其呼读音的单元音部分（－i 后），把一个音节变成了两个音节。

其实，发音时汉语声母和韵母之间有着不同的配合关系，声母发音时往往已经为韵母的发音做好了准备。以“住”为例，圆唇动作从声母 zh 就已经开始了，而不是到了 u 才开始有圆唇动作。教师在教授拼音时应该告诉学习者汉语声韵相拼时的这一特点，再通过具体示范让学生直接感受。举例来说，教师可以通过声母 t 和不同韵母结合时发音情况的变化让学习者理解这一特点，并将此规则类推至自己的语音实践中。

例如：

ta　　te　　ti　　tu

在这 4 种情况下，t 的发音无论是唇形还是舌位都有了变化。

4. 儿化韵教学中容易出现的讲解不当

儿化韵在汉语中具有独特的作用，不可忽视。对于汉语学习者来说，儿化韵对表意影响不大，但却影响发音的自然度。在汉语中，儿化韵的字只有“儿、耳、尔、二”等有限的几个，但发音却很困难。汉语中的另一类卷舌韵母——儿化韵母却很多。除了儿化韵自身以外，其他所有的韵母都能转化为儿化韵母。这种转化是由原来的韵母与儿化韵结合而来。但是，转化的过程并不是简单地相加，而是有缺失、有变化的。具体来说包括如下方面。

(1) 音节末尾是 a、o、e、ê、u（包括 ao、iao 中的 o [u]）的，儿化时直接卷舌。这类韵母共有 13 个。

a—ar：刀把儿　板擦儿　冰碴儿　搭茬儿　树杈儿　掉渣儿

ia—iar：脚丫儿　豆芽儿　小匣儿　书架儿　哥俩儿　皮夹儿

ua—uar：年画儿　牙刷儿　香瓜儿　小褂儿　鲜花儿　笑话儿

o—or：一拨儿　围脖儿　山坡儿　媒婆儿　锯末儿　念佛儿

uo—uor：酒窝儿　发火儿　干活儿　课桌儿　小说儿　拉锁儿

e—er：饭盒儿　方格儿　蛋壳儿　逗乐儿　小车儿　存折儿

ie—ier：台阶儿　半截儿　小鞋儿　一撇儿　小碟儿　树叶儿

üe—üer：丑角儿　木橛儿　口诀儿　小靴儿　头穴儿　闰月儿

u—ur：小兔儿　眼珠儿　面糊儿　小卒儿　枣核儿　外屋儿

ao—aor：豆包儿　皮袍儿　灯泡儿　小猫儿　笔帽儿　口哨儿

iao—iaor：小表儿　麦苗儿　小鸟儿　豆角儿　作料儿

ou—our：小丑儿　土豆儿　小偷儿　纽扣儿　提手儿　小狗儿

iou—iour：皮球儿　抓阄儿　衣袖儿　小妞儿　小刘儿

(2) 韵尾是 i、n 的（除 in、ün 外），儿化时丢掉韵尾，主要元音卷舌。这类韵母共有 10 个。

ai—air：锅盖儿　小菜儿　鞋带儿　球拍儿　小孩儿　鸡崽儿

uai—uair：乖乖儿　一块儿　糖块儿　碗筷儿　老帅儿　使坏儿

ei—eir：摸黑儿　刀背儿　晚辈儿　姊妹儿　眼泪儿　挨赳儿

uei—ueir：零碎儿　耳坠儿　一会儿　跑腿儿　壶嘴儿　墨水儿

an—anr：上班儿　花瓣儿　床单儿　竹竿儿　门槛儿　汗衫儿

ian—ianr：笔尖儿　花边儿　相片儿　背面儿　窗帘儿　心眼儿

uan—uanr：茶馆儿　小船儿　一串儿　拐弯儿　贪玩儿　撒欢儿

üan—üanr：烟卷儿　手绢儿　圆圈儿　花园儿　椭圆儿　小院儿

en—enr：书本儿　脑门儿　花盆儿　双份儿　树根儿　杏仁儿

uen—uenr：打滚儿　没准儿　打盹儿　冰棍儿　三轮儿　开春儿

（3）韵母是 in、ün 的，儿化时丢掉韵尾 n，直接加上 er。

in—inr：皮筋儿　鼓劲儿　背心儿　口信儿　树林儿　脚印儿

ün—ünr：短裙儿　围裙儿　合群儿

（4）韵母是 i、ü 的，儿化时直接加 er。

i—ir：饭粒儿　玩意儿　眼皮儿　门鼻儿　小鸡儿　小米儿

ü—ür：金鱼儿　有趣儿　马驹儿　蛐蛐儿　小曲儿　毛驴儿

（5）韵母是—i（前）、—i（后）的，韵母变作 er。

—i（前）—er：瓜子儿　写字儿　单词儿　鱼刺儿　肉丝儿

—i（后）—er：小事儿　羹匙儿　果汁儿　小侄儿　鱼食儿

（6）韵尾是 ng 的（ing、iong 除外），儿化时丢掉韵尾，韵腹鼻化并卷舌。这类韵母共有 6 个。

ang—angr：偏方儿　鞋帮儿　偏旁儿　帮忙儿　茶缸儿　赶趟儿

iang—iangr：木箱儿　小巷儿　豆秧儿　小羊儿　鼻梁儿　老将儿

uang—uangr：蛋黄儿　小筐儿　借光儿　木桩儿　天窗儿　成双儿

eng—engr：凉棚儿　小凳儿　顺风儿　门缝儿　挡横儿　头绳儿

ong—ongr：小虫儿　没空儿　门洞儿　小桶儿　胡同儿　酒盅儿

ueng—uengr：小瓮儿

（7）韵母是 ing、iong 的，儿化时丢掉韵尾 ng，并直接加上鼻化的 er。

ing—ingr：出名儿　花瓶儿　小病儿　门镜儿　打鸣儿　电铃儿

iong—iongr：小熊儿　哭穷儿　蚕蛹儿

上述变化总体来说体现在 4 个方面：①原：原韵母不变，直接加卷舌动作；②失：原韵母韵尾失落，主要元音加卷舌；③换：更换主要元音，并加卷舌动作；④加：在原韵母后面加央元音和卷舌动作。但是，汉语拼音方案却规定，无论儿化后的韵母如何发音，都在原来的韵母后面附加一个“r”表示该音节已经儿化，这种写法和读法上的不一致，造成了学习者认读和发音上的双重困难。在教学中，教师应该简要解释儿化韵母写法和读法上的不一致现象，避免学习者出现只是将舌简单上翘而形成的不自然发音，少讲原理，注重听辨与模仿。与其他语音项目的教学相比，儿化韵母的发音应该作为学习者汉语语音学习的长远目标，初级阶段点到即止就可以了。

5. 对拼音书写规则的不充分解释

在汉语拼音方案中，一些内容很容易引起汉语学习者的错误理解，并进而成为错误的类推原型，运用于语言实践中。其中，影响较大的是一些书写和发音形式不一致的韵母。有如下两组。

(1) 都标注为 i 的一组音，发音不一样

ji　qi　xi　i 为舌面元音 i　　[i]

zi　ci　si　i 为舌尖元音—i　　[ɿ]

zhi　chi　shi　i 为舌尖元音—i　　[ʅ]

(2) 3 个书写与实际发音不同的复韵母

iu　＝　iou

ui　＝　uei

un　＝　uen

上述 3 个复韵母，简写的部分都是主要元音，是韵腹，是整个音节中开口度最大、发音最响亮的部分。汉语学习者由于不了解这个简写原理，发音时容易从韵头直接发至韵尾，不仅影响韵母发音的完整性，也容易带来发音模糊、不清楚、与相近音混淆的问题。

(二) 词汇教学：不以汉字教学取代词汇教学

王立从本族人的语感出发，也得出了同样的结论。王立运用社会学中已成熟的调查统计分析法，为属于社会心理范畴的“公众词感”提供科学测量，结果表明：“汉字在‘字’和‘短语’之间还有‘词’这一级单位。汉语公众心目中的‘词’大多是中型汉语词典所收的词，比较接近‘具体语境中的音步’，与冯胜利、王洪君所定义的属于语音语法接面层级上的‘韵律词’几乎完全一致。”

对外汉语教学实践也证明，汉字的学习不能代替词汇的学习。

吴晓春在《FSI 和 CET 学生认字识词考察》一文中记录了对美国外交学院（FSI）学生所做的实验。累计学习 700～900 学时汉语的学生们，普遍存在着识词不识字的现象。

损失/亏损　建设/设施　许多/允许　目标/标准

继续/持续　准备/准则　一切/关切　原则/否则

斜线前是学生已经习得的词，学生能够认读。斜线后面的是生词，但包含了习得过的汉字。但无论该字的位置是否发生了改变，学生却不认识了。这说明，学生在习得的时候是以“整词”为单位输入的，他们对汉字的认识建立在词这个“语境”里。当旧知中的字移位进入别的词的“语境”时，他们并不能马上做出反应，将对该字的认识带人新词，有时甚至连这个熟悉的

汉字也不认识了。

（三）语法教学：不混淆词汇教学和语法教学的界限

汉语词类的多功能性非常突出，有重“意”不重“形”的特点，具有很多隐性的语法关系，表意非常灵活。在对外汉语语法教学中要想充分发挥类推的正面积极作用，就要做到：分清语法教学和词汇教学的界限。唯有如此，教授者才不会被表意灵活的词汇的讲解牵扯大量精力，从而可以专心关注语法的可类推性。也唯有如此，才能体现汉语语法的系统性和内在的类推性质，提高学习者运用语法类推的有效性。

作为一种规则，语法具备如下属性：可以扩展；可以类推；不适用于单一个体，具有共性和普遍性。孙德金在《语法不教什么——对外汉语语法教学的两个原则问题》一文中指出：属于词汇范畴的不教，强调了语法教学和词汇教学的分野；属于共知范畴的不教，强调在语法教学中要充分利用第二语言学习者的认知能力。孙德金在文中举例：“‘汉语中数词和名词中间要有一个量词’这条语法规则是对‘一本书’‘一支笔’‘两件衣服’‘三张纸’等众多实例的抽象和概括，因此，它不单适用于某一‘数量名’组合，而是适用于所有‘名’的数量表达。它表现的是‘数’‘量’‘名’三者之间的语法关系。这样的规则是语法规则。”孙德金认为，语法要管的是下面的问题。

*我有两书。　　　　　（缺失量词）

*我喝了两个杯牛奶。　（多用量词）

语法不管下面的问题。

*我买了一个笔。

*我认识那位人。

区分词汇教学和语法教学是由语言学习过程的特点决定的。语音、词汇、语法是语言教学的三大要素。词汇作为语言的表意单位，在量上是开放的，表达实际意义的实词，随着时代的发展及新事物的出现而不断增多。而作为语言系统稳定的内核，语法的开放度很低，语法规则大部分是稳定的。“作为语言的学习者，他所要掌握的‘语法’，不是一个个有单独的理性意义、各种色彩的表意单位，而是有限的、稳定的、概括的、抽象的一条一条的规则，词汇和语法在语言学习过程中的作用不同。”

区分词汇教学和语法教学同时也是由汉语课堂教学的特点决定的。第二语言学习者的学习时间有限，教学的组织应该做到教学资源的最大优化。在汉语中，除了实词，大部分的词在语义和语用上都有特点。但是，不能因为这些词意义和用法特殊，就成为语法教学的内容。孙德金认为："类似的词语，可以通过实际的语言材料（词语所处的语境）和辅助的词典等工具书让学习者自行掌握。"孙德金举例说："比如'看'这个词意义和用法比较多，'看书'的'看'显然不需要教，但'说说看'的'看'就是语法教学的内容，因为这里的'看'起的是语法作用，'VV看'这个语法形式表达的是'尝试'这样一种抽象的语法意义。掌握了这种形式，学生也就获得了表达'尝试'意义时的一种可选形式（其他形式如'VV''VV试试''试着VV'等）。因此，概括说来，限定语法教学的范围一定意义上是由第二语言课堂教学的特点所决定的。"

第三节　类推法在对外汉语教学中的学法原则

一、重视类推规则性和灵活性的结合

（一）重视基本项目的学习

基本项目的应用范围广，可类推性强，适合学习者发挥自身的类推学习能力，在课堂上学习掌握，在实践中类推使用。这些基本项目主要包括：①规范的、常用的语言项目；②容易发生偏误的语言项目；③语法及词汇等的具体适用条件；④语法及词汇等的具体限制条件。

（二）重视"义项观"的建立

学习者由词汇引起的错误类推主要由这样一些因素作用形成：①单义、多义属性词不同义项之间的复杂对应；②多义词不同词性的义项。

学习者需要树立多义词意识，建立"义项观"。在汉语词汇学习中既要记住词形，也要分清义项。在学习中，应该按照义项成组地学习多义词，树立词汇学习的"义项观"，这对学习者熟悉汉语词汇系统的系统性，进而掌握汉语词汇系统的构成和分布特点非常有帮助。

（三）重视学习过程的自我指导

对于学习者来说，类推学习过程的自我指导主要包括如下方面。

1. 始终明确：类推不具有绝对性

学习者既要认识到利用类推学习汉语的可行和便利，也要认识到类推在任何语言的学习中都不具有绝对性。在汉语学习中，学习者应自觉对学习采用的策略和方法进行"监控"，当意识到自己出现了类推理解、类推运用的时

候，首先想一想这样的类推是否具有理据性，也可以通过向教材、语法书、教师求证等途径验证自己的类推结果。求证，不仅可以一定程度地避免过度类推，也可以成为一个对学习内容深度加工的过程，让记忆更为准确和深刻。

2. 可用即用：最大限度地发挥类推学习的正面作用

在教学中，教师应对可以类推的词汇和语法等项目重点强调，鼓励学习者通过积极类推，自己发现汉语词汇、语法的规律。在进行《魔力汉语——中级汉语口语（上）》第1课《大饱口福》的词汇教学时，本书作者引导学生进行了如下类推学习（图8—3）。

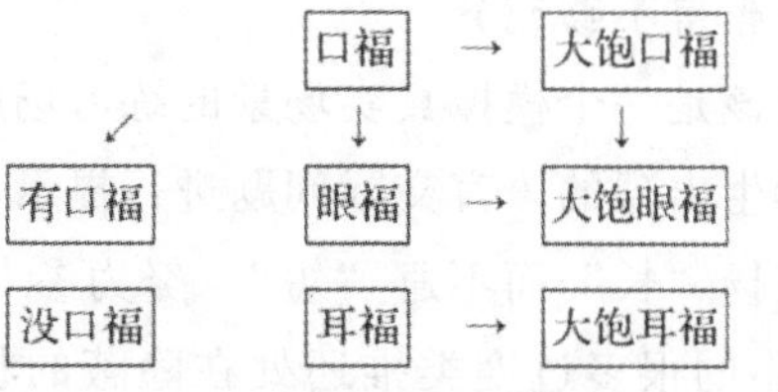

图8—3 《大饱口福》中词汇的类推学习示例

在进行《魔力汉语——中级汉语口语（下）》第2课《下午得上班》的教学时，本书作者引导学生进行了如下类推学习（图8—4）。

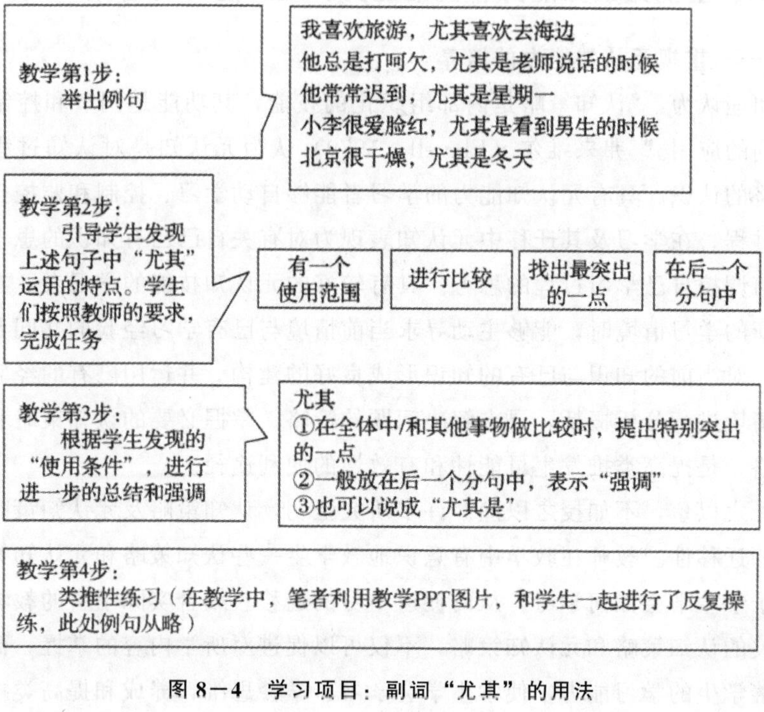

图8—4 学习项目：副词“尤其”的用法

鼓励学习者通过积极类推、主动发现汉语词汇语法等的内在规律，具有如下的优点：①可以降低学习者因无法掌握规律而形成的学习焦虑；②该汉语项目的掌握是学习者内在类推学习能力和汉语内在类推性质共同作用的结果，加工深刻，记忆深刻。学习者在教师的引导和鼓励下完成课堂的类推学习，就能比较容易地建立起这一词汇类推模型，利于课后复习和巩固。

（四）重视练习的质和量

教师应该提供、学习者应该抓住质优量大的练习机会。这是因为：①没有足够的练习，学习项目不能得到实践和巩固；②学习者容易出现的种种问题也不能暴露或者暴露得不够充分。

汉语课堂教学应该是一个模拟真实场景的练习场所，在这个环境中，教师可以有策略地对学生出现的语言交际问题进行提示，提醒学习者注意并改正。而学习者也应该扬“长”而不避“短”，努力参与练习，甚至努力“扬短”。汉语学习过程中的很多过度类推还处在隐蔽的状态下，学习者的“扬短”，不仅可以使教师认识到学习者的个性问题并解决它，也可以帮助我们更多更准确地认识过度类推的易发项目并努力预防。

二、重视元认知能力、概括能力、理解能力的培养

（一）重视元认知能力的培养

加涅认为：“认知策略是内部组织化的技能，其功能是调节和控制概念与规则的应用。”弗来维尔（Flavell，1979）认为元认知是对认知过程和认知策略的认识。具有元认知能力的学习者能够自动学习、控制和监控自己的认知过程。在学习及其迁移中元认知表现为对有关自己已有知识的思考和有关如何调控自己学习过程的思考。具有较好的元认知技能的学习者，在面临一种新的学习情境时，能够主动寻求当前情境与已有学习经验的共同要素或联系，对当前的知识与已有的知识形成良好的建构．并运用已有的经验对当前的情境进行分析概括，寻求解决问题的策略。掌握必要的认知策略和元认知策略，是提高类推发生可能性和有效性的便利途径。

授之以鱼，不如授之以渔。许多研究证明，认知策略及元认知策略具有广泛的迁移性。教师在教学中有意识地教学生一些认知策略和元认知策略将有助于学生学会如何学习，从而促进学习的迁移。结合实际学科的教学来教授有关的认知策略和元认知策略，不仅可以促进对所学内容的掌握，而且可以改善学生的学习能力，使学生学会学习、学会思维，养成和提高类推的主

动意识。在教学中，一方面教师要善于把学习的方法教给学生，如理解知识的最好途径、复习或巩固知识的方法等；另一方面，也要让学生不断总结自己的学习经验。

与母语相比，第二语言习得更依赖于元认知能力。在语言学习中，如果学习者仅是通过背诵、操练等机械的方式来掌握语言点，学到的语言点就是孤立的，很难灵活地运用于语言交际中。如果学习者能够调动有助于类推正面作用发挥的母语知识，能够利用生动的图形、图表、故事对所学知识进行主动整合，就有可能充分、透彻地理解新的语言材料的意义，并建构起知识间各种可能的联系。

以下以初级阶段听力课程的汉语词汇学习为例，说明学习者可以通过构建有意义的语境，对所学词语进行巩固复习。这一有意义的语境，实际上给了学习者一个内在的类推线索，通过这个类推线索，学习者完成了对词汇的深加工、深记忆。

通过一个阶段的学习，学习者已经掌握了如下词语。

①爷爷、奶奶、爸爸、妈妈、姐姐、哥哥、弟弟、妹妹；

②狗、猫；

③汽车站、火车站、地铁；

④图书馆、超市、邮局、银行、天安门广场；

⑤早上、晚上、起床、睡觉；

⑥天气、晴天；

⑦运动场、打太极拳、打乒乓球、打羽毛球、打网球；

⑧生日；

⑨饭馆、吃饭、米饭、面条、鱼、鸡、菜、面包、鸡蛋；

⑩看书、看电视、看报纸。

学习者首先可以将上述 42 个词和短语根据意义和搭配分为 10 组，建立起第一个意义搭配类推模型。在复习时，可以分别根据这 10 组词语的共性，进行类推联想。

学习者也可以采用“语境记忆法”，将这 42 个词和短语编成如下自述型的小文章。

我的一天

我爱我的家。我家有 9 口人：爷爷、奶奶、爸爸、妈妈、姐姐、哥哥、弟弟、妹妹，还有我。我家还有 1 只小狗和 1 只小猫。

我家的左边是汽车站，右边是图书馆，前边是超市，后边是火车站。欢迎来我家玩儿！

我每天早上6点起床。起床以后，我去运动场。我有时候打太极拳、打乒乓球，有时候打羽毛球、打网球。7点，我吃早饭。早上我喜欢吃面包和鸡蛋。今天天气很好，是晴天。上午，我想去邮局和银行。下午，我去天安门广场，我坐地铁去。晚上，我想和朋友一起去饭馆儿吃饭，今天是他的生日。我们都喜欢米饭、面条、鱼、鸡，还有菜。我们不喜欢喝酒。我10点睡觉。睡觉之前，我喜欢看书、看电视、看报纸。

上述模拟语境给了学习者一个潜在的内部线索，可以帮助学习者依据时间、内容等多种要素进行由情境到词汇的类推复习。

（二）重视概括能力的培养

前文谈到，原有的知识越具有概括性，正向迁移的可能性就越大，因此，在教材的选择和组织上，应把每门学科的基本概念及原理放在教材的中心地位，作为教材的重点，以突出教材的内部规律。具体到对外汉语教学，因为教材编写思想的不同，对于基本概念和原理的处理方式和深度也就有所不同。教师应该具备处理教材的能力，帮助学习者辨别教材中的重点内容及每一课的重点项目。教材的处理能力应该是教师教学能力的有机组成部分。之所以突出基本概念、原理的选择、组织和安排，是因为它们将直接影响到学习者对类推性强的语言项目的感知和把握。

突出基本项目和原理的学习还有助于培养学习者的概括能力。如果学习者具有独立分析、概括问题的能力，能觉察到语言点之间的内在联系，善于把握新旧知识的共同特点，就有利于类推正面作用在汉语学习中的发挥。概括能力强的学习者，其迁移过程呈现压缩和跳跃状，迁移速度快；概括能力弱的学习者，其迁移过程按部就班，不够流畅，迁移速度慢。反映在语言学习上，就是对已经学过的语言项目进行类推拓展时，或者将已有语言经验类推运用于新项目的理解和学习时，会产生不同的学习速度。在概括能力的培养上，学习者要注意如下方面。

①认识到概括的重要性；

②要通过配合教授者教学、努力探索语言规律，养成概括的习惯；

③要努力增加自主探索、求证语言规则的次数；

④努力将已知类推至新知，学会解决新问题。

（三）重视理解能力的培养

迁移与学生理解能力的高低密切相关。如果学生对所学知识的基本内容、基本原理能够充分理解，迁移就容易产生。靠死记硬背获得的知识，不仅不利于学习成绩的提高，也阻碍迁移的出现。

理解还要和熟练结合起来，才能取得迁移的最佳效果。教师要给学生提供各种练习机会，帮助学生充分理解和熟练掌握语言知识。如在课堂中设立问题情境，让学生自己思考，并从中找出答案。

下例为笔者在《汉语会话 301 句·下册》教学中的一次“快问快答”。教学目标是复习词语辨析——用于形容词前的“有点儿”和用于形容词后的“一点儿”。具体要求是在教师说完后，学生应迅速回答。

教师：买东西的时候，要是有一点儿贵，你就说……

学生：请问能不能便宜一点儿？

教师：小明有一点儿不舒服，吃了药以后，他……

学生：吃了药以后，小明舒服一点儿了。

教师：老师说话有一点儿快，所以你对老师说……

学生：老师，请您说慢一点儿。

教师：小王有一点儿冷，多穿了一件衣服以后，小王觉得……

学生：小王觉得暖和一点儿了。

三、重视练习

有研究表明，先前学习的内容，必须经过充分练习，才能易于迁移，否则先后两项任务因有共同成分而容易导致混淆。

充分练习可以使许多基本语言技能自动化，学习者不必有意识地注意。这样，学习者大量的时间和精力就可以投入到更为复杂的语言项目和技能的学习中去了。

充分练习可以帮助学习者对语言项目进行更为深入的思考，进行更有深度的加工，从而强化类推原型的稳定性。学习者只有在对该项目熟练运用以后，才可能有更多的精力和时间去思考该项目和新项目或者之前所学其他项目的异同，从而忽视表面的相近，努力发现实质的不同。此外．类推原型稳定性越高，学习者提取就越方便，在语言交际中的价值就越高。

目前的听力教学往往局限于课堂内的教学和练习，课后作业因不易操作和控制而被教授者和学习者所忽视。而听力往往又是各级汉语学习者的薄弱环节，且和口语能力密切相关，笔者认为，充分的练习是非常有必要的。

在初级听力的教学中，笔者进行了这样的尝试。零起点学习者第一学期的学习时间平均为4个月，在教学中笔者将听力课程也设置为4个进阶训练环节。在每一个环节中，学习者都要完成相应的课后作业。

1. 第1阶段（学习的第1个月）：原句听写

这些句子在课堂上详细讲授过，作业中不做大的变动。教师将录音带和作业纸发给学习者，要求其根据录音做听写填空练习。有关日常生活内容和概念的词语、涉及语言结构的重点的结构词是本阶段听写的重点。

2. 第2阶段（学习的第2个月）：小短文的全文听写

短文由教师自主编写，组成短文的句子均在课堂上讲授过，内容包含前一阶段所学的重点词汇和学习者词汇的薄弱部分。

3. 第3阶段（学习的第3个月）：精听和泛听

课后作业从量到难度上都有大的变化。作业包括精听和泛听。泛听部分没有听写和填空，学习者只需回答若干问题。精听部分，学习者则要完成听写或者填空任务。精听和泛听的材料为童话、幽默故事等，经过教师改编，词汇、语法难度适合学习者此阶段的学习水平。这个阶段课后作业与前两个阶段最明显的不同是增加了自学部分。精听和泛听材料中出现了一定量的陌生词。教师在作业纸上给出这些词汇，要求学习者在听前查字典，了解词语意义。课堂讲授是由教师完成的对词汇的深加工，此阶段的作业则要求学习者自行完成对陌生词的深加工。

4. 第4阶段（学习的第4个月）：精听短文、听后回答问题

这个阶段继续保留第3阶段学习者自查自学一定量陌生词的做法。学习者完成了精听填空作业后，要回答问题。这个阶段的精听内容主要以中国的民风民俗、文化知识为主。在回答问题部分，教师除了针对短文提出问题外，还根据短文主题，请学习者尽可能多地介绍自己国家的相关情况。一次听力作业，实际上完成了听、说、读、写多项任务，学习者在做作业的过程中学到了他们感兴趣的中国文化知识，强化了多方面的语言能力，完成作业的积极性很高。

需要注意的是，在批阅完作业后，教师应将完整的、正确的作业答案发给学习者，在其听错的部分做出明显标记，敦促学习者课后反复聆听。纠错也是对词汇的深加工，从中可以发现学习者听力中的“顽疾”并逐步加以纠正。

第四节 类推法在对外汉语教学中的教材原则

认知结构迁移理论认为，为迁移而教，实际上是在塑造学生良好的认知结构，而学生的认知结构是从教材的知识结构转化而来的。要确保学生良好认知结构的形成就要从教材内容的选择和教材的呈现方式两个方面人手，理想的对外汉语教材应该具备这样一些特点：学习项目具体详尽；解释和界定并举；能缩短学生由母语向汉语转化的过程；有利于培养学习者主动学习的兴趣。

在教材的编写上则应该体现如下原则。

一、重视基本性概念

布鲁纳认为，所掌握的内容越基本、越概括，则对新情况、新问题的适应性就越广，也就越能产生广泛的迁移。在汉语教学中，那些基础的结构和表达具有广泛的适应性，用于类推的价值最大。学习者尽可能多、尽可能稳定地掌握这些基础结构和表达法就能走向适度类推的学习之路。教材应该体现对基本性概念的重视，强化教学内容的规律性；应该突出基本概念和原理的学习，将其放在教材的中心。这些汉语学习项目和原理应该具备如下特点。

（一）具有较高的概括性

（1）规范的。对外汉语教材的内容组织要规范和精密。在例句的选用和陈列上，课文主体与课后练习之间，单元与单元之间，单元内的语音、词汇、语法之间，跨单元的语音、词汇、语法之间等，都能够突出举一反三、触类旁通的类推特点。

（2）典型的。这些典型性的语言项目应该满足基本的交际需要。

例如：

①封闭性词语。包括基础性结构类功能词、基础性范畴类功能词、必需语气词、必需单音副词、数词、代词。

②开放性词语（日常生活中最必需的概念词）。包括名词、形容词、量词、动词。

动词应该是教学的重点，这是因为动词是句子组织的核心，动词的词义变动最大，动词的功能最强。

（二）具有较强的包容性

①概括性强。能满足构筑基本句法的需要，包括语法需要、表达需要、词语搭配需要。

②适用范围广。能满足语言功能和交际话题。

③同义词、反义词、同语境词（在相同语言环境中可互换使用的适用词语）。

（三）具有强有力的解释效应

①最容易发生偏误的。

②语言项目的适用条件和限制条件。

二、重视内在可类推性

（一）注意教材的整体结构及各种知识间的联系以促进类推的发生

学习内容之间的关系是类推发生的重要条件，为了有效类推的发生，学习者必须具备从整个学习体系的关系模式中看待当前的某一个语言学习项目的能力。因此，教材除了突出重点内容之外，还要加强概念、原理、章节之间的联系。这是因为如果教材注重整体结构和知识间的联系，教师和学习者就可以：①根据教材的内在关联性，了解语言学习的全貌和语境；②较快地挖掘概念、原理、内容之间的关系，指出异同点，防止过度类推、类推不当的出现；③较快辨认各种语言现象及需要解决的问题的特点；④尽可能多地建立起已知材料与新材料的联系，促进新旧知识的结合。

这样，一方面可以避免传统教学中重细枝末节，轻整体知识的教学倾向；另一方面可以有效避免或者减少学习者学到的语言知识不成体系，以及不能融会贯通、灵活运用的问题。

对外汉语教学往往分课教学同时进行，教材的编写也应该体现出相互协调、相互配合的原则。对于核心教学项目，应该从听、说、读、写多个课型出发，以多种形式反复出现，帮助学生形成稳定性高、可利用性强的类推原型。这样的教材编写模式可以避免重复劳动，避免浪费教学时间和教学资源。

（二）注意前后内容的关联，使教材具有内在的可类推性

教材的选编，要从整体上考虑循序渐进的原则，内容上应前后呼应，并有适当的交叉和重叠。教材的若干单元应该做到如下几个交叉。

①先后两个单元要有适当交叉和重叠，使先前学习成为后继学习的准

备，后继学习变成先前学习的自然延伸。

②教材整体上要有适当的交叉和重叠。重要的汉语学习项目应该在学习者的教材中，在其遗忘的临界点上反复出现，不断强化记忆、强化使用，使其成为稳定的类推原型和模式。

（三）注意有意识地引入类推项目以辅助教学

教学内容的组织要注重各要素之间具有科学的、合理的逻辑联系，使已有的知识能够很好地同化新知识。对于缺乏内在关联的学习内容，教材可以引入帮助理解的类推项目，即背景知识等的介绍，也可以帮助学习者建立新旧知识之间的联系，使新知识与原有知识建立联系而获得意义，从而对学习内容产生理解性类推。

奥苏伯尔通过设计“组织者”（也称“先行组织者”）来改变被试的认知结构变量，提高原有认知结构的可利用性、可辨别性和稳定性，促进新的学习和保持。所谓“组织者”就是在有意义的学习中，在呈现正式的学习材料之前，先用浅显、易懂的语言介绍的一些引导性材料。这些能充当新旧知识“认知桥梁”的材料，称之为“组织者”。因为它呈现在新学习材料之前，又被称为“先行组织者”。设计“组织者”的目的，是为新的学习任务提供观念上的固定点，增加新旧知识之间的可利用性和可辨别性，以促进类推性的学习。也就是说，通过呈现“组织者”，给学习者已知的东西与需要知道的东西之间架设一道知识之桥，使之更有效地学习新材料。

第九章　对外汉语教学的人才培养与教师发展

近十年来汉语国际教育迅速发展，合格教师供不应求的矛盾日益凸显。“会说汉语就能教汉语”的传统观念已经遭到唾弃。要解决汉语教师不足的问题，必须理清以下问题：合格的汉语教师应该具备什么素质？用什么方法培养优秀的汉语教师？现有教师如何提升自己的知识水平和综合能力？

第一节　国际汉语教师的基本素质

国家汉办2007年出台《国际汉语教师标准》（以下简称《教师标准》），对国际汉语教师所应具备的知识、能力和素质进行了全面描述。2012年，国家汉办对该标准进行了完善和修订，推出新版《教师标准》，为国际汉语教师的能力评价和资格认证提供了依据。

以下从个人素质、知识储备和能力结构三方面，对国际汉语教师的基本素质进行讨论。

一、个人素质

（一）责任心和事业心

汉语国际教育是一种职业，更是一项需要全身心投入的事业。优秀的教师应该做到“以此为业、以此为乐、以此为荣、以此为善”（崔希亮，2012）。这样才能够长期维持工作热情，积极反思和解决教学中遇到的问题，不断提高教学、科研能力，得到全面发展。

事业心的具体表现之一，是善待学生，备好、上好每一节课，让每个学生通过学习，真正提高汉语交际能力，加深对中华文化的了解和认识。

(二) 亲和力

亲和力是国际汉语教师的基本素质。有亲和力的汉语教师，容易获得学生和同行的认可，容易在事业上取得成就。亲和力主要表现在两方面。

(1) 善待学生。要时刻了解学生需求，关注学生反应，并根据学生的实际情况及时调整教学内容和方式。一位美国教育家指出，师生关系决定学生的兴趣。师生关系不好，会影响教学效果。善待学生不等于取悦学生。有一位老师课后常请学生吃东西，帮学生去办各种私事；但因教学效果不好，教学评估得分却最低。

善待学生，就要公平对待每一位学生。有一位老师发现一位日本学生学习吃力，英语又不好，就常用日语给他解释。其他国家的学生认为，这对大多数学生不公平，应该用汉语（或用一点英语）授课。那如何帮助那位差生呢？熟手教师会安排汉语好一点的日本学生辅导他，也可以在做练习时或课后单独辅导。这样，后进学生也能感到老师的善意，得到适当的帮助。

(2) 善待同事、同行。优秀教师可以跨越性格乃至文化差异，与同事良好合作，营造良好的人际关系，创造和谐的工作氛围，以促进专业发展。

(三) 良好的心理素质

国际汉语教育会遇到许多意想不到的问题。原因有：可能到完全陌生的国家、地区工作，学生可能具有不同的母语和文化背景，等等。在复杂的环境中，汉语教师应培养良好的心理素质、良好的预判能力和解决问题的能力，以应对、处理遇到的各种困难，包括一些突发事件。

二、知识储备

(一) 汉语知识

汉语教学的实施者，需要掌握现代汉语语音、词汇、语法、汉字等方面的基础知识，能对学习中出现的语言问题进行解释和分析。掌握汉语知识，是为了满足汉语作为外语教学的需求，而不只是为了研究汉语本体。中文专业的毕业生应根据教学需求使用相关知识。

如上课时有学生问，为什么“他真好”可以说，“＊他是真好的老师”不能说，“他是很好的老师”又可以说。一位新教师无法解释这个问题，让学生很困惑。有了基本语法知识，就可以给学生解释清楚：汉语程度副词有的用于陈述句，如“很”；有的用于感叹句，如“真”。

(二) 外语知识

教师具备相应的外语知识，不仅能够进行交流，还能在语音、词汇、语法等方面进行有效的汉外对比，发现母语迁移在学习中的表现，有效指导教学。

例如，很多国家的汉语初学者容易混淆“一点、有点”，说“* 我一点累”。通过汉外对比就能找出原因：不少语言对应汉语“一点”“有点”的可能是一个词（如英语 little、泰语นิดหน่อย），学生难以辨别；从学习顺序看，通常先学“一点”，后学“有点”。因此，二语学习者容易误用“一点”代替“有点”。

(三) 跨学科知识

汉语国际教育是多学科交叉产生的新兴学科，教师必须具备语言学、教育学、心理学、跨文化交际学等相关学科的基本知识。同时，还应该学以致用，能够把这些知识融会贯通，综合运用于教学实践当中。

新教师上课，习惯用讲授知识为主的方法，学生没有兴趣。如果能熟练运用外语学习中“i+1”可懂输入、“i+1”可懂输出的互动、协同教学法，就可以顺利完成教学任务了。

(四) 中华文化知识及才艺

语言与文化密切相关，教师应了解中华文化的基本知识，能通过对文化现象、习俗、文化产品的展示和说明，向学生准确、客观地介绍、阐释中华文化。最好能具备一定的中华文化才艺，如传统乐器、舞蹈、书法、太极拳等，可以直观地展示和传播中华文化。

(五) 世界文化知识和跨文化交际知识

建立多元文化意识，学会尊重不同文化，避免刻板印象和文化冲突。海外教师对所在国的历史、文化、习俗、学习心理等应有足够的了解和认识，以促进汉语教学和跨文化交流。

例如，有一位志愿者教师在美国上课，对一位学生说：“某某是白人，成绩这么好。你是华人，成绩为什么不如他？是不是周末又到你爸爸的餐厅打工去了？”这段话既暴露了学生个人隐私，又有种族歧视嫌疑，跟当地文化有严重冲突。

三、能力结构

国际汉语教师能力，以往认为包括三种：教学能力，跨文化交际能力，研究能力。2009 年汉语国际教育硕士专业学位教学指导委员会制定了《全日制汉语国际教育硕士专业学位研究生指导性培养方案》（以下简称《培养方案》），指出本专业要培养具有“熟练的汉语作为第二语言教学技能”“良好的文化传播技能”和“跨文化交际能力”的专门人才。

（一）教学能力

这是汉语教师能力结构的核心，包括海内、海外汉语教学能力，教学组织和课堂管理能力。以下从备课、教学实施与测试三方面讨论。

（1）备课，要具有较强的教学设计能力和对教学资源的综合利用能力。教师应能根据教学大纲制订合适的教学计划，根据课型特点设计合理的教学活动，编写详尽、规范的教案，以完成教学任务。选用合适的教材，对其进行消化、取舍和处理，也属于教学设计能力。

（2）教学实施，要有出色的课堂管理能力、较强的口头表达能力以及熟练使用现代教育技术的能力。教师应有能力掌控教学节奏，通过互动营造和谐的课堂氛围，组织实施设计好的教学活动，引导学生完成教学目标，并能恰当处理课堂发生的各种意外情况。

（3）测试，主要用于评估教学效果。教师应该掌握测试和评估的基本知识和主要方法，能根据不同的教学目的，选择或设计合适的测试方式对学生进行科学的评估。此外，还应知道如何分析测试结果，如何根据测试来调整、改进教学。

（二）跨文化交际能力

每个第二语言教师都应具备文化意识和文化敏感度，对其他文化有充分的了解、理解和适应；应该具有全球化思维能力、开放的心态和多元文化意识，具备跨文化交往的技巧，能减少、避免文化冲突，能有效地进行不同文化的融合。

如在伊斯兰教地区教汉语，就要慎用“酒、猪肉、比基尼”等词语。相关内容的教学，最好到了中高级阶段，选择合适的情景进行，不要因为教学不当引起文化冲突。

（三）文化传播能力

语言是文化的重要载体，语言教学伴随文化传播。汉语教师必须具备文化传播能力，准确、恰当、有效地进行文化传播。

中华文化传播能力可分为“内功”“外功”。“内功”，要求教师对中华文化有广泛、正确的了解，通过有意识的学习和积累，掌握足够的知识；“外功”，指恰当、有效地进行文化传播，而不是简单地进行文化灌输。有效传播能力的培养，可以从内容、方式两方面考虑。

首先，要能选择合适受众的传播内容。没有经验的汉语教师在进行文化传播时，总是喜欢根据自己的想法选择传播的内容，而没有充分考虑到受众的需求。有效传播必然是一个需求导向的过程。张治（2008）对美国汉语学习者进行调查，发现中国教师喜欢讲长城、京剧等历史知识。而学习者需要的是现代活的文化知识，如中国人见面怎么打招呼、怎么招待客人、在什么场合说什么话等。这些活的文化更能满足美国学生用汉语交际的需要。

其次，要学会使用适合受众的方式和手段，激发受众的学习兴趣。如在欧美国家，可以充分利用学生喜欢动手的特点，设计合理的方案，引导、帮助学生营造并体验真实的中国文化氛围。

最后，目标语文化的介绍，应该结合当地文化。应该让学生在多项文化对比中来体验目标语文化和母语文化的异同，进行有效的理解和适度的融合。

（四）教学研究及创新能力

首先是教学观察和教学研究能力。作为教师，要学会发现教学中的实际问题。例如，为什么韩国学生很难发汉语声母 f？为什么韩国、印度尼西亚等国学生常说“*我很多跑步”？为什么自己上课的效果不如熟手教师，区别在哪里？善于发现问题，是培养研究能力的第一步。

其次要能够学习、使用相关的理论、方法来分析、解决问题。如在很多语言中，“（很）多”可表示数量（他有很多朋友），也可以表示频率；但汉语“很多”不能表示频率。

有了研究能力，就可以通过相关研究，解决教学中遇到的真实问题，并利用研究成果指导、促进教学活动；就可以摆脱单纯“教书匠”的层次，使汉语教师自身的价值得到提升。

第二节　人才培养与技能训练

传统的人才培养方式以知识传授为主，注重培养学习和研究的能力。外语教学是实践性很强的活动，对汉语作为外语的教师来说，汉语教学技能的训练和培育更为重要。

为适应汉语学习者快速增长的形势，培养更多合格的汉语师资，国务院学位办于 2007 年设立应用型的“汉语国际教育硕士”专业学位，并颁布相应的《培养方案》，提出培养具有熟练的汉语作为第二语言教学技能、良好的文化传播技能和跨文化交际技能的专门人才。

这三种技能是国际汉语教师必备的能力。我们认为，要成为一个称职的高水平汉语教师，还应该有相应的研究技能。这些技能的培养，需要参与大量的实践活动。下面主要以中山大学汉语国际教育硕士专业学位生的“全程见习实习”培养模式为例，论述汉语国际教育人才的培养方式。

一、语言教学技能

语言教学技能是汉语教师必备的核心能力。这种能力，当然需要汉语本体知识、汉语作为第二语言教与学的知识作为基础。但是，大量的教学实习和实践对于教学技能的培养更为重要。只有“做中学，做中教”，参与各种教学实践，才能逐渐积累经验，形成教学能力。实践应该循序渐进，可分为“见习”“实习”两大阶段进行。

(一) 见习阶段

在此阶段，每位研究生有固定指导教师，随时观察、指导见习活动，保证见习活动能收到应有的效果。见习包括三个步骤：课堂观摩，模拟教学，试讲。可在一学期完成。

步骤一，课堂观摩。包括实地观摩和以录像等形式呈现的教学观摩。研究生可在教师指导下，将汉语二语教学理论知识与观摩到的课堂教学联系起来，并学会加以分析，理解具体教学安排的目的和意义。可以观摩多种课型的教学，体会特点。通过观摩，研究生可以逐渐了解教什么、怎么教等基本问题。

步骤二，模拟教学。研究生选某一课型某一教学单元，在教师指导下撰写教案；模拟真实教学，根据教案进行说课和无学生的模拟教学；教师评点教案和模拟教学，提出改进方案。

步骤三，试讲。在模拟教学基础上，研究生在真实课堂试讲一两次课。指导教师在试讲前给予具体指导；试讲时随堂听课；试讲后及时评点，提出改进方案。

(二) 实习阶段

研究生需要独立或与其他教师合作完成一门课程的教学。在实习开始前，先集中培训，按课型特点分别给予有针对性的指导。为每位研究生安排熟手教师进行全程指导。指导方式有：互相听课，撰写听课报告，指导撰写教案，解决研究生教学中的实际问题。学期中安排专门的课型教研活动，为研究生提供更多答疑解惑的机会。

通过全程见习实习，研究生能把所学知识跟具体的教学实践结合起来，有效积累教学经验，培养汉语教学能力。研究生入学第二年，就可以到海外任教，胜任多种教学任务。

二、文化传播技能

文化传播能力的培养有两种方式。

（一）传统的授课或讲座方式

《培养方案》的课程设置部分中，中华文化与传播类的课程占有重要位置。各高校除了开设中华文化知识类课程，还会设置如书法、太极拳、古筝、剪纸等中华才艺类课程，为研究生掌握中华文化知识和技艺创造了有利条件。

（二）实践式培养

让研究生参与各项文化传播活动，在实践中获取经验。可以在教师指导下，让研究生自主策划、组织文化传播项目，传播对象为在校的汉语进修生和留学生本科生，或国际学校的中小学生。在策划、组织工作中，要解决各种问题。在选择主题、设计活动方式时，需要考虑：举行电影节还是访问中小学？介绍太极文化还是制作中国印章？具体问题如资金利用、人员分工、租借布置场地、设计舞台效果等。活动后，要在教师指导下总结、反思，对参加活动的留学生进行调研，以便改善后继的文化活动。

类似实践，锻炼了研究生的文化传播能力，为其在海内外独立从事文化传播打下坚实的基础。

三、跨文化交际能力

对国际汉语教师来说，跨文化交际能力是核心能力。其地位比对一般人而言要重要得多。

（一）跨文化能力的发展阶段

跨文化交际能力的发展可分四阶段。

第一阶段，跨文化意识的形成。新教师开始接触外国人时，可能会按中国文化方式与对方交流，容易产生误解。外国学生也会因不了解中国文化而产生误解。慢慢地，新教师会意识到文化差异，开始形成跨文化意识。

第二阶段，多元文化意识的建立。汉语教师面对不同文化背景的学生，学会理解对方文化，尊重和平等对待不同文化，同时也会逐步去掉对对方的刻板印象（如德国人严谨守时、法国人天性浪漫、英国人古板无趣等）。教师开始把握每个学生的特点，而非简单地给对方贴文化标签。

第三阶段，增强自我调节能力，主动适应文化差异。与不同背景的学生交往，文化冲击在所难免。海外教学环境不同，可能出现文化休克。为适应文化冲突，应逐步提升调节能力。

第四阶段，自觉运用跨文化交际技能。汉语教师既要自己适应文化差异，还可以帮助学习者建立跨文化意识，克服学习过程中因文化不同和交际失误而引起的各种困难。

（二）跨文化能力的培养

跨文化交际能力需要通过学习培养。教师应学习跨文化知识和世界主要文化的特点，逐步建立跨文化意识。外语学习是跨文化交际能力培养的重要渠道。对赴外教学的志愿者，还需要加强目的国文化知识和习俗的学习，以适应工作环境。

跨文化交际能力更需要在实践中培养。研究生就读期间，必须参与各类跟跨文化相关的活动，如见习和实习、汉语教学及助教、组织策划各种文化活动等。通过实践，让研究生在跟不同民族、文化的学生交往中，实际体验跨文化交流，促进跨文化技能的培养。

在课程学习和实践之间，还需要一个桥梁，就是案例式教学。跨文化交际课程应该用大量的真实案例来诠释理论，说明问题。通过对各种跨文化交流案例的展示、分析和讨论，帮助学习者更好地理解、体验相关理论，为跨文化实践打下坚实的基础。

四、论文写作能力

论文写作能力的培养主要聚焦于问题导向。汉语国际教育硕士专业学位为国际汉语教育行业培养人才，而培养目标能否实现，很大部分体现在学位论文能否推动行业发展上。要推动行业发展，当然就要解决行业发展中的实际问题。

问题导向，可以从四个方面讨论。

（一）选题

在汉语国际教育（包括教学、工作）实践中找到存在的具体问题。例如，在美国怎样教小学生汉字？学生使用 App 词典的情况如何？汉语国际教育的历史教材和当代教材有何异同，有何传承关系？学生某些语言点偏误（*今天一点冷/*教室里不会抽烟）的真实原因是什么，如何教授、练习这些语言点才能让学生更好、更快地掌握？特定教材的语言要素和交际技能教学、话题和文化点的选择和呈现有什么特点？能让学生有效提高语言和交际能力吗？如何通过具体的文化活动有效传播中华文化？中华文化如何跟当地文化相互结合，从单向的文化传播优化为双向的文化融合？

上述问题，必须是研究生在实践中自觉发现，必须是真实、具体的问题，才有可能写出高质量的学位论文。

（二）材料

真实问题的解决，必须使用真实有用的材料。例如，要了解学生如何学习某个语言点，就需要有合适的、足量的学习者语料；要考察师生如何互动，教师输入如何促进学生输出，就必须有真实教学过程的录音录像材料；要具体考察特定的孔子学院如何运作，就应该有该孔子学院的全面、系统的资料，包括教学大纲、课程设置、教材、教师、管理部门和管理机制等；要对比相关教材，就应该有教材在选择、呈现、解释、练习有关语言要素、交际技能、话题文化等方面的具体事实和数据（静态），最好有教师、学生使用该教材的相关调研（动态）。

（三）方法

科学运用不同的理论、模式、方法、手段，有效促进问题的研究和解决。理论、模式、方法、手段等，一定要适合自己的论文题目，一定是真正有助于实际问题的解决。不要空谈理论、方法，在具体研究中却没有把理论、方法融进去。

（四）结论

结论不能空泛。应该对第一点提出的具体问题，给出具体的解决方案；即使不能全部解决，起码也能提出部分解决的方案。

贯穿于上述四点的，是创新思维。在发现问题、收集材料、分析解决问题时，始终要清楚：你的论文与前人有何不同？创新点在哪里？能够在哪些方面促进行业发展？

第三节　汉语教师的发展

跟一般教师比，国际汉语教师的发展成长有其独特性。《教师标准》从五方面指出汉语教师的职业能力标准：汉语教学基础，汉语教学方法，教学组织与课堂管理，中华文化与跨文化交际，职业道德与专业发展。以下结合实例，讨论汉语教师的专业发展。

一、培养反思教学的能力

反思教学，是指教师以旁观者身份，从教和学的角度考察本人的教学是否有效、如何改善。它是一个“将‘学会教学（learning how to teach）’与‘学会学习（learning how to learn）’结合起来，努力提升教学实践的合理性，使自己成为学者型教师的过程”（熊川武，1999）。反思教学，是教师专业发展的基本过程。

《教师标准》中“教师综合素质”第一条标准是：“教师应具备对自己教学进行反思的意识，具备基本的课堂研究能力，能主动分析、反思自己的教学实践和教学效果并据此改进教学。”具有反思教学的能力，才能不断提高教学和教学研究能力，使教师得到全面、持续的专业发展。

王添淼（2010）归纳国内外有关反思型教师成长路径的几种方式，可以作为参考：

（1）撰写反思日志，建立成长档案。建立文档有三个好处：第一，记录自己的成长过程；第二，系统整理教学经验；第三，方便对自身教育行为和理念进行反思。建立文档，是进行反思教学的基础。

（2）微格教学。微格教学是反思教学的一种方式。教师将一个简短的教案实践环节，或者一个真实的教学视频片断向同事或一个较小班级的学生呈现。呈现过程中，教师用新视角审视自己、学生和课程。教师可以与同事、专家、学生交流，发现教学中的问题，商议解决方法。通过呈现、交流与讨论，达到全方位深刻反思的目标。

（3）行动研究。行动研究是一种关注实践改进的研究模式，具体指教师对自身的教学行为进行即时监控与调节，对出现的问题进行即时研究和解决。它将教学行动与研究这两个领域融合成一体，能锻炼、提升教师发现问题、解决问题的能力，能及时体现反思教学的实际价值。

（4）叙事研究。叙事研究是教师讲自己或他人有关教育的故事，并进行相应研究。叙事包括想象叙事、口头叙事和书面叙事。个人故事发生在大教育背景之下，合理的叙事研究可以促使教师把个人经历、体验与社会生活相连，在社会背景下反省个人的教学、生活与学习，使反思不但生动具体，而且具有普遍意义（吴勇毅等，2014）。

（5）建立教师专业共同体。教师专业共同体以教育实践为内容，以共同学习、研讨为形式，通过团体成员的沟通与交流，最终实现整体成长。教师专业共同体可以以学校为单位，也可以是校际或区域间的职业联合体。每位教师都有自己的经验，通过共同体这座桥梁，可以促进教师把潜意识中的知识、经验得到外化、确认和整理，与他人共享和相互促进，可以提高教师在专业发展中的反思和协作能力。

二、培养跨文化意识

教师应具备跨文化意识，了解他国文化，避免出现文化冲突。

一位教师给留学生讲《愚公移山》，学生却问：为什么愚公不搬家，而要花那么大的力气去搬山？中国人认为，愚公移山的启示是：只要坚持到底，就能克服任何困难，取得最后胜利。西方人则认为：做事要灵活，讲求效率；愚公移山得不偿失，应找出更好的解决办法。

《阿凡提借锅》的故事是：阿凡提向财主借锅，还锅时多还了一口小锅，说是借的锅生了孩子，财主高兴地收下了。后来阿凡提向财主借了个大锅；几天后说：大锅死了。财主问：锅怎么会死呢？阿凡提答："既然她会生孩子，也就会死啊！"故事本意是颂扬阿凡提惩治贪婪的财主，可留学生却认为：阿凡提骗人，没有诚信；财主借锅却被暗算，值得同情。

以上案例说明，我们以往接受的世界观，可能跟其他文化有冲突。可能的话，尽量不选用此类教材。无法回避时，可在说明原文含义时，让学生发表意见，在讨论中提高汉语水平和思辨能力。切忌将某些观点强加到学生头上。

一位有着 20 多年教龄的教师，上课讲解手指的中文名称，逐个竖起手指：这是大拇指，这是食指……讲到"中指"时，学生们哄堂大笑。因为西方文化中对别人竖中指是侮辱行为。一位年轻的汉语教师到国际学校参观，看到小孩子纯真可爱，忍不住摸摸这个孩子的脸、那个孩子的头，任课老师连忙制止。因为在某些国家，摸别人小孩的头是犯忌的。可见，文化冲突无时不在。教师要注意文化差异，提高敏感度，保证教学和日常交际顺利进行。

在某种意义上讲，学会着装也是跨文化内容之一。国际汉语教师面对的是来自各个国家的学生，着装问题就显得非常重要了。除了一般要求（不能穿高于膝盖的短裙和无袖衣服，不能穿色彩过于艳丽的奇装异服）之外，还有一些问题值得注意。在西方课堂，任课教师每天都应换不同的衣服（衬衣）。如果你哪天没有换，学生会很奇怪，甚至会问：老师，你昨天晚上没回家吗？有一位韩国学生的毕业论文写过一个案例：一位教师穿着运动服和运动鞋来上课，引起学生反感。韩国学生认为，这样是对学生极大的不尊重。

三、提高教学和管理艺术

（一）因材施教

“因材施教”是孔子两千多年前就提出的教育方针。教师选择教材、备课上课，都要根据学生的实际情况。了解学生的心理、性格、特点、水平，才可能使用合适的教材和教法。再好的方法，也不能千篇一律地使用。教师还应该学会适当变换方法，满足学生的新鲜感。

（二）提高对学生的观察力

“聪明”原意是“耳聪目明”；要使自己变聪明，首先要提高观察力。课堂上，要注意观察学生懂了没有，是否对教学感兴趣；发现问题后，要及时调整教学。“懂了吗?”是最不明智的提问。东方人大多性格内敛，不懂也不好意思说；西方人大多会主动提问。部分学生自以为听懂了，部分学生可能不懂装懂。判断学生是否掌握所学知识，一是看表情，二是做恰当的练习。如教“把字句”，可以先让学生把“SVO”句转换成“把字句”；再设计几个真实情境，让学生输出。发现哪个学生练习有明显问题，说明他还没有真正习得，还需要到位的教学、训练。

（三）提高教学管理能力

中国文化以集体利益为重，西方国家以个人利益为重。在中国课堂上，教师居高临下，学生大多唯命是从，管理相对轻松；西方教育崇尚个性发展，照搬中国式管理不一定有用。

有一位实习教师在美国人国际学校代课，教十一二岁的学生。一次学生们刚上完体育课，课堂上吵吵闹闹，有人交头接耳，有人做小动作。教师多次劝阻无效，就冲着学生发火。事后，在熟手教师指导下，该实习教师和学生一起协商，制定了课堂公约，违反纪律的学生要承担后果，如警告、放学后抄课文、留堂半小时、向家长反映、见校长……惩罚逐步升级。契约法非常有效，课堂纪律井然有序。

从上例可知，在西方学校，可以引进西方的契约制，让学生自己参与制定一套切实可行的规则。它维护了学生的人权和尊严，具有较强的民主性，比教师单方面颁行规则要好得多。

（四）提高解释难点的能力

汉语教师上课时常会遭遇类似情况：学生突然问你“一定”“应该”有

什么区别。这个问题你可能完全没有想到，因为它们在汉语里不是近义词。但学生有时很容易混淆。如韩语“반드시”，词典解释有“一定”，也有“应该”。当学生问到区别时，就需要保持冷静，迅速用这两个词造句，看句中的“一定”“应该”能否互换，互换后意思有何区别。如：

你不应该闯红灯。　　　　　　＊你不一定闯红灯。

周末应该休息。　　　　　　　周末一定休息。

进而概括它们的在意义上、句法形式上（句型句式、位置、词语搭配等）有何不同。

如果确实回答不上来，就要承认自己也不清楚，并承诺以后把答案告诉学生。下课后要查阅相关资料，询问同事同行专家，或进行相关研究，保证下一节课实现承诺。

四、培养科研素养和能力

要在汉语国际教育行业有所建树，不搞科研是不行的。科研素养和能力至少包括以下几点：文献查找和研读能力，资料收集整理能力，分析解决问题的能力，技术应用能力。

首先，教学中遇到疑难问题，除了向同行请教，还应该知道如何查找相关文献，清楚哪些网站、杂志、书籍可以查找，知道如何从前人研究中找到解决难题的方案，找到自己进行研究的合适的理论、方法、手段等。

其次，要学会收集、整理研究用的各类资料，如汉语母语者语料、双语语料、中介语语料、教材语料、课堂教学实况材料、跨文化交际案例材料、各类学校的教学管理资料、国际汉语教育史料等。

再次，要学会用理论、方法来分析这些材料，得出解决问题的答案，得出令人信服的结论。因为教学中出现的很多问题在前人研究中是找不到现成的答案的。

最后，还要学会使用现代教育技术，进行材料的收集、整理和统计。如汉语母语语料库、双语或多语平行语料库、中介语语料库、教材语料库、教学案例库等，都应该学会使用。有时为了进行专门研究，还应该学会自己建设小型语料库、资源库。

科研素养和能力的养成需要长期训练。平时遇到难以解决的问题，要勤思、善问、多写。只要坚持不懈地磨练，科研素养和能力自然会得到提高。

五、后方法理论与教师发展

进入21世纪，西方一批著名外语教育专家声称，第二语言教学处于“后方法时代”。崔永华（2016）认为，他们的基本共识是，否定在第二语言教学中，教学和教师必须“自上而下”地接受和遵循某种特定语言教学理论和操作方法的做法。

后方法理论的代表人物库玛（2014）指出，后方法理论是“以教师为中心”，“承认教师有能力，不仅知道当前状况，而且知道在机构、课程和教材等学术和行政条件制约下，如何自主行动”。具体来说，教师必须做到以下五点：具备扎实的专业和知识基础；能够对学习者的需求和动机进行分析；能够辨识学习者的身份、信念和价值观；能够实施教学并形成自己的教学理论；能够监控自己的教学行为。不难看出，这五点跟我们前边讨论过的教师能力大同小异。这五点也是库玛提出的教师教育的五个模块，即知（knowing）、析（analyzing）、识（recognizing）、行（doing）、察（seeing），由此构成教师教育的KARDS模型。教师如果具备了上述能力，就不仅仅是教学的实施者，而且可以成为教学研究者和理论构建者（Adamson，2004）。

赵杨（2016）认为，后方法理论的“教师中心论”对外语教学有重大意义。首先，它是对以往教学法淡化教师作用的一种反叛，将教学的主导权中心归还给教师。其次，它将以往教学的“术”提升到了后方法“道”的层面，认为语言教学并不仅仅是一种技能教学，而是将学习者、教师和教师教育者视为合作探索者，是特定的文化社会环境中开展的一种社会活动。

参考文献

[1] 程美珍，赵金铭．基础汉语语音教学的若干问题［A］//赵金铭，孟子敏．语音研究与对外汉语教学，北京：北京语言大学出版社，1997.
[2] 崔永华，陈小荷．影响非汉字文化圈汉语学习者汉字学习因素的分析［J]，海外华文教育，2000（1)：50—53.
[3] 戴浩一．时间顺序和汉语的语序［J]．国外语言学，1988（1)：10—20.
[4] 戴会林．对外汉语教学中的词类偏误研究综述［J］．宿州教育学院报，2006，9（3)：109—111.
[5] 邓卫新，安志烁，汉字形、音、义的认知过程与识字教学［J］．现代语文：语言研究，2006（11)：109—110.
[6] 杜丽荣．“系联法”对外汉字教学研究［J］．西南民族大学学报：人文社科版，2004，25（7)：418—422.
[7] 冯丽萍．汉字认知规律研究综述［J］．世界汉语教学，1998（3)：97—103.
[8] 干红梅．浅析汉语作为第二语言习得中的泛化性偏误［J］．云南师范大学学报：对外汉语教学与研究版，2005，3（1)：56—59.
[9] 高惠宁，对外汉语传授的联想法与汉字构意关系探讨［J］．山东理工大学学报：社会科学版，2006，22（5)：78—80.
[10] 高立群，外国留学生规则字偏误分析——基于中介语语料库的研究［J］．语言教学与研究，2001（5)：55—62.
[11] 郭铭华．论母语在外语课上的作用［J］．外语与外语教学，2002（4)：24—27.
[12] 江青松，论语言类推的实现［J］．语文学刊，2003（3)：55—56.
[13] 江新，赵果．初级阶段外国留学生汉字学习策略的调查研究［J］．语言教学与研究，2001（4)：10—17.

[14] 姜丽萍．基础阶段留学生识记汉字的过程［J］．汉语学习，1998（2）：46－49.
[15] 姜同绚．类推机制视角下的新词语论略［J］．现代语文：语言研究，2007（6）：44－46.
[16] 金立鑫，对一些普遍语序现象的功能解释［J］．当代语言学，1999（4）：38－43.
[17] 靳洪刚．语言获得理论研究［M］．北京：中国社会科学出版社，1997.
[18] 梁改萍，冯小钉．标记性及其在母语迁移中的作用［J］．平原大学学报，2006，23（6）：97－100.
[19] 刘慧．从学生认知的特点看对外汉语教学［J］．辽宁教育行政学院报，2006，23（9）：73－74.
[20] 刘珣，对外汉语教育学引论［M］．北京：北京语言大学出版社，2007.
[21] 鲁川，汉语的根字和字族——面向知识处理的汉语基因工程［J］．汉语学习，2003（3）：1－10.
[22] 鲁川，王玉菊．汉字“示音度”的定量研究——浅谈汉语研究中的“家族论”［J］．汉语学习，2005（3）：3－10.
[23] 卢福波．对外汉语教学语法的体系与方法问题［J］．汉语学习，2002（2）：51－57.
[24] 卢福波．对外汉语教学基本句型的确立依据与排序研究［J］．语言文字应用，2005（4）：84－86.
[25] 卢福波．语法教学的基本原则与操作方法［J］．语言教学与研究，2008（2）：24－31.
[26] 陆俭明．“对外汉语教学”中的语法教学［J］．语言教学与研究，2000（3）：1－8.
[27] 陆俭明，沈阳，汉语和汉语研究十五讲［M］．北京：北京大学出版社，2004.
[28] 陆俭明，对外汉语教学与汉语本体研究的关系［J］．语言文字应用，2005（1）：58－62.
[29] 吕必松，华语教学讲习［M］．北京：北京语言大学出版社，1992.
[30] 吕必松．汉字与汉字教学研究论文选［M］．北京：北京大学出版社，1999.
[31] 吕叔湘，汉语语法分析问题［M］．北京：商务印书馆，1979.

[32] 吕叔湘．吕叔湘语文论集［M］．北京：商务印书馆，1983.
[33] 孙德金．外国留学生汉语“得”字补语句习得情况考察［J］，语言教学与研究，2002（6）：42—50.
[34] 孙德金．语法不教什么——对外汉语语法教学的两个原则问题［J］．语言教学与研究，2006（1）：7—14.
[35] 孙德坤，外国留学生现代汉语“了．le”的习得过程及初步分析［J］．语言教学与研究，1993（2）：65—75.
[36] 孙艳．试论类推机制在汉语新词语构造中的作用［J］．西北师范大学学报：社会科学版，1998（2）：89—93.
[37] 孙增慧，任宇红．类推在二语习得中实现的理据及其意义［J］．沧州师范学院学报，2006，22（4）：90—91.
[38] 杨寄洲，汉语教程·第二册·下［M］．北京：北京语言大学出版社，2006.
[39] 杨寄洲．汉语教程－第三册·上［M］．北京：北京语言大学出版社，2006.
[40] 杨寄洲，汉语教程·第三册·下［M］．北京：北京语言大学出版社，2006.
[41] 杨翼，高级汉语学习者的学习策略与学习效果的关系［J］．世界汉语教学，1998（1）：89—94.
[42] 姚小平．洪堡特：人文研究和语言研究［M］．北京：外语教学与研究出版社，1995.
[43] 尹海良，桑哲．对外汉语教学中的词缀问题［J］．西华师范大学学报：哲学社会科学版，2009（1）：69—73.
[44] 于根元，应用语言学教程［M］．北京：华语教学出版社，2008.
[45] 于根元．应用语言学的历史及理论［M］．北京：商务印书馆，2009.
[46] 余文青，留学生使用“把”字句的调查报告［J］．汉语学习，2000（5）：49—54.
[47] 喻江．声调教学新教案［J］．语言教学与研究，2007（1）：77—81.
[48] 苑春法，黄昌宁．基于语素数据库的汉语语素及构词研究［J］．世界汉语教学，1998（2）：8—13.
[49] 张博，反义类比构词中的语义不对应及其成因［J］．语言教学与研究，2007（1）：47—51.

[50] 张惠芬．汉字教学及教材的编写［C］//语言文化教学研究集刊（二）．北京：华语教学出版社，1997.
[51] 张惠芬，张老师教汉字・汉字识写课本［M］．北京：北京语言大学出版社，2005.
[52] 张金忠．语言的类推机制与俄语教学［J］．黑龙江高教研究，2008（3）：161－162.
[53] 张静．“雷格瑞事件”引出的知识论问题［C］//清华社会学评论（第二辑）．北京：中国友谊出版公司，2001.
[54] 张积家，刘丽虹，谭力海．语言关联性假设的研究进展——新的证据与看法［J］．语言科学，2005，4（3）：42－56.
[55] 张凯，汉字构词基本字的统计分析［J］．语言教学与研究，1997（1）：43－52.
[56] 张普，现代汉语独字音节说［C］//第四届国际汉语教学讨论会论文选，北京：北京语言大学出版社，1995.
[57] 张婷，中介语理论研究概述——兼谈对对外汉语教学的启示［J］．现代语文：语言研究，2006（1）：97－99.
[58] 吴勇毅．对外汉语教学法．北京：商务印书馆，2012.
[59] 吴平，对外汉语教学中的文化词语．北京：世界图书出版公司北京公司，2012.
[60] 刘谦功．汉语国际教育导论．北京：世界图书出版公司北京公司，2012.
[61] 崔永华，对外汉语教学设计导论，北京：北京语言大学出版社，2011.
[62] 李建军，李贵苍．跨文化交际．武汉：武汉大学出版社，2011.
[63] 曲文军，中国传统文化与现代化，济南：山东人民出版社，2011.
[64] 赵金铭，对外汉语教学概论．北京：商务印书馆，2011.
[65] 万艺玲，汉语词汇教学，北京：北京语言大学出版社，2010.

